PANES Y BOLLOS DE FRANCIA

BERNARD CLAYTON, Jr.

PANES Y BOLLOS
DE FRANCIA

EDICIONES ACERVO
BARCELONA

Título original:

THE BREADS OF FRANCE

Versión española de P.D.S.

Cubierta: SALMER

© 1978 by BERNARD CLAYTON, Jr.

© 1980 EDICIONES ACERVO, BARCELONA

Propiedad de la traducción y de la presente
edición: Editorial Acervo

I.S.B.N.: 84-7002-294-6

Ninguna parte de esta publicación, incluido el diseño de la cubierta, puede ser reproducida, almacenada o transmitida en manera alguna ni por ningún medio, ya sea eléctrico, químico, mecánico, óptico, de grabación o de fotocopia, sin permiso previo del editor.

ÍNDICE

INDICE

Introducción   13

Primera Parte
BASES PARA LA FABRICACION DEL PAN FRANCES

INGREDIENTES Y CÓMO SE COMBINAN	21
EQUIPO QUE CONTRIBUYE A OBTENER UNA PIEZA PERFECTA .	33
ALMACENAJE Y CONGELADO .	47
¿QUÉ PUEDE IR MAL?	49

Segunda Parte
LOS PANES Y BOLLOS DE FRANCIA

RECETAS DE PARÍS . . .	57
Pan hawaiano Fauchon	60
Pan de nueces . .	63
Pan de payés Poilane	71
Croissants briochados .	77
Los bagels de Jo Goldenberg .	83
Bagels de sésamo salados	87
Torta persa .	91
Pan integral	94
Pan de especia . .	99
Pan de salvado de régimen	102
Pan sin sal .	105

RECETAS DE LE HAVRE . . . 109
   Brioche Nanterre y Brioche parisien 110
   Brioche de pasas y Brioche de queso 115

RECETAS DE HONFLEUR . 119
   Pan de payés Honfleur 123
   Pan de tranquillón . 127
   Brioche mousseline . 131
   Croissants hojaldrados 136

RECETAS DE BAYEUX . . 143
   Pan bateado normando 148
   Pan casero del Sr. Gautier 151

RECETAS DE BRACIEUX 155
   Panecillos de leche para bocadillos 160
   Panecillos de leche . 163
   Pan de centeno 167
   Panecillos de centeno con pasas . 171
   Brioche relleno con ciruelas . . 173
   Panecillos rellenos de chocolate . 176

RECETA DE ANGOULÊME 179
   Brioche vendeano 183

RECETAS DE BAYONNE . 189
   Torta de maíz . 191
   Biscuits de maíz 192
   Panecillos de maíz para bocadillos 195
   Pan de calabaza vasco 198

RECETAS DE CAMBO-LES-BAINS 201
   Tarta vasca 205
   Croissants no hojaldrados 209

RECETA DE CARCASSONNE 213
   Torta de la Duodécima Noche de la Dama Carcas 216

RECETAS DE LIMOUX . . 219
   Pastelillos de pimienta 221
   Pan de régimen de gluten 225

RECETAS DE MONACO . .	229
Pan de harina de flor	232
Panettone italiano	239
Pan italiano. . . .	243
Pan de molde de Monaco	248
RECETAS DE SISTERON .	253
Pan esculpido . . .	255
Pan de centeno Sisteron .	259
RECETA DE BEAUCAIRE	263
Pan de Beaucaire	264
RECETAS DE GRENOBLE . .	269
Pan ordinario Carême .	272
Pan de payés de Madame Doz	277
Galletitas saladas	282
RECETAS DEL VALLE DEL RHÔNE	287
El muffin de Montélimar	292
El bollo de Montélimar .	294
Panecillos con pasas .	297
RECETAS DE ROMANS-SUR-ISÈRE	301
Pogne de Romans . .	304
Panecillos de mantequilla .	309
Panecillos trenzados de Romans	312
RECETAS DE GANNAT	317
Pan de cuajada de Gannat .	320
Pan de pera .	324
Pan crujiente	328
Galleta de queso de Gannat .	332
RECETAS DE ROCHEFORT-MONTAGNE	335
Pan redondo de payés .	337
Pan de payés de centeno .	340
RECETAS DE WICHTRACH .	345
Panecillos botón .	350
Croissants suizos	354
Croissants rellenos de avellanas	359
Pan dulce	361

RECETAS DE STRASBOURG	365
Kugelhupf . .	369
Kugelhupf blanco	374
Kugelhupf de trigo entero	378
Pan dulce de Navidad . .	381
Pan de centeno de Strasbourg	385
RECETAS DE CHARLEVILLE-MÉZIÈRES	389
Pan familiar . .	391
Panecillos hendidos . .	393
Pan rallado y corruscos .	397
RECETAS DEL S.S. FRANCE	401
Panecillos S.S. France	405
Brioches S.S. France .	411
Croissants S.S. France	416
GLOSARIO	423
EQUIVALENCIAS EN EL SISTEMA MÉTRICO DECIMAL DE LAS DISTINTAS MEDIDAS UTILIZADAS EN ESTE LIBRO .	429

A los *boulangers* franceses
por su hospitalidad y ayuda
tanto en el mar como en tierra firme.

INTRODUCCION

La idea de este libro creció durante los doce años que viajé a pie, en bicicleta, barcaza fluvial, carromato, tren y coche a través de Europa y las Islas Británicas en busca de piezas de pan excepcionales. Puesto que viajar es una de las prerrogativas de un escritor, la mayor parte de las veces mi esposa y yo cruzamos el Atlántico de vacaciones, sin límite de tiempo y libres de ir a dónde quisiéramos.

A resultas de esos viajes y los extensos recorridos efectuados a todas partes de los Estados Unidos, surgió en mí un interés hacia la forma de hacer el pan mucho más serio y provechoso que cualquier otra cosa que yo hubiera imaginado al principio. Allá en casa, en la Universidad de Indiana, donde soy editor y escritor, la idea de publicar una colección de recetas de pan empezó a ser una posibilidad. Con la ayuda de algunos amables amigos y catadores, probé centenares de recetas de panes americanos y algunas especialidades europeas que había ido reuniendo en mis viajes. El resultado final fue The Complete Book of Breads (Simon and Schuster, 1973).

Fue una excitante década de viajar y escribir, pero parecía haber mucho más que se podía decir acerca de hornear... especialmente panes franceses. Francia tenía mucho que ofrecer, y volvimos allí una y otra vez.

Los aficionados a hornear su propio pan me escribían pidiendo más recetas de panes franceses que las que había proporcionado en The Complete Book of Breads. Los estudiantes en mis clases de horneado me pedían que les mostrara las técnicas de especialidades francesas tales como brioches y croissants. Yo era el primero en desear conocer *cómo se hacía el pan en las diferentes regiones de Francia, el que estaba más ansioso de visitar a los* boulangers *para pedirles que compartieran sus secretos conmigo. Un día me decidí... escribir un libro sobre los panes y bollería de Francia.*

Así como en los Estados Unidos hay una larga tradición de preparar el pan en casa —y hay miles de recetas en incontables libros de cocina que lo atestiguan—, los franceses no poseen esta tradición. Por una buena razón. El boulanger, *el panadero, está simplemente a la vuelta de la esquina, creando crujientes obras maestras dos y tres veces al día, incluidos los domingos. Los franceses necesitan tan sólo tender la mano y el* boulanger *deposita en ella una deliciosa barra de pan. Incluso en el campo, el* boulanger *sentirá la obligación de conducir su camioneta hasta la granja del campesino para deslizar una caliente hogaza de pan recién hecho en el buzón de delante. O se llegará hasta la casa y empalará la hogaza en el largo clavo colocado al efecto junto a la puerta, donde quedará a la espera de que la esposa del granjero vuelva de los campos.*

Siendo así, ¿para qué hornear uno?

Los boulangers *franceses con los que he hablado están convencidos de que las amas de casa francesas* nunca *hornearán su pan. Podía estar seguro de recibir una sonrisa como respuesta cuando sugería que tal vez algún día simplemente se decidan y prueben. Hubo un tiempo, por supuesto, en que las familias rurales horneaban pesadas hogazas una vez a la semana en sus propias cocinas, pero esto pasó cuando las buenas carreteras las acercaron a las ciudades.*

En Francia los secretos del horneado pertenecen al boulanger, *y me siento feliz de informar que ninguno de ellos ha vacilado en compartirlos. Cualquier artesano se siente complacido de que su trabajo sea admirado. El* boulanger *francés no es una excepción. En su busca me abrí un sendero hasta sus puertas en ciudades, pueblos y aldeas por todas las regiones de Francia. Los encontré hospitalarios, deseosos de ayudar, y enormemente felices de que sus panes pudieran ser recreados en buen número de cocinas americanas.*

Como muchos americanos, al principio creía que una pieza de pan francés significaba únicamente una cosa...

una baguette, *una larga barra dorada, con una corteza crujiente y una miga esponjosa llena de agujeros irregulares.*

Fue una aventura descubrir que hay docenas y docenas de otros panes franceses —en cualquier parte de Francia— reflejando las características de sus regiones y la creatividad y habilidad de los boulangers *que las hacen. Van desde panes tan altamente estimados como el* pain brié *y el* pogne de Romans, *que nunca han salido de sus regiones nativas, hasta los encantadores croissants y brioches, que parecen pertenecer a todo el mundo.*

¿Son los panes y bollos franceses difíciles de hacer?

No, y hornearlos puede ser la misma provechosa aventura que los horneadores caseros han encontrado en la amplia gama de panes de The Complete Book of Breads. *Cuando fue publicado ese libro, su entusiasta acogida tanto por nuevos como por experimentados horneadores caseros me sorprendió y me halagó. Era evidente que hacerse el propio pan proporcionaba una expansión creativa y un sentimiento de realización que no podía ser encontrado realizando otras cosas. Resultaba claro que una gran mayoría de gente sentía que el trabajar con una cosa tan caliente, viva y sensible como la masa de pan podía ser algo satisfactorio y placentero.*

Intercambiar recetas es una larga tradición en las cocinas americanas y, durante mucho tiempo, mi libro trajo la respuesta de otras recetas. Recibí docenas de viejas especialidades familiares, a menudo con una pieza de pan como muestra, y siempre con una nota expresando lo que les había encantado el sistema paso-a-paso del libro... con instrucciones completas y anticipando los problemas.

Una joven horneadora casera de Montana escribió: «Nunca me ha dejado colgada a la mitad, pensando en qué iba a ocurrir a continuación.»

Una horneadora casera de Virginia que había estado haciendo su propio pan blanco durante más de un cuarto de siglo nunca se había atrevido con el pan de centeno debido a que no sabía cómo tenía que sentir la masa en sus manos. Había oído que tenía una consistencia distinta que la blanca. «Usted me advirtió que sería pegajosa... y ciertamente lo es», me escribió. «Pero no me sorprendí. Sabía lo que tenía que esperar y nunca me sentí más contenta en mi vida que amasando aquella primera hornada de pan de centeno. Fue algo encantador, como dijo usted que sería.»

He formado parte de la universidad durante varios años como escritor y editor para la Escuela de Comercio. Profesores y alumnos estaban siempre a mi alrededor, pero yo nunca había enseñado. Sin embargo, después de que fuera publicado The Complete Book of Breads, decidí adaptar un estilo literario explícito a la enseñanza en clase. Se adaptó con un éxito considerable. Cuando las primeras clases fueron abiertas para diez estudiantes, la respuesta fue tan abrumadora que diez veces ese número intentó inscribirse, obligando a trasladar las clases de mi cocina de demostraciones y pruebas a la cocina de investigaciones de la universidad, donde podía ser acomodado un mayor número de alumnos.

«¿Cuán precisa es la elaboración del pan?», deseaban saber los estudiantes. «¿Cuán críticos son los tiempos necesarios para amasar, o para que la masa suba, o para hornear?»

Hornear es un arte relajado. No hay ningún paso en el proceso de elaboración del pan que no pueda, de alguna forma, ser retrasado o avanzado un poco para adaptarlo a un esquema más ajetreado. Si usted tiene que salir por la noche precisamente cuando la masa está subiendo en los moldes, aceite las superficies de la masa, cúbralas con un plástico y meta los moldes en la nevera hasta que usted vuelva. Si la pasta que está usted amasando se muestra reacia, se encoge y se niega a ser moldeada, déjela durante algunos minutos. Se relajará, y usted también.

Aunque es un arte relajado, el elaborar pan no es necesariamente un arte gentil, especialmente el amasado. No es pasta de moldear. Rompa el ritmo de amasado arrojando ocasionalmente la bola de masa con fuerza contra la superficie de trabajo. ¡Bam! ¡No sea melindroso! ¡Aplástela duramente!

Esa forma de amasar —agresiva pero relajada— proporciona a la pasta la cualidad elástica que permite que suba más del doble de su tamaño original. Si la pasta no está suficientemente acondicionada por un amasado fuerte, puede derrumbarse cuando se expanda en el calor del horno.

En la única ocasión en que me atengo estrictamente a la norma en el proceso de elaboración es cuando la masa está en el horno. Normalmente, nunca abandono la cocina durante el período de horneado. Si puedo, llevo un pequeño reloj avisador para que me recuerde cuándo debo darles la vuelta. Quiero estar en la cocina para girar las planchas o los moldes a fin de que se doren uniformemente, y para decidir cuándo es el momento adecuado de sacar las doradas piezas del horno.

Hay otras dos preguntas que se hacen a menudo aquellos que observan su primera hornada:

«¿Cómo puede ser algo tan delicioso tan sencillo de hacer?», y «¿Por qué no lo hice antes?»

Algunos panes y equipo de hornear en la cocina estudio del autor.

PRIMERA PARTE

BASES PARA LA FABRICACION DEL PAN FRANCES

Ingredientes
y cómo se combinan

La gloria del pan francés es su simplicidad. Harina, agua, sal y levadura son los ingredientes básicos de la mayoría de las masas. Pero la forma en que son unidos los ingredientes, sus proporciones, y cómo es elaborada y horneada esa masa, difiere considerablemente de lugar en lugar, y proporciona al producto de cada *boulangerie* su carácter único. Uno de los secretos del horneado del pan francés es el cuidado con que el *boulanger* da a la pasta el tiempo necesario para permitirle desarrollar su sabor y carácter especiales. Nunca se apresurará. Nunca tomará ningún atajo. Las recetas de este libro reflejan su preocupación por el adecuado desarrollo de la masa. Reflejan también el cuidado que pone el *boulanger* en cada aspecto de la elaboración, desde la harina y levaduras hasta las temperaturas y humedad del horno. Cada receta de *boulanger* debe ser tomada aparte, probada, y adaptada a las cocinas de cada país. Las instrucciones en todas las recetas están divididas en pasos temporizados a fin de que usted sepa siempre cuándo ha de pasar al siguiente. La única sorpresa en este libro es la placentera y repetida sorpresa de que es usted quien ha horneado la hermosa pieza de pan que acaba de sacar del horno.

Todas las recetas pueden ser fácilmente reducidas dividiéndose por dos. Pero no se preocupe por dividir exactamente el sobre de levadura por dos. La acción puede ser ligeramente más vigorosa, pero no presenta ningún problema. Una precaución: asegúrese de que tiene la suficiente masa como para llenar el molde adecuado en la proporción que indique la receta para evitar que el resultado sea menos atractivo de lo esperado.

Hacerse uno mismo su pan puede parecer complicado... pero realmente no lo es. Muchos estudiantes en mis clases de panificación y muchos lectores de mi primer libro nunca antes habían horneado. Sin embargo, aprendieron muy rápidamente a hacer una gran variedad de panes. En el proceso de aprendizaje, han considerado que era una gran ayuda el saber algo de las bases de fabricación del pan tal como las relaté para todos los panes, pero que aquí especifico para los panes franceses.

HARINA

El *boulanger* francés admira la harina blanca americana y desearía poder utilizarla más a menudo. Hace lo que puede con lo que tiene, y hay que admitir que se las arregla muy bien con ello, puedo asegurarlo. Algunos *boulangers* —Monsieur Poilane en París y Monsieur David en Honfleur— utilizan harinas especiales obtenidas de trigo cultivado de acuerdo con sus especificaciones. El trigo cultivado a lo largo de la costa de Normandía por Monsieur David, por ejemplo, es fertilizado con abonos marinos locales.

La harina, en la mayor parte de estas recetas, no es cernida. Las cantidades de harina indicadas son sólo aproximadas debido a que el poder de la harina de absorber humedad varía grandemente. La harina guardada en una cocina caldeada en invierno será mucho más seca y receptiva al líquido que una harina almacenada en una habitación húmeda en verano.

En las últimas etapas de mezcla de la masa, piénseselo mucho antes de añadir un poco más de harina. Es mejor que antes de espolvorear lentamente la última pizca de harina se asegure de que la textura de la masa es correcta y no abrume excesivamente la masa con más harina. De todos modos, si sobrepasa usted el punto en que la masa es suave y elástica, y se le convierte en una masa dura, añádale agua. La masa la aceptará, aunque reluctantemente.

El contenido en gluten de la harina es un factor importante en el horneado. El gluten es una proteína vegetal que se halla especialmente en la harina de trigo. Cuando se amasa, forma una red elástica a través de la masa que retiene el anhídrido carbónico liberado por la levadura y expande la masa. Cuanto más contenido en gluten tiene la harina, más expansiva es la masa, y el tamaño de la hogaza. La mayoría de las harinas blancas de los Estados Unidos y el Canadá molidas para usos comerciales poseen un alto contenido en gluten —de un 11 a un 14 por ciento—, y no tienen punto de comparación para fabricar pan. Hay muchos especialistas en Francia que corrigen o mejoran con ellas la harina francesa, con escaso contenido en gluten.

En Norteamérica, las harinas molturadas de dos tipos de trigo y la mezcla de las dos son las que más interesan al horneador doméstico. La harina de trigo blando, baja en gluten, consigue un producto suave y es utilizada principalmente en masa para bollos y mezcla para bollos. El trigo duro, cultivado en las praderas del oeste de los Estados Unidos y Canadá, tiene un mayor contenido en gluten. Es molturado para conseguir harinas de panificación, que producen hogazas de un mayor volumen.

La harina polivalente o todo uso es una mezcla de harinas de trigo blando y duro, enriquecida en la mayor parte de los casos, blanqueada químicamente. Es una harina versátil que cubre la mayor parte de nuestras necesidades de horneado.

La llamada harina sin blanquear, que no es blanqueada por ningún proceso artificial, es también una mezcla, pero con mayor proporción de harina de trigo duro a fin de proporcionarle las mismas cualidades de cocción que la harina químicamente blanqueada.

La harina polivalente o todo uso de los Estados Unidos es muy parecida en sus características a la harina de panificación francesa. De todos modos, la harina francesa no recibe ningún tratamiento químico de ninguna clase, excepto pequeñísimas adiciones de ácido ascórbico a la masa, aceptadas por su parecido con la vitamina C natural. La harina de los Estados Unidos no blanqueada, de todos modos, es quizá la que posee mayores afinidades con la harina francesa.

Algunas recetas de este libro requieren de todos modos la harina de trigo duro, la *farine supérieure* francesa.

En algunas recetas se relacionan algunas harinas alternativas. La primera de ellas es siempre la preferida en la receta, pero la segunda puede sustituirla con buenos resultados.

La harina de trigo entero, extraída de la totalidad del grano de trigo, es relativamente fácil de manejar y amasar debido a que posee toda su proporción de gluten. Aunque cualquier harina de trigo entero puede ser usada en estas recetas, algunos de ustedes preferirán el trigo entero cultivado en terreno rocoso debido a que proporciona a las rebanadas una textura más áspera y tiene mayor cantidad de fibra. El canto vivo del salvado en la harina corta las hebras de gluten, reduciendo un poco el tamaño de la hogaza comparada con otra hecha con el mismo volumen de harina blanca. El pan de trigo entero y el negro de centeno con trigo entero son otras variedades hechas con harinas de trigo entero cultivadas en terrenos rocosos.

La harina de trigo entero contiene todo el germen de la parte grasa del grano. Si debe ser almacenada durante un cierto tiempo, la harina de trigo entero debe ser guardada en la nevera o en el congelador para prevenir que se ponga rancia.

El centeno es una gramínea de poco contenido en gluten. En consecuencia, muchas veces la harina de centeno puede ser mezclada con la harina blanca o de trigo entero para proporcionarle a la masa una red de gluten que retenga los gases de fermentación. La harina de centeno puede ser blanca, media, oscura, de grano molido o con inclusión de semillas. La más comúnmente usada en la panificación es la harina media de centeno. La oscura y la que incluye semillas crecen irregularmente, con partículas de salvado en su interior. El centeno blanco, que es utilizado para darle un color claro al pan de centeno, es raramente utilizado en el horneado casero.

Sólo en el sur de Francia, y en las proximidades de la región vasca, es utilizado el maíz en la panificación. La mayor parte de los europeos lo consideran "un alimento vulgar", apto sólo para el ganado. De todos modos, los panes vascos hechos con harina de maíz son deliciosos y pueden hacerse tanto con harina de maíz blanca o amarilla. No hay gluten en la harina de maíz, así que la mezcla realizada con él puede batirse hasta la textura deseada sin peligro de que se endurezca.

FERMENTACION

Casi todos los panes son fermentados de una o varias maneras. Sin esta fermentación, el pan resultaría tan plano y amazacotado como pueda ser el sueco *knäckebröd*, auténticas obleas de centeno. Las células de levadura, silvestres o cultivadas, alimentándose de los azúcares naturales de la mezcla, producen anhídrido carbónico que hace subir la masa.

Las células de levadura son introducidas de algún modo en casi todos los panes franceses. Un pan vasco de calabaza y un pan de maíz fermentado con claras de huevo batidas son la excepción. El *boulanger* tiene varias opciones de cómo fermentar una hornada de masa. El primer paso en la mayor parte de recetas francesas es introducir un "arranque" o *levain*. Esto puede iniciarse con una simple mezcla de harina, agua y levadura, llamada una *combinación*. O el *boulanger* puede empezar con una porción de masa separada de la hornada anterior y utilizada para iniciar la acción fermentadora de la siguiente mezcla. Esto es el *chef*. Cuando este paso ya ha empezado a madurar, el paso siguiente es hacer una "esponja" mezclando la masa anterior con una mayor cantidad de harina y agua. Esto proporciona nueva vida a las células de levadura e inician de nuevo el ciclo, doblando su número en aproximadamente dos horas. El *boulanger* puede usar también el "método directo", añadiendo la levadura a los otros ingredientes sin previa fermentación. O puede decidir añadir la levadura a la *levain* para asegurarse de que la masa es fuerte y robusta para el tipo especial de pan que está preparando.

La fuerte confianza del *boulanger* en el arranque proviene de una larga historia de horneado con una levadura que lo era todo menos segura. Tiene su paralelo en algunas recetas de la frontera oeste de los Estados Unidos que requieren *a la vez* levadura y levadura química. Los horneadores pioneros sabían que una o la otra casi seguro que funcionarían, y si resultaba que ambas funcionaban a la vez entonces mejor que mejor.

Hoy en día es diferente. El arranque contribuye más al buen sabor del pan que a la fuerza de la fermentación. El *boulanger* utiliza actualmente la levadura sin ningún reparo para revitalizar el arranque si cree que es necesario. De hecho, es raro entre los *boulangers* que utilizan el arranque para panificar que utilicen únicamente el arranque en la masa. Casi todos ellos dependen de la levadura como refuerzo. Habitualmente la disuelven en agua y la añaden a la masa antes del amasado final.

Mientras que el *boulanger* utiliza grandes pastillas de medio kilo de levadura fresca, nosotros los horneadores domésticos tenemos la elección de levadura en polvo instantánea o pastillas comprimidas de levadura fresca. En mi cocina utilizo únicamente levadura en polvo debido a que los sobres, sean de la marca que sean, son fáciles de encontrar en cualquier tienda y no hay que guardarlos en la nevera. Ya no hay necesidad de "probar" las levaduras cuidadosamente elaboradas de hoy en día para comprobar que sean aún activas y utilizables, como debían hacer los panaderos de hace unas pocas generaciones con cualquier levadura que les llegaba. La "prueba" era una práctica común. Yo he horneado centenares de hogazas y nunca me ha fallado la levadura que he puesto en la masa. El calor más allá de los 140 grados la mata, por supuesto. El frío no la destruye, sólo retarda su acción, y ésta puede ser una gran ventaja para el horneador doméstico cuando desee retardar los tiempos de preparación a su mayor conveniencia.

La levadura de cerveza no es un agente fermentador. Conocida también como una levadura nutritiva o primaria, no puede sustituir a una levadura regular. Es, sin embargo, una excelente fuente de completas y digestivas proteínas, y es utilizada a menudo en la panificación.

TEMPERATURAS DEL AGUA

Las temperaturas del agua en las recetas de este libro son seleccionadas bajo la hipótesis de que la temperatura ideal de la masa del pan francés es de 23 grados, y la mayor parte de las cocinas domésticas se hallan más o menos a esta temperatura ideal. El *boulanger* francés puede ajustar la temperatura del agua para rematar la correcta temperatura de su masa. En primer lugar, determina la temperatura de su habitación de trabajo, que puede ser un poco demasiado cálida, y la temperatura de la harina, que puede hallarse almacenada en otra parte más fría del edificio. Sacará el promedio de esas dos cifras. Si está por encima de los 23 grados, le añadirá agua fría. Si está por debajo, la aumentará con agua caliente. Esta fórmula es sencilla: la temperatura de la habitación, más la temperatura de la harina, más la temperatura del agua, debe ser igual a tres veces la temperatura ideal de 23 grados.

Si las temperaturas de la habitación y del lugar de almacenaje de la harina varían grandemente en la cocina de casa, uno puede hacer todos los ajustes necesarios en casa utilizando esta sencilla fórmula.

AMASADO

Si bien el amasado a mano ha sido sustituido por el mecánico en la mayor parte de los *boulangers* franceses, los más viejos no han olvidado todavía las técnicas.

Primero se empieza con el *fraisage*, la mezcla de los ingredientes hasta que cualquier rastro de agua y harina han desaparecido y la masa empieza a ser homogénea. La masa es dejada a que tome un corto descanso mientras el *boulanger* limpia el bol. La masa es luego amasada, aplastada y golpeada contra la superficie de trabajo una y otra vez, hasta que se vuelve cohesiva y elástica.

Si la masa es demasiado firme o no elástica tras el primer amasado, se le puede añadir agua *(bassinage)*. Si, por el contrario, la masa es blanda y floja, se le añadirá más harina.

Tanto en Francia como en la cocina de usted, la masa responde del mismo modo. Cuando es amasada, el gluten, una proteína vegetal que es parte importante de la harina de trigo, forma una red elástica que retiene el anhídrido carbónico producido por la levadura.

El amasado debe realizarse a una altura confortable que permita mantener los brazos totalmente extendidos, con las palmas apoyadas en la superficie de trabajo. La masa será sacada del bol y depositada en la superficie de trabajo, que habrá sido espolvoreada ligeramente con harina. Si la pasta es pegajosa, empiece levantándola y dándole la vuelta con un raspador o un cuchillo ancho. Añádale harina espolvoreándola si es necesario. Doble la masa por la mitad, aplástela duramente contra la mesa con las manos, y en un ángulo con respecto al cuerpo. Una vez hecho esto, déle a la masa un cuarto de vuelta. Dóblela. Aplástela. Repita la secuencia: gire-doble-aplaste.

Rompa este ritmo levantando frecuentemente la bola de masa por encima de la mesa y tirándola con fuerza contra la superficie de trabajo. ¡Wham! Es una acción enteramente satisfactoria que alerta a los de la casa del hecho de que está preparando el pan. ¡No sea melindroso con la masa!

¡Golpéela y tírela! Vuelva a la cadencia del aplaste-gire-doble.
Una acción vigorosa proporciona a la masa cuerpo y elasticidad. Tiene que ser flexible cuando usted tire de ella. No debe mostrarse pegajosa al ser manejada. Tiene que permitir ser doblada y aplastada manteniendo su habilidad de recuperar su forma.
Me gustaría que hiciera la prueba que indiqué en una cocina de una granja del Medio Oeste para mostrar cuándo la masa tiene suficiente harina y ha desarrollado su textura adecuada. Apoye la mano abierta sobre la bola de la masa. Cierre la mano sobre ella y cuente hasta diez. Luego abra la mano y retírela. Si la mano está limpia —no hay partículas de masa pegadas a ella—, la masa está casi lista para ser dejada a que suba, dependiendo esto del tiempo de amasado prescrito en la receta. Si la masa se pega a la mano, añádale espolvoreándola un poco de harina.

LA SUBIDA

La masa alcanza su mayoría de edad cuando sube. Ha sido aplastada y empujada a mano o retorcida bajo las palas de una amasadora eléctrica, y ahora empieza el período tranquilo de su crecimiento y maduración. Ahora es el momento para que las células de levadura se multipliquen y liberen el anhídrido carbónico que expandirá y hará crecer la masa.
El panadero francés deja que su masa suba a temperaturas consideradas como frías por muchos horneadores domésticos americanos: entre los 21 y 23 grados. Se necesita más tiempo, es cierto, pero proporciona a la masa la oportunidad de desarrollar su sabor. Las cosas pueden ser aceleradas utilizando una habitación más caldeada, por supuesto, pero esta no es la forma francesa de actuar.
Un bol grande de barro es ideal para la subida de la mayoría de las masas, debido a que mantiene una temperatura constante durante el largo período en que la masa se expande. Para la primera subida, cubra el bol con un plástico. Manténgalo apretadamente contra la parte superior del bol, y así la masa no perderá humedad.
Las masas para la mayor parte de las grandes y robustas

hogazas francesas, con amplios e irregulares agujeros en las rebanadas, suelen subir de dos a tres veces el volumen de la bola colocada originalmente en el bol.

Hay dos maneras de determinar si la masa ha subido lo suficiente. Una de ellas es observarla mientras sube hasta que alcance el lugar en la pared del bol que usted ha calculado anteriormente que era dos o tres veces el volumen original, según la receta. La otra es presionar con uno o dos dedos la masa, cerca del borde. Si la indentación permanece, la masa ha subido lo suficiente.

Una vez aplastada la masa y dada la forma y el tamaño de las piezas que usted desea, colocándolas en los moldes apropiados o guardándolas en paños (para ser trasladadas más tarde a la plancha de hornear), se les permite subir de nuevo... expandiéndose hasta tres veces su volumen para el clásico pan de mesa francés. La masa es a menudo cubierta con papel parafinado o un paño durante esta segunda subida, para prevenir la formación de una "piel".

Mientras que algunos colocan el bol de masa en el horno para que suba —conectándolo durante *un minuto* si es eléctrico, o manteniendo el calor de la llama piloto si es de gas—, yo prefiero darle a la masa una media hora adicional a la temperatura ambiente para darle así oportunidad de desarrollar todo su sabor.

Si la subida final de las piezas ya moldeadas se ha prolongado demasiado tiempo (lo cual podrá causar que la expandida masa se colapse al calor del horno), devuelva la masa a la superficie de trabajo. Amásela brevemente y vuelva a darle forma. Esté atento a esto. La masa puede doblar o triplicar su volumen incluso en dos tercios del tiempo habitual.

EL MOLDEO DE LAS PIEZAS

Para la mayor parte de los norteamericanos, el pan francés significa una larga barra de crujiente pan blanco o casi blanco que es cortado en rebanadas de pequeño diámetro o partido en trozos para ser consumido con la comida. Para los franceses, su pan diario puede ser una hogaza redonda tanto como una barra alargada, y existe un interés creciente hacia los panes integrales, los panes naturistas y los *pains de régime,* los panes dietéticos.

Los panes franceses pueden variar en peso desde la gran hogaza de 2 kilos hasta el *petit pain* de cien gramos. La más popular barra de pan francesa es larga y cilíndrica. Puede ser el *pain ordinaire* de un kilo, la *baguette* o *bâtard* de medio kilo, o la *ficelle* o *flûte* de cuarto de kilo. Las largas barras pueden subir en largas cestas forradas de tela *(bannetons),* o entre los pliegues de una lona ligera *(canvas),* o en bandejas planas de bordes curvados que van luego directamente al horno con la masa ya subida.

En mi cocina dejo que la masa para una variedad de barras y hogazas haga su última subida en una plancha de hornear, cubierta con un paño. Las hogazas van directamente al horno en la plancha de hornear.

Las hogazas de los pueblos o del campo son ásperas, de corteza dura y normalmente redondas. A menudo son fermentadas en un cesto redondo forrado de tela llamado *banneton,* que el *boulanger* vuelca para depositar la masa que sube con ayuda de una pala de mango largo *(pelle).* En la *boulangerie,* es introducida en el horno y la pala de madera es retirada bruscamente de debajo de la masa para dejarla caer en el caliente suelo del horno. El panadero doméstico puede conseguir un efecto aproximado volcando la masa que está subiendo sobre una plancha de hornear precalentada que meterá dentro del horno, o sobre una piedra de hornear en el horno.

La *couronne* u hogaza en forma de corona es fermentada en un cesto en cuyo centro ha sido entretejido un tubo (en apariencia semejante a esos moldes de estaño para pasteles), a cuyo alrededor se moldea la pasta.

Los más conocidos panes campesinos son el *pain de campagne* y la *tourte.* Está también la *boule,* en forma de pelota, el *boulat,* con harina espolvoreada sobre la costra superior, y el *miche.* Los panecillos *(petits pains)* adoptan una gran variedad de formas redondas y ovaladas. Algunos tienen como una especie de copete; el *pistolet* es aplastado con un palo hasta formar casi un doble panecillo antes de su subida.

Aunque éstos son los más ampliamente conocidos panes de Francia, este libro está dedicado a docenas de otros, tanto regionales como conocidos en todo el país, y de las más variadas formas, incluyendo las trenzas, los *croissants* y los *épis*.

VOLUMEN DE LA MASA

No necesitamos preocuparnos de medir el volumen de la masa para una hogaza de pan francés si vamos a hornearla en una plancha o en una piedra de hornear. También hay una considerable libertad en estimar el volumen de la masa para las largas y ligeras barras que hornearemos en los moldes abiertos por los extremos y en forma de U ideales para este pan francés. El cilindro de la masa debe ocupar menos de la mitad del volumen del molde. Para una *baguette* típica yo coloco un largo cilindro de masa de un peso aproximado de medio kilo en un molde abierto por los extremos de unos 40 a 45 centímetros de largo. Si estoy horneando para una comida que requiere piezas más pequeñas, usaré 200 o 300 gramos de masa en el mismo molde.

Pero el volumen de masa colocada en un molde rectangular debe ser más exacto si se desea obtener una pieza atractiva. Una masa demasiado pequeña producirá una pieza demasiado apretada, mientras que una demasiado grande creará una pieza más densa arriba que abajo.

Para evitar tales problemas, determine el peso o la medida total, y luego decida cuántas piezas o qué tamaños desea hornear. Siga la tabla.

	Tamaño del molde	*Volumen*	*Peso*
GRANDE	23 × 13 × 8	3 tazas	800 gr.
MEDIANO	21 ½ × 11 ½ × 6 ½	2 ½ tazas	600 gr.
PEQUEÑO	19 × 9 × 6 ½	1 ½ tazas	400 gr.
MINIATURA	14 × 7 ½ × 5	3/4 de taza	200 gr.
SUB-MINI	11 ½ × 6 ½ × 4	½ taza	140 a 170 gr.

Equipo que contribuye a obtener una pieza perfecta

SUPERFICIES DE TRABAJO

La superficie de trabajo ideal es la suficientemente amplia como para reunir en ella todos los ingredientes, para mezclar, amasar y moldear. Un espacio de 60 por 60 centímetros es adecuado para casi toda la manipulación, reservándonos el derecho de trasladar las masas especiales a la mesa de al lado (o incluso al suelo) si es necesario. Hice todas las hogazas de *The Complete Book of Breads* en una tabla de formica de 60 centímetros de lado entre la cocina y el fregadero y un tablero de 45 por 45 centímetros, en nuestro remolque mientras viajábamos por todos. los Estados Unidos.
La formica es una buena superficie, pero puede rayarse con el cuchillo o el raspador. La madera de arce es mi preferida, pero debe ser limpiada cuidadosamente tras cada tanda de masa. El acero inoxidable es muy bueno. La altura del tablero o mesa es más importante que su composición. Debe ser lo suficientemente alto como para permitirle estar de pie con los brazos extendidos y las palmas de las manos apoyadas en su superficie. Si es demasiado baja, puede producirle dolor de espalda; si es demasiado alta, no podrá empujar lo suficiente la masa. Podrá usted apartarla de sí, pero eso no es amasar.

BOLS

Una pieza de pan empieza a vivir en un bol, y por este importante acontecimiento el bol debe reunir varias cualidades. Tiene que ser fácil de manejar, lo suficientemente amplio como para aceptar todos los ingredientes sin que se derramen fuera, lo suficientemente pesado como para mantener una temperatura constante durante la subida, pero no demasido grande como para no caber en la nevera cuando la masa deba ser enfriada.
Pueden tenerse varios bols que cumplan estos requisitos. Unos grandes y otros pequeños. Los bols de gres, de barro y de cerámica son mis favoritos, y tengo coleccionados un buen número de ellos. Añaden además un toque de color a mi cocina. He recorrido antiguas tiendas y he adquirido media docena de pesados cuencos de barro de

24 centímetros de diámetro por 12 de profundidad. Son ideales para las recetas de dos hogazas. Tengo también uno gigante de 46 centímetros en el cual mezclo varias tandas de masa para las hogazas de pan de payés.

Los bols de acero inoxidable, como los usados con las batidoras eléctricas, y los bols de plástico, son utilizables, ciertamente, aunque acusan cuando la temperatura exterior cambia demasiado rápidamente.

MEZCLADORA ELECTRICA

Una bola de masa hecha con cinco o seis tazas de harina trepará por las paletas y el eje de mi mezcladora eléctrica con obstinada persistencia e intentará abrirse camino hacia el mecanismo del aparato. Puedo colmarla con lo más expresivo de mi lenguaje, pero nada la detendrá hasta que obligue a la masa a permanecer debajo del amplio collar metálico con ayuda de una espátula.

Si he de hacer un buen número de hogazas utilizaré la mezcladora para aliviar mi tarea, pero deberé permanecer junto a la máquina, con la espátula pegada al collar, mientras la pasta está siendo amasada.

Incluso cuando utilizo la máquina siempre empiezo el amasado a mano, de otro modo no puedo sentir la textura de la masa. Nunca parece brotar a la vida en la máquina con el entusiasmo con que lo hace cuando es amasada por mi mano. Ello se debe en parte, creo yo, a que se ve privada del calor de mis manos. Las frías paletas no le dan a la masa nada a cambio.

Así que, si para usted el amasar es una prueba de fuerza, utilice una mezcladora; si no, amase a mano.

No intente amasar pastas densas con una máquina que no esté garantizada por el fabricante para ese uso. Mezclar y amasar es algo que pone a prueba esos pequeños motores, e incluso mi gran máquina se sobrecalienta durante los escasos minutos que la empleo para hacer un amasado. No use batidoras ligeras o de brazo porque el peligro de dañarlas es demasiado grande. Son buenas para batir masas no más densas que el bizcocho, pero eso es todo.

CUCHILLO DE AMASAR

Conocido como *coupe-pâte* por el *boulanger*, el cuchillo de amasar, hoja de amasar o espátula es una pieza de acero rectangular (de unos 10 por 13 centímetros), con un mango de madera que pronto se convierte en una extensión del brazo de uno cuando trabaja con la masa para el pan francés. Es ideal para levantar y trabajar las pastas suaves, que son pegajosas, durante la primera parte del amasado. Una hoja delgada y flexible es preferible para una masa densa y pesada. Una espátula de unos 10 centímetros es un excelente sustituto.

RODILLO DE AMASAR

Son sólo unos pocos los panes franceses que necesitan rodillo de amasar. Los croissants sí. Las pastas de bizcocho y mantequilla necesitan un rodillo pesado. Mi favorito pesa dos kilos y medio, tiene rodamientos a bolas en los mangos, y abarca una extensión de 46 centímetros. El gracioso rodillo cónico francés es maravilloso para la decoración de cualquier cocina, pero es demasiado ligero casi incluso para los croissants.

BANNETONS

El *banneton* es una cesta trenzada, forrada de tela, en la cual sitúa el *boulanger* la masa para que suba. Puede ser duplicado seleccionando entre los cestos de mimbre redondos y cuadrados que venden en cualquier almacén para servir el pan y las pastas. El cesto redondo que utilizo yo para la masa de medio kilo de *pain ordinaire*, por ejemplo, tiene un diámetro de 23 centímetros y 7 ½ de fondo. La tela del interior está sujeta al fondo y a los bordes a fin de que se mantenga en su lugar cuando la masa es volcada luego a la plancha de hornear. La tela es densa y pesada... dril, tela de saco o lona ligera.

COUCHES

La masa para las barras largas que serán horneadas directamente en planchas de hornear, piedras de hornear o en el suelo del horno, pueden ser ayudadas a mantener su forma mediante un *apprêt sur couche*, como lo llama el *boulanger*. Esto significa situar la masa ya moldeada para su última subida *(apprêt)* entre dobleces de lona ligera *(couche)*. Los largos bordes de la lona son mantenidos en su lugar por piezas de madera para obligar a la masa a expandirse hacia arriba, no hacia afuera. Un paño para pastelería o un trozo de dril o de lona ligera harán una *couche* para su masa.

PLANCHA DE HORNEAR

Una pesada bandeja de hornear o de hacer pasteles, recubierta de silicona, o con un recubrimiento tipo teflón, es la mejor, debido a que no tiene que ser untada con aceite cada vez antes de usarla. Es fácil de limpiar con sólo pasarle una toalla de papel. Utilice la plancha más grande y más pesada que pueda acomodar en su horno, dejando un hueco de unos 2 a 3 centímetros por todos lados para que el flujo de aire caliente circule. Cuanto más pesada sea la plancha de hornear, mejor retendrá el calor tras el precalentamiento, y además permitirá duplicar el horneado utilizando también el suelo del horno. Algunos gruesas y pesadas planchas de hornear de acero oscuro (65 × 42 centímetros) ¡pesan más de dos kilos! Excelente.

Para hogazas y panecillos no es necesario que la plancha tenga un reborde a todo su alrededor, pero sí es necesario para los croissants, ya que la mantequilla puede rezumar y gotear al suelo del horno, quemándose.

PIEDRA DE HORNEAR

Nueva en el mercado es una piedra de hornear presentada en dos formas distintas: un círculo de 40 centímetros de diámetro o un rectángulo de 35 por 40 centímetros. Es una gruesa placa de una composición pétrea marrón claro que retiene el calor y que se vuelve más dura a medida que se va usando. La superficie de hornear, de algo más de un centímetro de grueso, es una plataforma sobreelevada un centímetro del mismo material, que tiene canales moldeados en su interior para facilitar que el calor circule libremente. Mueva la masa a una nueva posición en la piedra al menos una vez durante el período de horneado para tener en cuenta las variaciones de temperatura en su horno. El peso de la piedra es de unos cuatro kilos, y es lo suficiente pesada como para duplicar aproximadamente las cualidades de horneado del suelo de ladrillo de los hornos franceses. Sitúela a la mínima altura utilizada corrientemente para hornear. El horno es también un buen lugar para guardar la piedra, y puede incluso dejarla allí cuando utilice el horno para otros propósitos.

Así como la plancha de hornear puede ser puesta y sacada del horno para recibir la masa, la piedra precalentada es mejor dejarla en el horno y meter la masa en él. Los moldes o planchas de hornear conteniendo la masa pueden también ser colocadas sobre la pesada piedra para producir una corteza inferior más gruesa.

Un poco de harina de maíz espolvoreada por la superficie de la piedra de hornear es todo lo que se necesita antes de deslizar sobre ella la masa moldeada y subida. Es excelente para todos los panes y bollos excepto los croissants, que pueden gotear mantequilla. Puede ser usada también para pizzas y empanadas.

La piedra redonda es lo suficientemente grande como para aceptar una hogaza casera grande o dos hogazas caseras pequeñas, o tres moldes de pan medianos (21 ½ × × 11 ½) y uno pequeño. La piedra rectangular es sólo ligeramente mayor en superficie total, y puede aceptar un total de cuatro moldes medianos.

MOLDES FRANCESES PARA PAN

La barra de *pain ordinaire* en sus formas clásicas de *baguette, ficelle, flûte* o *bâtard*, es horneada en moldes especiales o fermentada entre telas y horneada directamente en el caliente suelo del horno. En Francia, los moldes para de dos a seis a barras están embutidos en una misma pieza de metal.

Durante un cierto número de años he estado horneando piezas de pan francés y largas barras de pan de centeno en moldes que yo mismo había fabricado en mi taller a partir de tubos de estufa comprados en la tienda de Honey Jones, situada en una calle al borde de las colinas del sur de Indiana. En realidad debo confesar que no compré ese tubo; a Honey le encantaba todo mi pan de trigo, así que intercambiamos.

Los moldes hechos de este modo cuestan lo que pueda costar el largo que uno desee de tubo de estufa en la tienda del lugar. Sorprendentemente, el tubo de estufa no ha pasado de moda con los botines, sino que es aún muy usado en los medios rurales y en casas de la ciudad sin calefacción central.

Proporciona una excelente plancha para hornear debido a que absorbe más que refleja el calor.

El tubo de estufa puede ser comprado en muchas ferreterías, y es servido por los fabricantes con la unión de la izquierda más abierta a fin de que pueda ser encajado a otros fácil y económicamente. No cierre ese extremo. Déjelo abierto. El diámetro del tubo debe ser al menos de veinticinco centímetros, y muchos son considerablemente más amplios.

Esencialmente el proceso consiste en combar el tubo de estufa para formar dos canales que quedarán abiertos por los extremos. Con unas cizallas, corte el tubo a la longitud precisa para que quepa en su horno, dejando un par o tres de centímetros a ambos lados. (Mis moldes tienen 46 y 60 centímetros de largo.)

Para conseguir el tamaño más conveniente, que permita hornear dos barras de medio kilo, haga un corte a lo largo del metal a veinticinco centímetros de un extremo. Tire o reserve la otra pieza para un proyecto posterior. Aproximadamente a un centímetro de los bordes largos doble el metal y aplástelo con un martillo. Un borde cortado con cizallas puede ser tan afilado y peligroso como una navaja. Los extremos, sin embargo, no necesitan ser rebordeados.

Sujetándolo con ambas manos, apriete y doble el metal a lo largo contra el borde de una mesa para hacer dos "canales" a lo largo de iguales dimensiones. Mirado desde un extremo, ahora parecerá una curvada y aplastada "W". Dé forma definitiva al molde con sus manos, creando una superficie más o menos plana en el fondo de cada canal. Puede que el resultado sea basto y no demasiado elegante, pero el pan que contenga sí será hermoso y admirable. Tampoco hay nada mejor que una lata de café vacía de medio kilo o un kilo para hornear pan, especialmente las piezas altas y cilíndricas tales como el brioche *mousseline* y el *panettone*. En primer lugar, es fácil de obtener en cualquier cocina sin pagar nada por ella, si no en la suya seguramente que sí en la de sus vecinos. Segundo, y más importante, la pintura en el metal absorbe antes que reflejar el calor, proporcionando a la pieza una preciosa corteza de color marrón oscuro. (El brillante aluminio permite tan sólo un ligero bronceado.) Finalmente, es desechable, de modo que si el pan no quiere salir, simplemente corte el fondo y empuje por allí la pieza obstinada.

Para preparar una lata de café, lávela, séquela bien, y engrásela ligeramente. Asegúrese de que el plástico protector que usualmente hay en el fondo ha sido retirado. Y como precaución contra la pegajosidad de la masa, al menos en el fondo, coloque un redondel de papel parafinado engrasado en la lata. Muchas latas de café llevan dos anillos indentados rodeándolas, pero la pieza se encogerá ligeramente durante el horneado, así que esto no es ningún problema.

Para un pan fermentado, llene la lata hasta un poco más de la mitad. Cúbralo con un trozo de plástico, déjelo subir hasta el borde de la lata... no más. La acción del calor del horno en la masa fermentada podría hacerla desbordarse, fuera y por encima de la lata, como un hongo.

Atención: Coloque la lata en la parte más inferior a fin de que la subida de la masa no tropiece con el techo del horno.

MOLDES CONVENCIONALES PARA PAN

No desprecie sus brillantes moldes de aluminio para pan debido a que no consigan unas piezas tan doradas como los moldes de metal oscuro o de pyrex. Cuando retire usted la pieza y observe que está menos dorada de lo que deseaba, póngala de nuevo en el horno —sin el molde— durante

unos 5 a 10 minutos adicionales. La corteza se dorará primorosamente.
Los moldes tratados con teflón son excelentes... proporcionan unas cortezas de color marrón oscuro que no se pegan.

COUPS DE LAME

La última acción antes de meter las piezas en el horno es el *coup de lame* —literalmente golpe de hoja—, el corte en diagonal que proporciona a los panes franceses su apariencia distintiva.
En Francia se utilizan toda una serie de hojas o *lames* especiales para efectuar esos cortes. La más común es una hoja recta con la punta ligeramente curvada. He experimentado que una hoja de afeitar con corte en un solo lado es perfecta para efectuar los clásicos *coups de lame*.
El ángulo del corte influye en el desarrollo de la pieza. Para efectuar el *coup de lame* el borde cortante de la hoja de afeitar no debe estar vertical sino formando un ángulo con respecto a la horizontal.
Una larga *baguette* (60 centímetros) puede recibir hasta diez cortes con la hoja. La más pequeña *bâtard* recibirá cuatro o cinco.
Un punto en el que insistirá mucho el *boulanger* es que un corte en diagonal no puede empezar más allá del final del corte anterior o la pasta entre los dos puntos se desgarrará antes que abrirse.
Mientras que las piezas largas reciben cortes diagonales, la mayor parte de las redondas hogazas reciben cortes entrecruzados. La *pogne de Romans* es una *couronne* que es cortada en un triángulo con las curvadas líneas cruzándose. Otras hogazas redondas son hendidas tres veces cruzando la masa o reciben un solo corte que da la impresión de dividir la hogaza en dos piezas.

PALA

Mientras que el *boulanger* necesita una pala (*pelle*) con un mango de unos tres metros para meter y sacar los panes del horno, los panaderos domésticos pueden apañárselas con una tabla de madera delgada, formica, contraplacado o aglomerado, de unos 45 centímetros de largo y 20 de ancho, para tomar la masa fermentada entre los pliegues de tela *(couche)* y depositarla en la plancha o en la piedra de hornear. Está también la pala de mango corto que se utiliza para las pizzas, en las cuales dejaré que las hogazas caseras suban antes de llevarlas a la piedra precalentada en el horno. Es necesaria una pala, ciertamente, si uno posee un horno profundo en el cual los panes son horneados directamente sobre el caliente suelo del horno. Yo poseo un horno de adobe fuera de la casa y otro de ladrillos dentro, ambos de leña. El horno del interior de la casa tiene tan sólo 75 centímetros de profundidad, así que meto la masa en él con una pala sin mango.

CUCHILLO PARA EL PAN

Un cuchillo afilado añade un toque de profesionalidad a una pieza de pan bien horneada. Una rebanada de pan es tan atractiva como se lo permite el cuchillo con la que ha sido cortada. Un cuchillo poco afilado puede destrozar el más hermoso pan, mientras que un cuchillo bien afilado puede realzar una pieza que no ha salido exactamente tal como deseábamos.

Hay gran número de excelentes cuchillos en el mercado. Yo utilizo un cuchillo suizo de acero inoxidable. Con casi diez años de existencia, el cuchillo ha cortado miles de rebanadas, nunca ha sido afilado, y sin embargo corta como una navaja. El secreto estriba en que respeto la hoja y la utilizo *únicamente* para el pan.

PULVERIZADOR

Una fina rociada de agua con un pulverizador en el horno caliente puede sustituir a la bandeja o parrilla de agua colocada en el fondo del horno para formar vapor. Yo prefiero la bandeja debido a que un spray de agua fría contra la caliente bombilla de la luz del horno puede ser una estallante experiencia. Sin embargo, dejando aparte el problema de la luz, no hay ningún problema para crear una satisfactoria nube de vapor.

PARRILLA DE ENFRIAMIENTO

Si se deja enfriar el pan en la parrilla del horno, el espacio entre las barras es normalmente demasiado grande como para que el pan caliente permanezca allí sin que se produzcan depresiones en la corteza inferior. Una parrilla metálica con una separación de ½ a 1 centímetro en la trama puede proporcionar un firme soporte para la corteza inferior. Esta parrilla es también un buen sitio donde depositar una pieza de pan congelado mientras se descongela. Así no exudará por su parte inferior.

RUEDA DE PASTELERO O CORTADOR

Una rueda de pastelero es simplemente un cuchillo circular, que sirve tanto para marcar ligeramente la masa como para cortar diagonalmente la pasta sin tener que apretar. Algunas ruedas importadas son dobles: una rueda sencilla en un lado y una dentada en el otro. Los más recientes llevan un borde dentado parecido al utilizado para marcar telas. Igualmente bueno es un cortador de pizzas.

MOLINILLO PARA FRUTOS SECOS

Los frutos secos pueden ser triturados en un bol o sobre una superficie de madera, pero lo más probable es que le vuelen por toda la cocina. Las trituradoras también sirven. Si su robot de cocina no posee el accesorio triturador, le sugiero un pequeño triturador de frutos secos accionado a mano que sirve incluso para los quesos duros. Hay uno de ellos francés, el Mouli, con tres cilindros diferentes.

HORNOS Y COMO FUNCIONAN

LA TEMPERATURA DEL HORNO

El horno es quizá la pieza más importante del equipo en el horneado de panes y bollos, y la correcta temperatura del horno es uno de los factores más importantes en producir una deliciosa pieza de pan. Una pieza nunca es mejor que el horno en el cual ha sido horneada. Un horno demasiado caliente quemará la masa. Un horno demasiado frío simplemente no la horneará. ¡Tan sólo un horno en su punto correcto produce una obra maestra! Durante varios años les he pedido a todos mis alumnos que prueben sus hornos caseros con un termómetro fiable. Hemos descubierto que casi todos los hornos son sorprendentemente poco de fiar... ¡con un margen amplísimo! Hay hornos que varían de 40° *demasiado caliente* a 65° *demasiado frío*, un margen de 105°.

No confíe en el termostato del horno, ni siquiera en el de los últimos modelos. Sea honesto consigo mismo y cómprese un termómetro: es una buena inversión. Mis hornos son comprobados regularmente por un servicio técnico, pero pese a todo tomo manualmente la temperatura *cada vez* que horneo. Incluso un horno que hoy se encuentra correctamente calibrado puede perder ligeramente su exactitud tras un período de varios meses de hornear diariamente.

La uniformidad del calor en los hornos varía de uno a otro lado y de delante a atrás. Para compensar esto, cambie de lugar las piezas una o dos veces durante el período de horneado para exponerlas a las varias temperaturas del horno.

Los hornos en mi cocina son alimentados con gas, electricidad y madera. Tras miles de hornadas efectuadas bajo idénticas condiciones con gas o electricidad, no he notado apenas diferencias en la calidad del pan obtenido.

El horno de adobe de mi patio y el horno instalado en mi chimenea están diseñados para hornear el pan directamente sobre el caliente suelo de ladrillos (tras haber eliminado las cenizas de la madera), el modo más parecido a como se hornean los panes, sin molde, en Francia. De todos modos, el fuego de leña va desapareciendo incluso en Francia, y la mayor parte de los hornos son accionados actualmente por gas o fuel-oil. Sin embargo, el gran *boulanger* parisino, Monsieur Pierre Poilane, continúa alimentando sus hornos con madera de frutales... manzanos, melocotoneros y perales.

El hornear el pan en el suelo del horno asegurará algo muy especial... una gruesa corteza inferior.

He horneado también docenas de hogazas en pesadas piezas de cerámica colocadas en los estantes de mi horno para simular el horno del *boulanger*, pero he llegado hace tiempo a la conclusión de que el peligro de que un estante se derrumbe bajo el inestable peso no compensa. La diferencia entre una pieza horneada en una precalentada plancha o piedra de hornear a temperatura adecuada y una pieza horneada en una plataforma de cerámica caliente es tan pequeña que casi resulta indistinguible.

Vapor

El papel del vapor en hornear las piezas crujientes y de delgada corteza del *pain ordinaire* es múltiple. El vapor ablanda y protege la masa durante un largo período, y ésta sube tanto como es posible sin tener que añadirle humedad. El vapor favorece el crecimiento del *jet,* la protuberancia en la masa allá donde ha sido hendida por la hoja de afeitar o *lame*. La humedad en el horno ayuda a caramelizar el azúcar en la masa que proporciona a la corteza su color amarillo dorado y su lustrosa apariencia.

Muchos hornos en las panaderías francesas están equipados con aparatos generadores de vapor. Si bien un gran horno profesional hecho con sedientos ladrillos exige inmensas cantidades de vapor, o el calor arrancará toda la humedad de las piezas que se están horneando, un horno casero, incluso lo suficientemente grande como para dos o tres hogazas, no necesita agua en tal cantidad. De hecho, hay más peligro en crear demasiado vapor que demasiado poco. Un exceso de humedad decolorará la corteza y ocasionará que los cortes permanezcan unidos.

Puede proporcionar usted algo de vapor al principio del período de horneado, pero cuando el calor penetra en la masa el vapor se crea de forma natural. Cada hogaza pierde de treinta a cincuenta gramos de agua en el horno durante la cocción. La humedad que empaña el cristal del horno (si el suyo va provisto de él) cuando abre la puerta lo atestigua.

Lo más importante acerca del vapor es tenerlo en el horno unos momentos antes de meter la masa. Eche agua en la parrilla o vierta un poco en la bandeja colocada en el suelo del horno. El vapor que brotará inofensivamente por las juntas de la puerta le permitirá saber cuándo está a punto. El vapor puede ser creado también rociando un fino chorro de agua en el horno caliente con un pulverizador. Hágalo en dirección opuesta a la bombilla del horno o ésta puede estallar. Toda el agua en la bandeja ha de haberse evaporado cuando la corteza empiece a dorarse. Si está utilizando usted un pulverizador, no lo use a partir de este momento. El pan debe terminar de hornearse en un horno caliente y *seco*.

Algunos horneadores caseros crean el vapor introduciendo una pieza de metal calentado en la bandeja de agua en el suelo del horno. Esto es peligroso e innecesario.

Almacenaje y congelado

El pan puede ser consumido al día siguiente o a los dos días si es conservado en una bolsa de papel, en una caja para el pan o en un cajón para el pan. No lo envuelva en plástico si no quiere que su corteza se vuelva especialmente blanda. Si el pan está previsto usarlo para tostar, no importa. La tostadora volverá a poner de nuevo crujientes las rebanadas.

El pan no envejece tan rápidamente a temperatura ambiente como lo hace en la nevera. No obstante, si teme usted que la pieza pueda enmohecerse, entonces métala.

El pan volverá a recuperar su frescor simplemente calentándolo a 175 grados en el horno durante 15 minutos.

Si está usted preocupado de que toda la hogaza pueda ponerse vieja, congele parte de ella para servirla fresca al día siguiente.

El pan congelado se mantiene tan bien y conserva tan maravillosamente su frescor que yo congelo todo el pan cuando calculo servirme de él durante los siguientes días. A menudo horneo el miércoles y el jueves y congelo las piezas para utilizarlas durante el fin de semana.

No hay ningún tipo de pan que no pueda ser congelado. Aunque algunos tipos parecen conservarse más tiempo que otros, intento no mantener ninguna pieza congelada más de tres meses debido a que después de éstos el pan pierde su habilidad de reaccionar.

Para congelar, déle tiempo a la pieza a enfriarse antes de colocarla en una bolsa de plástico fuerte. Atela sólidamente con un cordel. Congele. Tras sacar el pan del congelador, déle tiempo a deshelarse dentro de la bolsa sin abrir. Las partículas y cristales de hielo dentro de la bolsa representan humedad del pan y debe dejarse que vuelvan a ser absorbidas. Cuando la humedad ha desaparecido, quite el pan de la bolsa, colóquelo en una plancha de hornear y póngalo en el horno a 175 grados durante 15 minutos.

El congelar la masa es algo menos satisfactorio. Puede hacerse, por supuesto, pero deberá aguardar durante horas mientras se descongela y dobla su volumen antes de poder darle la forma de las piezas deseadas y ser metida en moldes o en una plancha de hornear. Luego habrá que aguardar aún a que doble o triplique de nuevo su volumen antes de meterla en el horno. No compensa.

¿Qué puede ir mal?

Hacer pan es un arte indulgente. Aunque hay algunas cosas que pueden ir mal, hay muchas más cosas que pueden ir bien. Espere siempre que las cosas salgan bien cuando saque el pan del horno, y comprobará que generalmente salen bien.

Sin embargo, el más experimentado horneador casero tendrá algún ocasional fracaso, un problema, un olvido o algo así. Yo a menudo olvido la sal, que añado más tarde cuando descubro que la textura de la masa no es la correcta. Me aseguro de ello probando una pizca de la masa. Sí, la he olvidado otra vez. Disuelvo la sal en un poco de agua, la añado a la pasta, y sigo amasando. En una ocasión tenía tres moldes de masa para pan de queso ya en el horno, pero apenas me había vuelto cuando descubrí las tres tazas de queso rayado sobre la mesa de trabajo aguardando a ser añadidas. Saqué rápidamente los moldes del horno, quité la masa de los moldes, y la trabajé de nuevo con el queso. Tuve que esperar de nuevo a que subiera en los moldes, pero lo único que perdí fue tiempo. El pan estaba delicioso.

Estas son algunas de las cosas que le pueden ir mal, y lo que puede hacer al respecto.

MASA DEMASIADO BLANDA

Si la masa para la hogaza casera que ha formado en la plancha de hornear se desparrama fláccidamente cuando se supone que tendría que subir, empiece de nuevo trabajando una pequeña cantidad de harina suplementaria dentro de la blanda pasta y amasándola agresivamente. La combinación de un poco de harina y el amasado proporcionará a la pasta el cuerpo suficiente como para mantenerse en la plancha de hornear. Pruébela palmeando con la mano abierta la bola de masa. Déjela apoyada allí hasta contar hasta diez. Si retira su mano limpia, la masa tiene la harina suficiente.

BALA DE CAÑON

Es algo que me ha ocurrido muchas veces. Demasiada harina ha sido forzada dentro de la masa, y ésta ha perdido su elasticidad y suavidad. La bola es dura, firme y poco maleable. Si intenta usted aplastarla, parece que reaccione empujando su mano hacia arriba. Añádale agua para ablandarla. Es un proceso difícil pero puede salvar la masa. Amase de nuevo concienzudamente.

¿SAL?

Si la masa es viscosa, no responde, se muestra correosa y no mejora pese al continuo amasado, y, más tarde, cuando la pieza está horneada, las rebanadas parecen aplastadas, probablemente habrá olvidado usted la sal. Ocurre. Una comprobación a lo largo del proceso es probar un poco de pasta durante el amasado para asegurarse de que sí le ha echado usted la sal.

NO SUBE

Si la masa se niega a subir, puede que haya olvidado usted la levadura o ésta haya resultado muerta si la ha disuelto en agua por encima de una temperatura de 60°. No tire la pasta. Empiece una nueva masa pero asegurándose de que la levadura se halla entre los ingredientes. Una vez mezclada la nueva pasta, junte las dos masas. Habrá las suficientes células de levadura como para que la fermentación se produzca en su totalidad.

SUBE DEMASIADO

Si resulta obvio que la masa que está subiendo en el molde o *banneton* lo hace excesivamente, probablemente se hundirá cuando el calor del horno la obligue a extenderse aún más. Vuelva a amasar la pasta, moldee otra vez las piezas, y esta vez no deje que la masa suba más allá del volumen recomendado, sea el doble o el triple.

MOLDES DEMASIADO GRANDES O DEMASIADO PEQUEÑOS

Cuando la masa ha subido en los moldes, puede resultar obvio que el volumen de ambos no se corresponde... demasiada masa en moldes demasiado pequeños, o demasiado poca masa en moldes demasiado grandes. En ambos casos, las piezas resultantes lo serán todo menos atractivas. Saque la masa de los moldes, amásela de nuevo brevemente, vuelva a moldear, y utilice los moldes adecuados de acuerdo con el cuadro de volúmenes y pesos de la masa de la página 32). La mayor parte de las masas para los panes rectangulares convencionales suben aproximadamente algo más de un centímetro por encima del borde antes de ser metidas en el horno. Los moldes cilíndricos (las latas de café) son llenados hasta la mitad, y se supone que la masa subirá hasta el borde antes del horneado.

FONDO DEMASIADO PALIDO

La corteza superior es de un color marrón dorado, pero las cortezas laterales y del fondo son pálidas y no parecen bien cocidas cuando las piezas son sacadas de sus moldes. Esto ocurre principalmente con los brillantes moldes de aluminio, puesto que reflejan más que retienen el calor. Devuelva las piezas al horno sin los moldes durante cinco minutos. Adquirirán en conjunto un bronceado encantador.

CORTEZA DURA

Si la corteza es demasiado dura y tostada, la proxima vez hornee con menos vapor en el horno. Una corteza demasiado dura se ablanda durante la noche si la mantiene en una bolsa de plástico.

CORTEZA BLANDA

Si la corteza no es lo suficientemente gruesa o tostada, eche un poco más de agua con un pulverizador. Un golpe con un cepillo de pastelero húmedo puede ayudar también al desarrollo de una corteza dura.

CORTEZA DE DESIGUAL COLOR

Una o dos veces durante el período de horneado abra la puerta del horno y cambie la posición de los moldes para que las piezas queden expuestas uniformemente a las variaciones de temperatura que se producen en la mayor parte de los hornos.

HORNEADO DEFICIENTE

La masa subió maravillosamente cuando se la metió en el horno, pero allí vino la desilusión. El pan debe ser horneado a la temperatura recomendada. Compruebe el horno con un termómetro. Nunca confíe en que el termostato le vaya a dar la temperatura que promete. Un horno 40 grados demasiado frío simplemente no cuece el pan. Un horno 40 grados demasiado caliente simplemente lo tuesta en exceso.

NO HECHO

Cuando corta usted la primera rebanada resulta obvio que el pan está húmedo e incluso quizá pegajoso. No está hecho. Necesitaba haber sido horneado un poco más. Recubra la pieza con la rebanada que ha cortado y ponga la pieza (o piezas) de nuevo en el horno durante otros 10 minutos. Si entonces aún no está hecho, déjelo cinco minutos más. De todos modos, no juzgue si su pan está o no hecho antes de haberlo dejado enfriar.

DESCORTEZAMIENTO

Cuando el pan se abre bajo la corteza superior para formar un túnel a lo largo de toda la pieza, pueden suponerse una o dos causas probables. La superficie superior de la masa puede haberse secado parcialmente durante la subida y luego, en el horno, el calor no ha podido penetrar uniformemente en la gruesa superficie o "corteza". O la temperatura del horno puede haber sido demasiado baja y la masa expandirse irregularmente. Para la próxima sesión de horneado, cubra la masa con papel parafinado o de aluminio durante la subida para prevenir pérdidas de humedad. Precaliente el horno para que la masa se beneficie plenamente de todo el calor desde el principio. Utilice previamente un termómetro para asegurarse de que la temperatura del horno es la correcta.

EFECTO DE CAPA

Si se observa en la pieza, inmediatamente debajo de la corteza, una capa que es distinta en textura y color, es probable que haya añadido usted demasiada harina demasiado tarde en el proceso del amasado, y ésta no ha sido absorbida por la masa. El espolvorear un poco de harina no presenta ningún problema, pero los añadidos sustanciales pueden ser contraproducentes si no van seguidos de un amasado adicional.

SEGUNDA PARTE

LOS PANES
Y BOLLOS DE FRANCIA

Recetas de París

¿Por dónde empezar la búsqueda de los panes y bollos de Francia sino por París... una de las capitales gastronómicas del mundo? Habíamos estado allí otras veces antes, pero nunca con el único propósito de perseguir el *pain ordinaire* y el no tan *ordinaire*. A este último es al que más nos dedicamos. Descubrimos panes no habituales en lugares tan variados como los propios panes. Nuestro deambular nos condujo desde lugares de alimentos de lujo tales como Fauchon hasta las oscuras y húmedas bodegas del retiro suburbano de un maestro panadero. Un restaurante judío en un pequeño barrio de París nos proporcionó deliciosos roscos de pan y un agudo contraste con la elegante *boulangerie* resguardada por la sombra de los plátanos en la Place Victor Hugo, donde descubrí el *pain d'épice*, hecho con miel silvestre y harina de trigo.

EL PARIS DE FAUCHON

Fauchon, una de las mayores tiendas de alimentación del mundo, es simplemente el número uno en el espectáculo alimentario de París ahora que el antiguo mercado, Les Halles, ha sido eliminado y retirado a los suburbios.

Siga el aluvión de color que es el mercado de flores al aire libre de la Place de la Madeleine y estará usted muy cerca de los dos edificios que son la casa Fauchon. No es difícil de encontrar. Siempre hallará a una docena o más de transeúntes parados ante sus escaparates, clavando sus ojos en el espectacular despliegue de alimentos dispuestos por los dos decoradores fijos de la tienda. Sin la menor duda uno o dos coches elegantes estarán parados en la esquina, aguardando a su propietario, que estará curioseando y comprando entre jamones colgando y salchichas y pirámides de vegetales y frutas traídos hasta allí desde huertas y cultivos de todas las partes del mundo. No es un lugar especialmente grande, pero todo lo que hay en él es absolutamente supremo... calidad suprema y precio supremo. Los mercados mayoristas guardan lo mejor de sus existencias para el jefe de compras de Fauchon. Si él no lo quiere, entonces lo venden a los demás. Amontonados en varios expositores hay pequeños letreros de plástico que proclaman modestamente que ese *asperge blanche* o esa *orange* ha sido cultivado y recolectado especialmente para Fauchon.

Fauchon fue creada en 1886 por Monsieur Fauchon, que al principio se negó a exponer o vender ningún alimento que no fuera producido en Francia. Pero dos guerras lo cambiaron todo, y actualmente Fauchon, aun manteniendo su sólida reputación en alimentos franceses, ha ido tan lejos que almacena productos tan exóticos como el maíz dulce de los Estados Unidos, la salsa de arándanos, la miel de arce, el *mince meat* (mezcla de pasas, manzanas y especias finamente picadas con carne) y los vinos de California, mezclados en los expositores con pato de Bombay, hierbas indias, mango de Malí, pimientos españoles, salmón ahumado de Escocia, y avocados y frutos afrodisíacos de Israel.

El anexo de Fauchon al otro lado de la calle es un glorioso salón dedicado únicamente a los pasteles, pastas y helados. Allí, si uno (o una) consigue no perderse entre las montañas de pasteles y tortas y bollos y panecillos, puede degustar lo que desee en un ambiente de la más pura elegancia en cualquiera de las mesas donde se puede comer de pie, previstas para aquellos que no tienen la fortaleza ni la presencia de ánimo de cruzar las puertas con lo que han adquirido.

En la tienda principal de Fauchon, a medio camino entre los vegetales y la *charcuterie,* se halla un mostrador que ofrece tres tipos de pan que son *specialités de la maison*. Uno es creación del propio Fauchon, el *pain hawaiien* (con coco, por supuesto). Los otros dos son de la *boulangerie* de Monsieur Pierre Poilane, el más famoso panadero de la ciudad. Poilane suministra una pequeña pieza redonda, pesada, con nueces picadas... el *pain aux noix*. También una gran hogaza de payés, tan grande para la mayor parte de la gente de la ciudad que Fauchon las vende a trozos si se lo piden.

PAIN HAWAIIEN FAUCHON
Pan hawaiano Fauchon

(Cuatro piezas de 400 gramos)

Uno debe probar una rebanada de *pain hawaiien* para apreciar plenamente el delicado aroma de las avellanas y del coco, dijo el encargado del departamento de Fauchon. Su afirmación sonaba más bien lírica. No puedo estar en desacuerdo, si bien deja un encantador y persistente regusto que puede parecer sorprendente al paladar no acostumbrado a los sabores extraños. En Hawai los frutos secos aborígenes son más bien parecidos a las avellanas, por lo que nuestras avellanas *(noisettes)* tienen prácticamente el mismo sabor crujiente, y un sabor propio único. Son un perfecto sustituto y no muy caros. ¡Sin embargo, aquella tarde en París, cuatrocientos gramos del *pain hawaiien* de Fauchon nos costaron 3,75 dólares!

INGREDIENTES

6 tazas de harina todo uso, aproximadamente
1 sobre de levadura en polvo
1 cucharada sopera de sal
2 cucharadas soperas de azúcar
½ taza de leche descremada en polvo
1 ½ tazas de agua caliente (40°-46°)
4 huevos, a temperatura ambiente
1 ½ tazas de copos de coco, envasados o frescos
1 ½ tazas de avellanas, picadas gruesas (ver nota más abajo)

MOLDES PARA HORNEAR

Cuatro moldes pequeños (19 × 9), engrasados o de teflón.

PREPARACIÓN

Nota: Como sea que gran parte del buen sabor de este pan corresponde a las avellanas, éstas deben ser picadas gruesas, preferiblemente en un molinillo para nueces, de modo que las partículas resultantes tengan aproximadamente el tamaño de granos de arroz. No las triture tan finas que parezcan harina, ya que entonces desaparecerán en la mezcla. Las avellanas y el coco pueden ser añadidos tras la primera subida, mejor que en el batido, pero entonces es algo más difícil hacer que la pasta las admita.

12 minutos

En un bol grande, combine 2 tazas de harina, la levadura, la sal, el azúcar, la leche en polvo y 1 ½ tazas de agua para formar un batido espeso. Eche entonces los huevos, uno a uno, y mézclelos con la pasta. Añádale 2 tazas más de harina. Corte la mantequilla en varios trozos y échelos a la mezcla. Incorpórelos mediante 25 fuertes golpes de la espátula o de una cuchara de madera. Incorpore los copos de coco y las avellanas trituradas. Añádale la harina restante, ½ taza cada vez, hasta formar una masa áspera que pueda ser despegada del bol. Con los dedos y la espátula limpie los lados del bol y añada las partículas a la masa.

AMASADO. — **7 minutos**

Espolvoree la superficie de trabajo con harina y saque la masa del bol. Con un ritmo de aplaste-gire-doble, amase la pasta hasta que se vuelva uniforme (excepto las partículas de avellana y coco, por supuesto) y elástica. Añádale harina espolvoreándola si la masa es pegajosa, pero no demasiada si no quiere que se le vuelva densa y difícil de trabajar.

PRIMERA SUBIDA. — **1 hora**

Devuelva la masa al bol, cúbrala con un plástico y déjela sin tocarla a temperatura ambiente (21°-23°) hasta que doble su volumen.

MOLDEADO. — 15 minutos

La masa debe pesar casi 2 kilos... lo suficiente para cuatro piezas de casi medio kilo o cualquier otra combinación.
Deposite la masa sobre la superficie de trabajo previamente espolvoreada con harina y, con un cuchillo o un raspador, divídala en el número de piezas deseado. Haga una bola con cada una de ellas y déjelas reposar de 2 a 3 minutos para que la pasta se relaje.
Presione cada bola hasta convertirla en un óvalo aplanado —tan ancho como largo sea el molde—, dóblela por la mitad y pellizque la juntura para unirla. Doble sus extremos y métala en molde ya preparado, con la costura hacia abajo.

SEGUNDA SUBIDA. — 1 hora

Cubra con papel parafinado y deje a temperatura ambiente (21°-23°) para que suban hasta que la masa aparezca por encima del nivel del borde del molde... una hora aproximadamente.

HORNEADO

Con una hoja de afeitar, haga un largo corte en el centro de la pieza con 4 o 5 pequeños cortes diagonales a cada lado, como las hojas del tronco de un cocotero.

205° — 30 minutos

Coloque en el horno a media altura. Cuando las piezas lleven 20 minutos en el horno cambie la posición de los moldes. Las piezas estarán horneadas cuando adquieran un color marrón dorado con motas oscuras de avellana y coco en la corteza. Unas piezas más grandes necesitarán tal vez otros 10 minutos adicionales en el horno.
Saque las piezas ya cocidas de los moldes. Unte la corteza superior con mantequilla fundida y vuelva

a colocarlas en el horno sin moldes por otros 5 minutos.

PASO FINAL

Coloque en una parrilla metálica a enfriar. Bien tostados. Bien fríos. Bien siempre.

PAIN AUX NOIX
Pan de nueces

(Tres piezas de 400 gramos)

El *pain aux noix* es oscuro, denso y delicioso. Con las muchas nueces que contiene la masa de trigo entero (más de 200 gramos), una rebanada de este pan es un excelente acompañante para cualquier comida. Tostado y servido con queso es aún mejor.

La pieza de Fauchon, horneada para la tienda en la celebrada *boulangerie* de Monsieur Pierre Poilane, es una pequeña *boule*, una pieza redonda, pero puede hacerse fácilmente en otras formas y tamaños para acomodarla a casi cualquier necesidad.

Mejor que azúcar o melaza, el jarabe de malta es idóneo para proporcionarle un dulzor especial, definitivo pero no empalagoso. El trigo entero al 100 % es responsable de la consistencia de sus rebanadas.

INGREDIENTES

1 sobre de levadura en polvo
2 ½ tazas de agua caliente (40°-46°)
1 cucharada sopera de jarabe de malta (*no* aromatizado al lúpulo)
½ taza de leche en polvo descremada
2 cucharadas soperas de mantequilla, a temperatura ambiente
2 cucharaditas de sal
1 taza de copos de salvado, opcional
3 ½ tazas de harina de trigo entero (añadir 1 taza

adicional si no se utilizan los copos de salvado),
aproximadamente
2 ½ tazas de nueces, picadas

Glaseado:

1 huevo
1 cucharada sopera de leche

PLANCHA DE HORNEAR

Una plancha de hornear engrasada o de teflón.

PREPARACIÓN. — 18 minutos

Espolvoree la levadura en polvo en un bol grande y añada el agua caliente. Mezcle el jarabe de malta, que es también un nutriente ideal para la levadura, y ésta se pondrá rápidamente en forma. Añada removiendo la leche en polvo, la mantequilla y la sal.

Nota: Los copos de salvado serán añadidos más o menos triturados según se desee la textura final, particularmente si la harina de trigo entero es muy fina. Si el trigo entero no está muy molido o lleva incorporados granos, olvide los copos de salvado y añada una taza adicional de harina de trigo entero.

Mezcle los copos de salvado (ver nota anterior) en los mojados ingredientes del bol. Añada la harina de trigo entero, ½ taza cada vez, hasta que la pasta sea espesa y difícil de remover. Déjala reposar durante 3 o 4 minutos mientras las numerosas partículas de harina absorben la humedad necesaria. Añada con precaución más harina para conseguir una masa que pueda ser sacada con la mano del bol. Aunque la masa de trigo entero no es tan elástica como la masa blanca, nunca debe convertirse en una bola sólida que no pueda ser amasada. La tendencia cuando se trabaja con trigo entero al 100 % es añadir demasiada harina para contrarrestar la pegajosidad y descubrir luego bruscamente que la harina ha absorbido toda la humedad... y la masa es dura. Un espol-

Pan de nueces de París, delicioso con café o té.

voreado de harina *blanca* puede ayudar a controlar la pegajosidad sin por ello amazacotar la masa.

Las nueces deben añadirse después de la primera subida.

AMASADO. — 6 minutos

Coloque la bola de masa en la superficie de trabajo previamente enharinada. Utilice un raspador o una espátula para ayudarse a girar la masa y limpiar la superficie de trabajo en los primeros momentos del amasado. Mantenga siempre un espolvoreado de harina *blanca* entre la masa y las manos y superficie de trabajo. Golpee duramente la masa contra la superficie de trabajo para aliviar el tedio del amasado.

Primera subida. — 1 - 1 1/4 horas

    Devuelva la masa al bol, previamente lavado y engrasado, cubra con un plástico, y déjela a temperatura ambiente (21º-23º) hasta que la masa haya doblado su tamaño.

Moldeado. — 10 minutos

    Coloque la masa sobre la superficie de trabajo y déle una forma ovalada amplia. Ponga la mitad de las nueces en el centro de la masa y dóblela. Cuando hayan desaparecido, repita con el resto de las nueces. Algunas de las nueces pueden tener tendencia a caer fuera de la masa mientras ésta es trabajada. Vuélvalas a su sitio en la masa como si amasara ésta y pronto permanecerán en su lugar.
    Divida la masa en 3 partes iguales (o en el número de piezas deseado). Deje reposar la masa 5 minutos para que se relaje antes de moldearla.
    Con las manos en forma de copa, convierta una de las piezas de masa en una bola lisa, con todos los pliegues y costuras reunidos en la parte inferior.
    Aplaste ligeramente la bola con una suave palmada de la mano. Colóquela en la plancha de hornear, y repita la operación con las demás piezas.

Segunda subida. — 50 minutos

    Cubra las *boules* con papel parafinado y deje a temperatura ambiente (21º-23º).

Horneado. — 195º - 35 minutos

    Precaliente el horno 20 minutos antes de empezar a hornear los panes.
    Moje las piezas con el huevo y la leche batidos y haga en la parte superior de cada una de ellas 4 cortes (3 milímetros de profundidad) con una hoja de afeitar.
    Coloque la plancha en el horno a media altura.
    A la mitad del período de cocción, dé la vuelta

a la plancha de hornear para igualar la temperatura del horno en las piezas.
Las piezas están hechas cuando adquieren un color tostado oscuro. Dé la vuelta a una pieza y golpee la corteza inferior con el índice para determinar si está dura y suena hueca. Si es así, está en su punto.

Paso final

Coloque las piezas en una parrilla metálica para que se enfríen.
Puede comerse frío, tostado o recalentado. Se congela sin problemas.

EL PARIS DE POILANE

Todo lo que hace el maestro panadero *(premier boulanger)* Pierre Poilane, lo hace con estilo.

El gran picaporte de latón de la puerta de su *boulangerie* en el número 8 de la rue Cherche-Midi está forjado con la delicada forma de una espiga de trigo. En su casa, Poilane sirve una deliciosa sopa de cebolla en una sopera de cerámica de color marrón dorado para cuya confección sirvió de modelo su famosa hogaza de pan de payés de dos kilos. Esta hogaza ha inspirado incontables imitaciones. Su decoración surgió a raíz de la petición que le hizo a Poilane una monja católica de que le hiciera algo "no ordinario" para un regalo especial de confirmación para una familia. Creó una gran hogaza bien dorada decorada con un racimo de uvas prendidas junto con una amplia hoja a una retorcida rama de cepa... todo ello hecho de masa de pan. Desde entonces se convirtió en una de las especialidades favoritas de París.

Estilo.
Los artistas han hecho de Poilane un tema maravilloso, y las paredes de su tienda y oficina están repletas de fotografías, óleos y acuarelas de él mismo con su arrogante boina negra y su sencillo guardapolvo de trabajo.

Estilo.
Poilane nos invitó una vez a comer a Le Borghèse, un conocido restaurante cercano a su *boulangerie*. Avanzamos

por la calle como una procesión real, saludando y siendo saludados a lo largo de todo el camino por docenas de amigos de Poilane. Estaba lloviendo ligeramente cuando echamos a andar, y a mitad de camino una repentina rociada nos obligó a buscar refugio en un pequeño *bistro*. El lugar estaba atestado a aquella hora del mediodía, pero no pudimos continuar hasta haber bebido una botella de vino (obsequio de la casa) y haber charlado con todo el mundo en el bar. Seguimos nuestro camino y penetramos por la puerta de servicio del Lutetia Concorde Hotel, pasamos el comedor del personal (donde por un momento pensé que íbamos a comer), atravesamos la cocina, con signos de cabeza y saludos indiscriminados a los chefs y a los lavaplatos, y finalmente fuimos a parar a través de las puertas batientes al restaurante y a los brazos de un radiante *maître d'hôtel*. Incluso sin redoble de tambores, fue una entrada memorable. Los demás huéspedes contemplaron cómo el *maître d'hôtel* abrazaba a Poilane, que llevaba todavía su boina y su guardapolvo, y tomaba de brazos de Poilane la hogaza de pan que éste había llevado para nuestra comida.

¡Estilo!

Mi esposa nunca olvidará nuestra procesión de aquel día hasta el restaurante cuando de pronto, con un estentóreo grito, Poilane se detuvo en medio de la calle, la abrazó y la besó, ¡cuando descubrió que ella era hija de un panadero!

¡Estilo!

Más tarde, fuimos una tarde con Poilane a Clamart, en dirección a Versailles, para visitar su retiro en los suburbios donde se refugia cuando las presiones de ser un celebrado *boulanger* se hacen demasiado para él. Desde la calle sólo pude ver frutales y árboles de sombra, sin podar y cubiertos con enredaderas. La hierba estaba alta. Era obvio que el lugar recibía tan sólo la atención mínima.

—Si mantuviera el césped corto no podría obtener esto —dijo, deteniéndose para tomar un puñado de *fraises des bois*, las diminutas fresas silvestres que crecían medio ocultas por la alta hierba.

Había una casita pequeña entre los árboles, pero sus puertas y ventanas estaban abiertas de par en par y su única función parecía ser la de almacén para una impresionante colección de vasos de vino y licor colocados en media docena de estantes. Poilane tomó varios vasos y algunas botellas sin etiquetar, medio llenas de líquidos. Quitó importancia a la casa con un gesto.

—La utilizo tan sólo como un lugar para permanecer seco en medio de la tormenta y como una base para trabajar en el jardín —dijo. Nos condujo hacia una desmantelada mesa de madera en medio del césped. Cerca había una toma de agua que surgía del suelo. Lavó los vasos, luego los depositó sobre la mesa boca abajo para escurrirlos.

—Vengan —dijo, y le seguimos mientras avanzaba hacia una tosca puerta de madera frente a un gran montículo herboso. Poilane abrió la puerta, que no estaba cerrada con llave, apartó a un lado una pila de hojas que se amontonaban en el umbral, y buscó a tientas una vela y lumbre colocados a un lado de la puerta. Unos cuantos escalones descendentes conducían a la oscuridad. Decidí aguardar hasta que Poilane prendiera la luz. No, dijo él, tenemos que reunirnos todos en la oscuridad de la bodega antes de encender ninguna luz. La puerta fue cerrada y entonces, cuando Poilane hubo comprobado que el momento había llegado, prendió la luz.

¡Champán y vinos! Centenares de botellas.

Había cajas en el suelo, y estanterías alineadas a ambos lados de la amplia estancia. Desde el suelo hasta el techo. Algunas botellas eran recientes, y su vidrio aún limpio destellaba a la luz de la vela. Pero la mayor parte estaban cubiertas de polvo y telarañas. Poilane se echó a reír cuando observó mi mirada de perplejidad.

—Escoja una —ofreció. No, no podía, le dije, puesto que mi conocimiento del champán y del vino era tan escaso como para convertir cualquier intento de selección por mi parte en un gesto idiota. Por favor. Pasó su dedo por una lista clavada en una caja.

—Oh, ésta es —dijo, y fue a buscar una botella no muy cubierta de polvo.

—¡Algo especial para esta ocasión! —Me tendió la botella. Mouton-Rothschild. Mi preferida.

Subimos los peldaños. Poilane cerró la puerta a sus espaldas. Yo me sentía intranquilo de que no la cerrara con llave.

—No es necesario, *monsieur*, porque éste es un lugar realmente tranquilo. No tenemos problemas.

Los celebrados dibujos de uvas y espigas de trigo de Poilane.

Poilane colocó la botella de champán sobre la vieja mesa, junto a las botellas que había tomado de la casa. Teníamos que catarlas todas, dijo. Empezamos con el *anisette apéritif* que él mismo había fabricado el verano anterior. Muy bueno. Los vasos fueron lavados en el chorro de agua. Esta vez tocó el turno de probar el licor de frambuesas, blanco, seguido (tras un enjuaguado) por otro *framboise*, éste rojo. Ambos de fabricación casera, y ambos excelentes.

El sol ya se había puesto y empezaba a hacer frío en el húmedo jardín. Poilane hablaba de su vida, que había sido intensa y rica.

Un brindis, propuso. El Mouton-Rothschild fue escanciado.

—Un grano de trigo es la perfección en la vida. Vive, y proporciona vida. Me ha otorgado la vida, una provechosa vida. *Merci.*

El tintinear de los vasos era el único sonido en el jardín. Estilo.

PAIN DE CAMPAGNE POILANE
Pan de payés Poilane

(Una hogaza grande o cuatro hogazas de 400 gramos)

El más famoso, y de lejos, de los distintos panes hechos por Poilane es la redonda hogaza de pan de payés de 2 kilos horneada en el horno de leña del sótano de la *boulangerie* edificada sobre las ruinas de una abadía gótica del siglo XIV en el número 8 de la rue du Cherche-Midi. Los estrechos y empinados escalones por los que sudan los jóvenes aprendices acarreando los pesados cestos llenos cada día con un centenar de hogazas de pan de payés de recia corteza fueron tallados en la roca hace cinco siglos.

Cada una de las grandes hogazas de Poilane mide aproximadamente unos 35 centímetros de diámetro y presenta en su parte superior en forma de domo los tradicionales y funcionales *jets* que permiten a la corteza abrirse y a la masa expandirse.

Pero el más celebrado diseño de Poilane, aquel que creó para la fiesta de confirmación de una joven señorita, es el racimo de uvas, completo con su retorcida rama, apoyado sobre una amplia hoja. Mi ejecución del diseño de Poilane parece a veces más bien una pila de canicas sobre una balsa, pero de todos modos es divertido probar y ver qué resulta. Incluso he utilizado modelos, y así cada verano me procuro un racimo de uvas, una hoja de parra, y un manojo de zarcillos, y los dispongo en un círculo más o menos del tamaño de la parte superior de la hogaza de Poilane. Dibujo o fotografío mi creación, para utilizarla después de que las hojas hayan caído y los pájaros se hayan comido las uvas. Otro diseño de Poilane es el de varias espigas de trigo, que uno puede hallar también en las hogazas de pan de payés de Monsieur David en Honfleur.

El trigo para la harina de Poilane es cultivado y molido en el sur de Francia para sus dos *boulangeries* (ha abierto una nueva en un suburbio de París), y aunque la harina es difícil de duplicar en algunos otros países, el arranque con harina de trigo entero de esta receta —desarrollada en dos etapas— imparte una fermentación, aroma y color que gustan tanto al campesino como al príncipe. La receta del pan es de Poilane; la receta del arranque ha sido desarrollada con harinas americanas en mi propia cocina para que el resultado sea lo más aproximado posible al original. Poilane ha dado su aprobación.

INGREDIENTES

Arranque:

1 sobre de levadura en polvo
1 taza de agua caliente (40º-46º)
1 cucharada sopera de leche en polvo descremada
1 taza de harina de trigo entero, molida fina o semifina

Esponjeado:

Todo lo del arranque
2 tazas de agua caliente (40º-46º)
3 tazas de harina sin blanquear o todo uso

Masa:

Todo lo del esponjeado
1 cucharada sopera de sal
3 tazas de harina sin blanquear o todo uso

PLANCHA DE HORNEAR

Una plancha de hornear, engrasada o de teflón. El pan puede ser también horneado en el doble molde por los dos extremos de la *baguette*, si se dispone de él.

PREPARACIÓN

Aunque el tiempo puede ser reducido en cada uno de los siguientes pasos para seguir otros esquemas, lo ideal es dejar transcurrir 2 días para el completo desarrollo del arranque y del esponjeado, amasando al tercer día.

PRIMER DÍA. — 12 minutos

Arranque:

En un bol mediano o grande, agite la levadura en agua caliente hasta que las partículas se hayan disuelto. Añada la leche en polvo y la harina de trigo entero. Mezcle con 15 a 20 golpes del raspador. Cubra apretadamente con plástico y deje a un lado a temperatura ambiente (21°-23°). La mezcla subirá y se hundirá y seguirá fermentando y burbujeando durante el período de 24 horas.

SEGUNDO DÍA. — 10 minutos

Esponjeado:

Retire el plástico y derrame agua caliente sobre el arranque. Eche removiendo 3 tazas de harina no blanqueada o todo uso. La mezcla se pondrá espesa.

Vuelva a tapar y deje a temperatura ambiente (21°-23°).

TERCER DÍA. — 20 minutos

Masa:

Quite el plástico del bol. Remueva brevemente y añada la sal. Con una cuchara grande de madera o un raspador, mézclele la harina adicional, de ½ en ½ taza. Cuando la masa empiece a ponerse densa y difícil de remover, trabaje la harina con las manos. Aunque ésta es una masa elástica, puede seguir añadiéndosele la suficiente harina hasta que se note capaz de adoptar la forma de la hogaza y mantenerse en la plancha de hornear sin desplomarse, como se supone deben comportarse las masas listas para meter en el horno.

AMASADO. — 10 minutos

Saque la masa del bol y deposítela en la superficie de trabajo previamente enharinada, y déjela reposar 3 a 4 minutos antes de amasarla. Si la masa parece floja, sin cuerpo, o es pegajosa, espolvoréele harina a discreción y trabájela durante los primeros momentos del amasado. Es conveniente tener una espátula a mano para mantener la superficie de trabajo libre de la película que a menudo se forma cuando la masa es húmeda y pegajosa. Golpee la masa contra la superficie para romper el ritmo del amasado y, al mismo tiempo, para acelerar el desarrollo de la masa.

PRIMERA SUBIDA. — 1 ½ horas

Lave y engrase el bol. Eche la masa en el bol y cúbrala con un plástico. Déjela a temperatura ambiente (21°-23°) hasta que la masa haya superado el doble de su volumen, aproximadamente 1 ½ horas.

Moldeado. — 15 minutos

    Saque la masa y colóquela sobre la superficie de trabajo.
    Para una hogaza grande utilice toda la masa, aproximadamente unos dos kilos. Si desea hacer el dibujo de las uvas o las espigas de trigo reserve una taza de masa.
    La masa puede ser dividida también en hogazas más pequeñas.
    Aunque las piezas pequeñas pueden ser colocadas directamente en la plancha de hornear para que suban, quedarán mejor moldeadas si primero son colocadas en cestos de mimbre (ver *banneton*, pág. 36) o entre dobleces de tela (ver *couche*, pág. 37). Tras la segunda subida, serán transferidas a la plancha de hornear.
    Si se dispone de los largos moldes franceses para el pan, la masa puede ser colocada en ellos para que suba y para hornearla, sin necesidad de transferirla a una plancha de hornear.
    Para formar la bola de masa para el cesto, empuje la superficie tensa bajo las manos en forma de copa. Sitúe al bola de masa en el cesto con la superficie lisa *abajo* y la arrugada y costurada *arriba*. Cuando la masa sea colocada sobre la plancha de hornear, la superficie lisa quedará arriba y la arrugada abajo.
    Para convertir la masa en *baguettes* o *bâtards*, manténgala tensa golpeando a lo largo de la masa con el canto de la mano dos o tres veces a medida que se la alarga. Tras hacer un pliegue en toda su extensión, doble en dos (a lo largo) y continúe enrollando. Esto fuerza a salir al aire que se halla aprisionado en la masa y que podría ocasionar indeseables burbujas en el pan, además de dilatar la superficie de la masa.

Segunda subida. — 2 horas

    Cubra cuidadosamente las piezas con papel parafinado o tela de lana. Deje a temperatura ambiente

(21°-23°) en un lugar libre de corrientes de aire hasta que la masa triplique su volumen, aproximadamente unas 2 horas. Las amplias estructuras celulares tan características del pan francés dependen en gran parte de este período extra de subida.

15 minutos

Poco después de que la masa haya subido por completo, efectúe las decoraciones de la parte superior, si lo desea.

Uvas: Utilice la hoja, el racimo y los zarcillos según modelo. Aplaste la masa hasta darle un espesor de unos 3 milímetros para la hoja, trace el dibujo y corte con una rueda de pastelero, una hoja de afeitar o un cuchillo afilado. Trabaje cuidadosamente para trazar las venas de la hoja. Separe dos docenas de pequeñas piezas de masa, y haga con ellas las bolitas de los granos de uva entre las palmas de las manos o sobre la superficie de trabajo. Enrolle cuidadosamente una larga tira de masa de modo que parezca un zarcillo. Resérvelo todo a un lado. Las añadirá juntándolas en la parte superior de la hogaza ya subida.

Espigas: Instrucciones en la pág. 126.

HORNEADO. — 220° - 35-40 minutos

Precaliente el horno 20 minutos antes. Coloque una parrilla en la parte inferior. Cinco minutos antes de meter la masa en el horno eche 1 taza de agua caliente sobre la parrilla. Vaya con cuidado con la brusca vaharada del vapor. Puede quemar.

Destape la hogaza u hogazas, salpíquelas ligeramente con agua y coloque la decoración. Si no hay decoración, señale la parte superior con 5 o 6 *jets* o cortes paralelos en una dirección, luego dé un cuarto de vuelta a la pieza y señale 5 o 6 cortes paralelos en la otra... como un tablero de ajedrez.

Coloque las piezas en la parte media y superior del horno si es necesario, y cambie la posición de las hogazas a los 20 minutos dentro del período de horneado. El agua debe haberse consumido en el momento en que las hogazas empiecen a tomar color, ya que el pan debe gozar de un horno caliente y *seco* para conseguir una corteza dorada y crujiente. Las hogazas estarán cocidas cuando presenten un color marrón dorado claro y sean duras y crujientes cuando se las golpee con el dedo. Si la corteza inferior de las piezas no está tostada, dé la vuelta a las hogazas y vuélvalas a meter otros 10 minutos en el horno.

Paso final

Coloque en una parrilla metálica para que se enfríen. Este pan es mejor cuando está ya frío, puesto que esto permite que se complete el proceso de horneado. Calentar el pan *después* de que se haya enfriado es ya otro asunto. Pero, recién sacado del horno, debe ser enfriado o casi antes de meterle el cuchillo.

CROISSANTS BRIOCHÉS
Croissants briochados

(Cuatro docenas)

Esta receta combina de forma diferente dos especialidades francesas... el croissant y el brioche. Se trata de pasta de brioche enrollada en forma de media luna para obtener un fino bollo para el desayuno. Cuanto más fina es enrollada la masa (3 milímetros o menos), más delicado es el bollo.
Si bien la panadería de Poilane produce un delicioso *croissant brioché,* la receta que sigue es de su colega Monsieur Raymond Calvel, famoso como profesor en los cursos de panificación profesional de París.
Esta masa de brioche es utilizada también para hacer el *brioche aux pruneaux* (pág. 173), un bollo trenzado, con cada trenza ocultando una tira de pasta de ciruelas.

INGREDIENTES

7 tazas de harina todo uso, aproximadamente
2 sobres de levadura en polvo
½ taza de agua caliente (40°-46°)
10 huevos, a temperatura ambiente
1 cucharada sopera de sal
5 cucharadas soperas de azúcar
200 gramos de mantequilla o margarina, a temperatura ambiente

Glaseado:

1 huevo
1 cucharada sopera de leche

PLANCHA DE HORNEAR

Una o dos planchas de hornear, no engrasadas o de teflón.

PREPARACIÓN. — 18 minutos

Colocar 2 tazas de harina todo uso en un bol grande y hacer un hueco en el centro para echar allí la levadura y el agua. Remover y dejar por 3 o 4 minutos hasta que la levadura se haya disuelto. Romper 4 huevos y echar en el hueco central, y con una cuchara de madera o una espátula empujar la harina de los lados. Batir vigorosamente hasta homogeneizar. Añadir la sal y el azúcar. Mezclar. Echar removiendo 2 tazas más de harina y otros 4 huevos. Cortar la mantequilla en trozos del tamaño de una cucharada sopera y echar a la mezcla. Remover enérgicamente 25 veces. Añadir los 2 huevos restantes. La harina restante es añadida, de ½ en ½ taza, cuando la pasta es una masa sólida que puede ser trabajada con las manos. Tiene que ser rica y mantecosa y fácil de amasar.

AMASADO. — 7 minutos

> Traslade la masa a la superficie de trabajo previamente espolvoreada. Amase con un fuerte ritmo 1-2-3 de aplaste-gire-doble, añadiendo harina espolvoreada para absorber la mantequilla, si es necesario.

PRIMERA SUBIDA. — 1 ½ horas

> Coloque la masa en el bol, que habrá sido lavado pero no engrasado. Cubra el bol con un plástico y déjelo a un lado a temperatura ambiente (21°-23°) hasta que doble su volumen, aproximadamente 1 ½ horas.

APLASTADO. — 2 minutos

> Retire el plástico y aplaste la masa con los dedos extendidos. Dé la vuelta a la masa; vuelva a colocar el plástico.

SEGUNDA SUBIDA. — 1 hora

> Deje subir la masa una segunda vez, aproximadamente 1 hora.

REFRIGERACIÓN. — 30 minutos

> Aplaste de nuevo la masa; colóquela en la nevera durante 30 minutos para que se estabilice.

MOLDEADO. — 30 minutos

> Si tiene usted masa para más croissants de los que puede hornear de una vez en su horno, divida la pasta y guarde el sobrante en la nevera hasta que la necesite.
> Espolvoree con harina la superficie de trabajo. Aplane con el rodillo la mitad o aproximadamente 800 gramos (3 tazas) de masa en un rectángulo de 90 centímetros de largo por 25 de ancho... y no más

de 3 milímetros de grueso. Muy delgado. Cuanto más delgado, más delicado resulta.
No se precipite con el aplanado. Déle a la masa tiempo de relajarse o continuará encogiéndose tras ser aplanada. Cuando la plancha de pasta tenga al menos 25 centímetros de ancho y sea *delgada*... déjela unos 5 minutos antes de empezar a cortar.
Con una hoja de afeitar, un cuchillo afilado o una rueda de pastelero (preferiblemente) y una regla, recorte los bordes del rectángulo. Corte la lámina de masa a lo largo en dos partes, cada una de ellas de 12 ½ centímetros de ancho. Señale una serie de triángulos de 12 ½ centímetros a lo largo de cada una de las piezas y corte.
Con los dedos, enrolle cada triángulo desde la base del lado más largo hasta el vértice. Estire ligeramente la masa desde el momento en que empiece a enrollar y sujete la punta con un dedo a medida que enrolla hacia ella. Deténgase cuando la punta esté mirando hacia usted y métala debajo de la pieza. La punta debe quedar sujeta en la parte de abajo para así no levantarse durante el horneado. Coloque en la plancha de hornear y empuje juntando los dos extremos hasta darle la forma de cuarto creciente. Repita con cada triángulo, y colóquelos en la plancha de hornear separándolos de 2 a 3 centímetros entre sí. Cuando la primera hornada esté preparada, haya subido y esté cocida, repita con la masa de reserva.

Tercera subida. — 25 minutos

Unte con el glaseado huevo-leche y deje *sin cubrir* a temperatura ambiente (21°-23°) mientras el horno se está calentando.

Horneado. — 215° - 20 minutos

Unte de nuevo con el glaseado huevo-leche justo antes de meter las piezas en el horno. Los croissants estarán hechos cuando presenten un color marrón dorado oscuro. Vigile cuidadosamente que no se oscurezcan demasiado en un horno excesivamente caliente.

En un horno grande, los croissants pueden ser horneados en la parte inferior y media. Sin embargo, a media cocción cambie rápidamente la posición de las planchas de horneado para que todas las piezas se vean expuestas a las mismas condiciones de temperatura.

Paso final

Saque del horno y coloque en una parrilla metálica para que se enfríen. Son deliciosos calientes o recalentados. Se congelan perfectamente.

EL PARIS DE JO GOLDENBERG

El bagel es raramente cocinado en el hogar judío. Casi siempre el pequeño pero sustancioso pan es comprado en una panadería. En una ocasión pregunté a un taxista de Nueva York si su madre tenía alguna receta preferida de bagel. El disminuyó la marcha de su taxi para mirar por el retrovisor si yo estaba hablando en serio y, cuando llegó a la conclusión de que sí aparcó a un lado, se giró en su asiento y me lanzó un discurso de diez minutos acerca del bagel judío. La sustancia del mismo era que su madre, que él consideraba una de las mejores cocineras de todo Nueva York, nunca en su vida había horneado un bagel. Era él quien hacía los bagels en la panadería de abajo de su bloque.

—Y sólo bagels de agua —me dijo cuando finalmente me condujo hasta el hotel—. ¡Olvídese de los bagels de huevo!

Fue la primera de mis muchas lecciones acerca de los bagels.

Los franceses opinan de la misma forma, es decir, compran su bagel en la panadería. Por supuesto, los franceses opinan así acerca de todos los panes.

Más de la mitad del medio millón de judíos franceses que viven en París... todos ellos han acudido en una u otra ocasión a comer y a comprar en el gran restaurante-delicatessen de Jo Goldenberg en el número 7 de la rue des Rosiers. Está a dos o tres manzanas del Sena en una dirección y de la Plaza de la Bastilla en la otra. A una manzana se halla la rue de Rivoli, llena de almacenes, tiendas de ropa y vendedores callejeros. Jo Goldenberg es una institución en París, en un barrio rodeado por cuatro sinagogas y otras tantas iglesias católicas (la Catedral de Notre-Dame se halla a un kilómetro). El distrito es viejo, deteriorado, y muy lejos de su juventud. Uno podría cumplir con una misión allí, y Goldenberg era de los nuestros.

Así como el bagel de Goldenberg es un pan excepcional, su restaurante es vulgar, no sensacional. En la comida, un hombre agraciado de pelo negro, un tal Monsieur Beare, se sentó casi inmediatamente después de nosotros al lado nuestro en una de las numerosas pequeñas mesas apretadas las unas contra las otras a todo lo largo del comedor. Hablamos. Había nacido en Durban, donde su abuelo había tenido el orgullo de ser el primero en hacer el matzo, el pan ácimo de la pascua judía, en toda Sudáfrica. Conocía los Estados Unidos, y había trabajado como graduado en la Universidad de Nuevo México. Ahora estaba con una firma de ingeniería en Holanda.

—La comida aquí no es como para venir a París por ella —sonrió—, pero los bagels sí valen el viaje. Sorprendentemente, no hay muchos lugares en París donde uno pueda obtener comida autorizada por la religión judía. Este es uno de los pocos.

Monsieur Beare estaba sentado entre nosotros y dos señoras de edad, pequeñas y frágiles, la quintaesencia del viejo encaje y la lavanda, y evocando un cuadro de un gatito jugando con una madeja de lana frente a un fuego. Les explicó en yiddish lo que habíamos estado hablando los tres. Sonrieron y asintieron en nuestra dirección, y hablaron en voz baja con Monsieur Beare.

Monsieur Beare sonrió.

—Dicen que a ustedes les gustarán los bagels de aquí.

LES BAGELS DE JO GOLDENBERG
Los bagels de Jo Goldenberg

(Ocho grandes bagels de agua)

Los bagels son tan variados como puede permitir la imaginación: cebolla, semillas de sésamo, semillas de amapola, clara de huevo, centeno, trigo entero, semillas de carvi, y así. Los amantes de los bagels también son entusiastas partidarios: ¡de agua o de huevo! Esta receta es del bagel de agua hecho con harina blanca. Es sin aditamientos, con sugerencias sobre cómo puede ser aromatizado. La técnica sugerida aquí para moldear el bagel va destinada al horneador casero ocasional de bagels. El profesional enrollará la masa en un cilindro que colocará rodeando completamente su mano abierta... dándole la dimensión que prefiera. Puede enrollar el bagel de atrás hacia adelante sobre la palma para unir los extremos. Es difícil para un aprendiz mantener el mismo espesor en toda la longitud del bagel. (El mío se parecía a un saco de dormir que no hubiera sido sacudido durante varios días.)

Una forma sencilla de conseguir un bagel de apariencia altamente profesional es simplemente hacer un agujero en el centro de una bola de masa y convertirla suavemente en un bagel ablandando los lados. Atención: ¡nunca use un cortador para pasteles o buñuelos! La tradición fruncirá el ceño ante eso. Si lo hace, nunca lo mencione cuando le alaben sus bagels perfectamente moldeados.

Ingredientes

1 ½ tazas de agua caliente (40°-46°)
2 sobres de levadura en polvo
3 cucharadas soperas de azúcar
1 cucharada sopera de sal
3 ½ tazas de harina todo uso, aproximadamente
2 litros de agua hirviendo
1 cucharada sopera de jarabe de malta o azúcar

Glaseado (opcional):

1 clara de huevo
1 cucharada sopera de agua

CONTENEDOR

Molde de 5 litros para hervir a fuego lento el agua en la cual se pondrán a cocer los bagels en el primer estadio de su desarrollo.

PLANCHA DE HORNEAR

Una plancha de hornear, engrasada o de teflón, espolvoreada con harina de maíz.

PREPARACIÓN. — 12 minutos

La primera parte de esta preparación puede efectuarse mediante una batidora eléctrica.
En un bol que puede ser el de la misma batidora, eche el agua y la levadura. Agite hasta que se disuelva y deje 2 o 3 minutos hasta que la levadura sea cremosa. Eche el azúcar y la sal, removiendo. Añada 2 tazas de harina y bata con la batidora a poca velocidad durante 1 minuto... para aumentar la velocidad durante otros 3 minutos. Pare la batidora y añada el resto de la harina; agite con una cuchara de madera o una espátula hasta que el batido sea espeso. Cuando empiece a ser difícil de agitar, siga trabajando la pasta con las manos.

AMASADO. — 4-8 minutos

Coloque bajo el accesorio para batir masa durante 4 o 5 minutos, añadiendo harina si la pasta se pega a los bordes del bol. La masa del bagel debe ser firme, así que añádale la harina suficiente para que se aprecie sólida cuando la pellizque con los dedos.
Si amasa a mano, hágalo con un ritmo fuerte 1-2-3 de aplaste-gire-doble. Añada harina si la masa

es pegajosa o elástica. La masa del bagel debe ser firme. Amase durante 8 minutos.

PRIMERA SUBIDA. — 1 hora

Retire la masa para limpiar y engrasar el bol. Cúbrala apretadamente con un plástico y déjela sin tocarla a temperatura ambiente (21°-23°) hasta que doble su volumen. Durante este período prepare agua en un recipiente grande (5 litros). Llévela a punto de ebullición y añada una cucharada sopera de extracto de malta o azúcar. Reduzca el calor y manténgala hirviendo a fuego lento.

MOLDEADO. — 15 minutos

Coloque la masa sobre la mesa de trabajo espolvoreada con harina y aplástela con los dedos extendidos. Divida la masa en 8 piezas, de aproximadamente 115 gramos cada una. Moldéelas en forma de bola. Déjelas relajarse durante 3 o 4 minutos antes de aplastarlas con la palma de la mano. Con el dedo índice, presione profundamente el centro del bagel y termine la abertura con los dedos. Mantenga el agujero abierto y alise los bordes con los dedos. ¡Parecerá un auténtico bagel! Coloque los bagels juntos en la superficie de trabajo.

SEGUNDA SUBIDA. — 10 minutos

Cubra los bagels con papel parafinado y déjelos a temperatura ambiente sólo hasta que la masa haya subido ligeramente, aproximadamente unos 10 minutos. Un *boulanger* llama a esto "grado medio". Si pasan de este grado medio, los bagels puede que no se sumerjan como deberían cuando los echemos al agua caliente. Si por casualidad los bagels se pasan de este punto, no se preocupe. Proceda como si se hubieran hundido aunque permanezcan flotando. Sólo un catador profesional de bagels apreciará la diferencia.

HERVIDO. — 4-5 minutos

El agua debe estar hirviendo a fuego lento. Eche suavemente los bagels, uno a uno, con una espumadera grande, metiéndolos lentamente en el agua. No eche más de dos o tres a la vez. No deje que se peguen. El bagel debe hundirse y luego flotar tras unos pocos segundos. Déle la vuelta al bagel cuando lleve 45 segundos en el agua hirviendo. Sáquelo con la espumadera, séquelo brevemente con un paño, luego colóquelo en una plancha de hornear que tendrá ya preparada. Repita con todos los bagels.

Gracias al jarabe de malta o azúcar, los bagels se verán brillantes cuando los saque del agua.

HORNEADO. — 230° - 35 minutos

Este es el momento de proporcionar su hechizo a los bagels con sus diferentes rematados.

Para rematarlos con sal, cebolla o semillas de sésamo, amapola o carvi, unte los bagels con el glaseado de clara de huevo y agua y esparza.

Póngalos en la plancha de hornear y coloque ésta en la parte media del horno.

Cuando la parte superior de los bagels haya adquirido un tono marrón dorado claro, déles la vuelta para completar el horneado. Esto proporcionará a los bagels una apariencia redondeada, sin el aplastamiento inferior del horneado por un solo lado. Saque del horno cuando estén dorados y brillantes.

PASO FINAL

Coloque en una parrilla de metal para que se enfríen. Los bagels son versátiles. Parta y tueste para bocadillos o desayunos. Sin embargo, si tiene que guardar los bagels más de un día es preciso que los congele. Para descongelarlos pártalos por la mitad y luego caliéntelos a 175° en el horno, o ábralos y tuéstelos.

KA' ACHEI SUMSUM
Bagels de sésamo salados

(Aproximadamente dos docenas de bagels pequeños)

El *sumsum* hizo su aparición para nosotros en un pequeño café en la misma acera no lejos de Jo Goldenberg. Su nombre completo: *ka' achei sumsum*, un pequeño pan de sésamo salado tradicional entre los judíos sirios, con café, en la mañana del Sabbath, tanto en París como en Siria. Yo lo tomé con té, y era igualmente bueno.

El *sumsum* no es dulce pero es rico en mantequilla. Haga una tira de masa de 15 centímetros de largo, enróllela alrededor de su dedo índice, y deje que una de las puntas se apoye sobre la otra. Esto es un *sumsum*.

INGREDIENTES

    2 sobres de levadura en polvo
    ½ cucharadita de azúcar
    1 taza de agua caliente (40°-46°)
    1 cucharadita de sal
    3 tazas de harina todo uso, aproximadamente
    225 gramos de mantequilla o margarina, fundida
    1 huevo batido para untar
    1/4 de taza de semillas de sésamo, para esparcir

PLANCHA DE HORNEAR

Una plancha de hornear, engrasada o de teflón.

PREPARACIÓN. — 18 minutos

Echar juntos la levadura, el azúcar y el agua caliente en un bol tipo batidora. Dar tiempo a que la levadura se disuelva y se vuelva espumosa, aproximadamente 8 minutos. Mezcle la sal y 1 taza de harina. Bata. Añada la mantequilla fundida (fundida, pero no caliente). Bata con 40 o 50 golpes para mezclar bien los ingredientes. Añada el resto de la harina, de ½ en ½ taza, removiendo primero con un utensilio y trabajando luego la harina con las manos. Es una masa suculenta y pronto perderá su pegajosidad.

AMASADO. — 8 minutos

Coloque la masa sobre la superficie de trabajo, previamente espolvoreada, y amase agresivamente con un rítmico movimiento de aplaste-gire-doble. La masa se pondrá suave y elástica.

SUBIDA. — 2 horas

Debido a su suculencia, la masa necesita aproximadamente 2 horas para doblar su tamaño en el bol. Cubra con un plástico y déjela a temperatura ambiente (21°-23°).

MOLDEADO. — 12 minutos

Divida la masa en 24 porciones iguales y convierta cada una de ellas en una pequeña bola. Deje a un lado. Haga rodar presionando la primera bola entre las palmas de las manos hasta formar un rulo de unos 15 centímetros de largo. Apriete los extremos formando puntas.
Forme la pieza en un círculo sobre la plancha de hornear. Coloque el dedo índice apoyado de punta sobre la plancha y moldee la tira de pasta a su alrededor, dejando que una de las puntas monte sobre la otra. Apriete suavemente los extremos para unirlos. Repita con las demás piezas, y sitúelas a 4 centímetros la una de la otra sobre la plancha de hornear.

DESCANSO. — 20 minutos

Precaliente el horno a 190° mientras los *sumsums* son untados con el huevo batido y rociados generosamente con las semillas de sésamo. Pruebe con semillas de amapola o alguna otra atractiva variación. No se amilane.

Los *sumsums* ya horneados, una especialidad parisina originaria del Oriente Medio.

Horneado. — 190° - 35 minutos

Así como el bagel convencional recibe una primera cocción en agua hirviendo, el *sumsum* va directamente al horno. Puede sacarse cuando haya adquirido una tonalidad dorada amarillo brillante y se vea firme cuando se haga presión sobre él.

Paso final

Déjelos enfriar en una bandeja metálica. Son deliciosos servidos con café o té... o en cualquier ocasión. Se conservan muy bien en la caja del pan. También se congelan bien.

EL PARIS DE LA PLACE VICTOR HUGO

Todas las cosas elegantes de París pueden encontrarse en los alrededores de la Place Victor Hugo, en el 16.° *arrondissement*. Restaurantes de uno, dos y tres tenedores se diseminan arriba y abajo por las avenidas y calles que convergen en la plaza. La Avenue Victor Hugo es una de las arterias principales que provienen del gran parque y bosque parisino, el Bois de Boulogne, y llega hasta el Arco de Triunfo. Hay dos o tres bancos rodeando la plaza, con el de los Rothschild justo a la vuelta de la esquina. En el centro hay una fuente enorme, y la mayor parte de la plaza está en sombras gracias a un pequeño bosquecillo de plátanos.

Hay dos establecimientos importantes en la plaza que generan una gran afluencia. Uno de ellos es el Bureau de Poste, la oficina de correos, y el otro, dos puertas más allá, es La Petite Marquise, una de las 1.200 *boulangeries* de París, y ciertamente una de las mejores.

Cuando uno sale del Bureau de Poste es inmediatamente consciente, y con gran placer, del aroma de pan recién horneado y pasteles arrastrado por la suave brisa que se mueve en torno a la plaza. Uno se siente arrastrado, como si hubiera algo mágico en los escaparates de La Petite Marquise. No hay nada de brujería. Es el trabajo de un extractor eléctrico situado en la parte baja del edificio, haciendo frente a la plaza, y que echa fuera la fragancia de los panes calientes que son creados allí por los *boulangers*.

La personalidad de La Petite Marquise, *la maison des produits naturels*, "la casa de los productos naturales", queda reflejada en el credo impreso en la tarjeta que es entregada a cada comprador.

"Harina molida entre piedras, y productos cultivados sin fertilizantes químicos ni insecticidas."

"Mediante métodos rústicos de agricultura y manufactura, obtenemos productos de un valor biológico único en el mundo: harina integral, pan elaborado con arranques, pan de miel, pan de gengibre, mantequilla, vinagre natural, queso, conservas, huevos, productos de granja, vegetales, pasta fresca, aceite de nuez, ciruelas, frutos secos, vino, repostería campestre, miel, trigo germinado, frutas, dulces, aceites de oliva natural, zumos de frutas, cereales..."

Por si todo esto no convence al comprador, hay carteles pequeños colocados entre el género anunciando que todo está "hecho con huevos propios, mantequilla propia y harina propia. Todos estos productos son de la más alta calidad biológica".

GALETTE PERSANE
Torta persa

(Tres tortas redondas)

Tres *fermentations* o subidas de la masa, hecha con harina sin blanquear y de trigo entero y una porción de germen de trigo, hacen a esta torta *idéal pour un régime*, ideal para una dieta. Es tan buena, tan crujiente y tan rica en trigo que la considero ideal para *cualquier* dieta.
En su adaptación de La Petite Marquise no hay azúcar. Hay, sin embargo, 1 cucharada sopera de aceite de oliva.

INGREDIENTES

Arranque:

1 sobre de levadura en polvo
1 taza de agua fría (21°-23°)
1 ½ tazas de harina de trigo entero, preferiblemente molturada gruesa

Esponjado:

Todo lo del arranque
1 taza de agua fría (21°-23°)
1 ½ tazas de harina de trigo entero, preferiblemente molturada gruesa

Masa:

Todo lo del esponjado
2 cucharaditas de sal
½ taza de agua fría (21°-23°)
1 cucharada sopera de aceite de oliva
1/3 de taza de germen de trigo
2 ½ tazas de harina sin blanquear, aproximadamente.

PLANCHA DE HORNEAR

>Una plancha de hornear, engrasada o de teflón.

PREPARACIÓN. — 5 minutos - 24 horas

Arranque:

>Espolvoree la levadura en el agua en un bol pequeño y remueva hasta que se disuelva. Eche la harina de trigo entero y bata hasta conseguir un batido espeso. Cubra el bol con un plástico y deje a temperatura ambiente (21°-23°) durante 24 horas. Durante este tiempo la masa subirá y se hundirá mientras fermenta.

5 minutos - 12-24 horas

Esponjado:

>En un bol grande, eche todo lo del arranque. Añada el agua y la harina de trigo entero para formar un batido espeso. Cubra el bol con plástico. Hay que dejarlo madurar un mínimo de 12 horas. Cuanto más largo sea el período, hasta las 24 horas, más robusto será el sabor.

10 minutos

Masa:

>Retire el plástico y saque el esponjado, que será ligero e hinchado. Añada la sal, el agua, el aceite de oliva y el germen de trigo. Mezcle con el esponjado. Añada la harina no blanqueada, de ½ en ½ taza, removiendo con una cuchara de madera grande o una espátula. Cuando el batido empiece a ser demasiado denso como para removerlo con el utensilio, espolvoréelo con harina y trabaje con las manos. Cuando la masa forme un cuerpo sólido, sáquela del bol.

AMASADO. — 7 minutos

    Coloque la masa en la superficie de trabajo, que habrá sido espolvoreada ligeramente con harina. Amase con un fuerte movimiento de aplaste-gire-doble. Añada harina espolvoreándola si la masa se aprecia pegajosa.
    De tanto en tanto levante la masa por encima de la mesa y golpéela con un violento ¡crash! Es bueno para el gluten. La masa tendrá una apariencia sólida y, al contrario de las masas de harina blanca exclusivamente, no será muy elástica.

PRIMERA SUBIDA. — 1 1/4 horas

    Devuelva la masa al bol grande (lavado y engrasado) y cúbrala con un plástico. Déjela a temperatura ambiente (21°-23°) hasta que haya doblado su volumen.

MOLDEADO. — 10 minutos

    Un kilo y doscientos gramos de masa producirán 3 piezas redondas de 15 centímetros de diámetro. Aplaste la masa y amásela para extraer todas las burbujas. Divida la masa y déle forma de bolas. Déjelas reposar unos pocos instantes. Aplaste una bola con la palma de la mano hasta darle unos 15 centímetros de diámetro y un grueso de 2 centímetros. Colóquela en la plancha de hornear. Repita la operación con las otras piezas.

SEGUNDA SUBIDA. — 40 minutos

    Cubra las *galettes* con papel parafinado o tela y déjelas a temperatura ambiente (21°-23°) hasta que doblen su volumen, aproximadamente unos 40 minutos.

Horneado. — 220º - 40 minutos

Precaliente el horno 20 minutos antes de hornear. Con una hoja de afeitar afilada, practique 4 cortes *profundos* (1 1/4 centímetros) en la parte superior de la pieza. Haga otros 4 cortes profundos en la otra dirección (90º).
Sitúe a media altura en el horno.
Cuando las piezas presenten un color marrón dorado claro, golpee la corteza inferior con el dedo índice y, si suena dura y hueca, el pan está cocido.

Paso final

Coloque en una bandeja metálica para que se enfríen. Para servir, parta la *galette* a lo largo de los cortes practicados.

PAIN COMPLET
Pan integral

(Tres barras trenzadas)

Uno de los panes favoritos entre los entusiastas de los alimentos naturales es el *pain complet*... el pan integral. De trigo entero, por supuesto. Esta versión del *pain complet* de La Petite Marquise está hecha en una forma de gran aceptación, *nattes* o trenzas. Empieza con un arranque, que puede ser dejado para desarrollar todo su sabor durante dos o tres días. Un cuarto de taza de miel le da el toque preciso de dulzor natural. Estos ingredientes básicos (no reducidos ni cambiados por sucedáneos) lo califican fácilmente como un *pain de régime*, un pan para cualquier dieta consciente.

Ingredientes

Arranque:

2 tazas de agua caliente (40º-46º)
½ taza de leche en polvo descremada
1 cucharadita de levadura en polvo
3 tazas de harina de trigo entero

Las trenzas de pan integral atraen a los entusiastas parisinos de los alimentos naturales y de régimen.

Masa:

Todo lo del arranque
½ taza de agua caliente (40°-46°)
2 cucharaditas (el resto del sobre) de levadura en polvo
1/4 de taza de leche en polvo descremada
1 cucharada sopera de sal
1/4 de taza de miel

1 taza de harina todo uso
2 tazas de harina de trigo entero, aproximadamente

Glaseado:

1 huevo, batido
1 cucharada sopera de leche

PLANCHA DE HORNEAR

Una plancha de hornear, engrasada o de teflón.

PREPARACIÓN. — 10 minutos - 12 horas o más

Arranque:

Al menos con 12 horas de anticipación, mezcle el agua, la leche, la levadura y la harina en un bol grande, y agite para unir todos los ingredientes. Cubra con un plástico y deje a temperatura ambiente (21°-23°) durante 12 horas o toda una noche. Una mayor fermentación desarrolla un sabor más pronunciado a trigo.

12 minutos

Masa:

Retire el plástico. Remueva el arranque para que se hunda. Eche el agua, la levadura, la leche y la sal. Agite para que se disuelvan y añada la miel. Cuando esté todo bien mezclado, añada 1 taza de harina todo uso y bata enérgicamente 25 veces antes de echarle la harina de trigo entero, de ½ en ½ taza. No se precipite. Deje que cada adición de trigo entero absorba toda su parte de humedad antes de continuar. Si toda la harina es echada a la vez en la mezcla ésta puede volverse repentinamente demasiado densa y firme. Cuando se convierta en una masa sólida pero blanda, rasque los lados del bol y deposite todo su contenido sobre la superficie de trabajo previamente enharinada.

AMASADO. — 6 minutos

Puede que al principio resulte demasiado pegajosa, así que espolvoréela liberalmente con harina sobre la superficie de trabajo si es necesario y trabájela para que se incorpore a la masa. Un raspador es ideal para retirar la película de masa que pueda quedar adherida a la superficie de trabajo. Amase con un fuerte movimiento 1-2-3 de aplaste-gire-doble hasta que la bola de masa sea lisa y elástica.

PRIMERA SUBIDA. — 1 1/4 horas

Lave y engrase el bol y eche en él la masa. Cubra apretadamente con un plástico y deje a temperatura ambiente (21°-23°) hasta que doble su volumen.

MOLDEADO. — 20 minutos

Devuelva la masa a la enharinada superficie de trabajo y amásela brevemente para extraer las burbujas de gas. Prepare las trenzas o *nattes* dividiendo la masa en 3 piezas grandes y dividiendo cada una de éstas en otras 3 piezas más pequeñas. Convierta las piezas en bolas y déjelas reposar durante unos 3 minutos.

Forme cada una de las tiras apretando y haciendo rodar las bolas con la palma de la mano. Cuando la tira empiece a ser larga, coloque ambas manos sobre ella y siga haciéndola girar suavemente arriba y abajo mientras presiona ligeramente con ambas manos; no demasiado, o la masa puede romperse. Si una tira se rompe, dedíquese a las otras y luego vuelva a ella cuando se haya relajado.

Las tiras individuales tienen que tener unos 30 a 35 centímetros de largo. Coloque 3 tiras paralelas. Empiece a trenzar desde el centro. Presione juntando suavemente las tres puntas y complete el trenzado del otro lado. Coloque la trenza ya terminada sobre la plancha de hornear. Repita la operación con las otras 2 piezas.

SEGUNDA SUBIDA. — 40 minutos

Cubra las trenzas con papel parafinado y déjelas a temperatura ambiente (21°-23°) hasta que casi hayan doblado su volumen. Si los extremos se sueltan, vuelva a unirlos apretándolos cuidadosamente entre sí.

HORNEADO. — 195° - 45 minutos

Precaliente el horno 20 minutos antes del momento de hornear.
Destape las trenzas y úntelas con el glaseado de huevo batido y leche. Sitúe la plancha de hornear en la parte media del horno. A los 30 minutos dé la vuelta a la plancha de hornear para que así las piezas se vean expuestas con la misma intensidad a las variaciones de temperatura.
Las trenzas estarán hechas cuando la corteza del fondo tenga un color marrón oscuro y las piezas suenen duras y huecas cuando las golpee con el índice.
Los panes son frágiles cuando son sacados del horno, así que deslice una espátula bajo cada pan cuando los traslade de la plancha de hornear para comprobarlos o enfriarlos. Pueden estar pegados si el glaseado ha resbalado hasta la plancha de hornear.

PASO FINAL

Coloque las piezas en una parrilla metálica para enfriarlas. Son deliciosas tostadas... o de cualquier otra manera.

PAIN D'ÉPICE
Pan de especia

(Dos piezas pequeñas)

Pese a su sabor de pan de jengibre, el *pain d'épice* es un pan francés tradicional hecho con miel más que con melaza, y la harina es de centeno y blanca. Lleva cuatro

El *pain d'épice*, un pan de especia endulzado con miel, para servir con vino o café.

especias, un toque de ron, almendras, pasas de Corinto y corteza de naranja.

La miel que yo utilizo es de California —una mezcla de aguacate y trébol— y, según la etiqueta, es sin refinar, orgánica, no filtrada ni cocida. ¡Es deliciosa! Pero el producto de cualquier abeja es bueno para este pan.

El *pain d'épice* mejora con la edad, así que no planee empezar a cortar rebanadas (pese a la tentación tras el maravilloso aroma del horneado) hasta pasados al menos 2 o

3 días. Puede guardarse durante varias semanas en la nevera, y varios meses en el congelador. Es un pan delicado para servir cortado a rebanadas muy finas con café o té o un vaso de vino.

INGREDIENTES

1 taza de agua bastante caliente (50°-55°)
1 taza de miel
1/4 de taza de azúcar
1 pizca de sal
2 cucharaditas de bicarbonato de sosa
1 cucharadita de levadura química
1/4 de copa de ron, o agua como sustituto
1 ½ cucharaditas de semilla de anís trituradas
1 cucharadita de canela
3/4 de cucharadita de jengibre triturado
1/4 de cucharadita de clavo triturado
2 tazas de harina de centeno
1 ½ tazas de harina blanca sin blanquear
1 cucharadita de corteza de naranja, rallada
2/3 de taza de almendras picadas
½ taza de pasas de Corinto o de Málaga (si son estas últimas, picar finas)

MOLDES DE HORNEAR

Dos moldes pequeños (19 × 9), engrasados.

PREPARACIÓN. — 15 minutos

En un bol grande, eche el agua caliente sobre la miel. Añada el azúcar, la sal, el bicarbonato de sosa y la levadura química. Remueva hasta su disolución y mezcla.
Eche el ron (si se desea) o el agua que lo sustituya, y añada las semillas de anís, la canela, el jengibre y el clavo. Añada 1 taza de harina de centeno y 1 taza de harina blanca, y agite. Cuando los ingredientes estén bien mezclados, añada la otra taza de harina de centeno y ½ taza de harina blanca. El batido resultante debe ser pegajoso pero uniforme.

Añada la corteza de naranja, las almendras y las pasas de Corinto. Mezcle con 25 golpes para incorporar bien todos los ingredientes, pero no bata demasiado. Déjelo a un lado mientras prepara los moldes.
Precaliente el horno a 205°.

MOLDEADO. — 8 minutos

Engrase los moldes, cubra los lados con papel parafinado (no los extremos), y engrase el papel. Deje que la hoja del papel asome de 2 a 3 centímetros por los bordes a fin de poder sacar luego la pieza del molde.
Con una cuchara grande y un raspador, llene los moldes hasta sus 3/4 partes. Si la masa se le pega al raspador, mantenga éste mojado. Los dedos también son útiles para meter la masa en las esquinas de los moldes.

HORNEADO. — 205° - 10 minutos
175° - 50 minutos

Sitúe las piezas en el horno a media altura. Tras 10 minutos reduzca la temperatura a 175°, y continúe horneando durante 50 minutos. Las piezas tienen que subir 2 centímetros por encima de los bordes de los moldes. Adquirirán un color marrón oscuro cuando estén cocidas. Probablemente mostrarán una ancha grieta recorriendo toda la longitud de cada pieza. Es bueno. Pruebe con un punzón de pastelería o con una aguja larga metálica. Clávelo en el centro de la pieza: si al sacarlo no lleva partículas adheridas, el pan está en su punto.

PASO FINAL

Coloque los moldes en una parrilla metálica. Vuélquelos hacia un lado y saque suavemente las piezas tirando del papel parafinado. Cuando las piezas se hayan enfriado por completo, envuélvalas apretadamente en papel de aluminio o métalas en una bolsa de plástico para dejarlas envejecer durante varios días. El pan se mantiene excepcionalmente bien y es un regalo ideal para enviar a unos amigos al otro lado del océano, en la otra costa o a la vuelta de la esquina.

PAIN DE SON - RÉGIME
Pan de salvado de régimen

(Dos piezas medianas)

Esta húmeda y hojaldrada pieza de color marrón es algo demasiado bueno como para dejarla tan sólo a aquellos que siguen una dieta. En un tentempié, por ejemplo, es fabuloso con una loncha de queso o untado con cualquier cosa. Tiene un sabor a nueces realmente apetecible.

El sabor especial del pan de salvado bien hecho se debe a que no lleva ni azúcar ni melaza. Depende enteramente de los azúcares naturales del salvado y la harina para que le proporcionen ese ligero toque de dulzor.

Aunque el salvado se utiliza en un elevado número de copos de cereales para desayunos, su pan está hecho con la amarronada y escamosa piel exterior del grano de trigo tal como sale de la muela, y de este modo puede encontrarse en la mayor parte de las tiendas de alimentos para régimen.

Tenga en cuenta que 4 tazas de copos de salvado absorben una insospechada cantidad de líquido.

INGREDIENTES

5 tazas de harina todo uso, aproximadamente
4 cucharaditas de sal
1 sobre de levadura en polvo
3 ½ tazas de agua caliente (40°-46°)
4 tazas (225 gramos) de copos de salvado

MOLDES DE HORNEAR

Dos moldes de hornear de tamaño mediano (21 ½ × 11 ½), engrasados o de teflón.

PREPARACIÓN. — 12 minutos

En un bol grande, eche 2 tazas de harina todo uso, la sal y la levadura. Añada el agua, y remueva hasta que la levadura se haya disuelto. Déjero reposar durante 3 minutos. Añada los copos de salvado, de 1 en 1 taza, removiendo bien para mezclar todos los ingredientes (aproximadamente unos 25 golpes). Añada el resto de la harina todo uso, de 1 en 1 taza. Remueva con una cuchara de madera o una espátula hasta que la harina absorba toda la humedad y la masa pueda ser trabajada con las manos.

Deje descansar la masa durante 5 minutos para asegurarse de que el salvado ha absorbido toda su cuota de humedad.

AMASADO. — 8 minutos

Esté preparado para utilizar un espolvoreado discrecional de harina para controlar la pegajosidad.

Coloque la masa sobre la superficie de trabajo previamente enharinada. Al principio puede serle de utilidad el trabajar y dar la vuelta a la masa con un raspador o una espátula. Lentamente la harina y el salvado empezarán a trabajar juntos y la masa a ser menos pegajosa.

Nunca tendrá la fácil elasticidad de la masa blanca debido al salvado y su alto contenido en humedad. De todos modos, no permita que la masa se convierta en una bola sólida añadiéndole demasiada harina. La masa debe ser ligeramente blanda y elástica al final del período de amasado.

PRIMERA SUBIDA. — 1½ horas

Coloque la bola de masa en un bol engrasado y cúbrala con un plástico. Deje a temperatura ambiente (21°-23°) hasta que doble su volumen, aproximadamente 1½ horas.

MOLDEADO. — 10 minutos

Retire el plástico del bol, saque la masa y devuélvala a la superficie de trabajo, previamente espolvoreada. Divida la bola de masa en dos partes. Forme las piezas presionando cada bola con la palma de la mano para conseguir un óvalo aplastado, aproximadamente de la longitud del molde de hornear. Doble el óvalo por la mitad, una presionando la juntura, doble los extremos hacia abajo y coloque en el molde situando la costura en la parte inferior. Repita la operación con la segunda pieza.

SEGUNDA SUBIDA. — 1 1/4 horas

Cubra los moldes con papel parafinado y coloque en un lugar tranquilo a temperatura ambiente (21°-23°) hasta que la masa haya alcanzado el borde del molde. La masa subirá lentamente debido a que su naturaleza es densa.

HORNEADO. — 195° - 45 minutos

Precaliente el horno 20 minutos antes de empezar a hornear.

Quite el papel parafinado. Con una hoja de afeitar o un cuchillo afilado, corte un dibujo en la parte superior de cada pieza.

La corteza superior debe presentar un color marrón claro una vez horneada. Para obtener un color más rico, unte con un glaseado de huevo y leche antes de colocar en el horno.

Gire los moldes de uno a otro lado del horno a la mitad del período de horneado. Para comprobar su cocción, saque una pieza de su molde y golpee la corteza del fondo con el índice. Si está dura, el pan está hecho.

La corteza puede adquirir un color más intenso volviendo a colocar las piezas en el horno sin el molde durante 10 minutos adicionales.

Paso final

    Saque de los moldes y coloque en una bandeja metálica para enfriarlas. Se congelan bien.

PAIN SANS SEL
Pan sin sal

(Dos piezas pequeñas)

    El pan sin sal deja a veces que desear más que la sal. Los franceses han intentado corregir esto añadiendo patata y leche para darle al *pain sans sel* buena textura y sabor, manteniéndolo pese a ello dentro de los límites de un *pain de régime*, un pan de dieta.

    Esta receta es para dos piezas; una de ellas puede ser salada para los de la casa que no sigan una dieta. Es sencillo de hacer. Un molde untado en mantequilla es espolvoreado con sal antes de echar en él la masa y, luego, la parte superior de ésta es espolvoreada también.

    Ambos son moderados, ciertamente, pero buenos panes pese a todo.

Ingredientes

    1 sobre de levadura en polvo
    2 tazas de agua caliente (40°-46°)
    1/4 de taza de leche en polvo descremada
    1/3 de taza de copos de patata (o 1/4 de taza de patata triturada)
    4 tazas de harina todo uso, aproximadamente

Glaseado:

    1 huevo
    1 cucharada sopera de agua
    ½ cucharadita de sal para espolvorear, si se desea

Moldes de hornear

    Dos pequeños (19 × 9) o uno grande (23 × 13), engrasados o de teflón. El teflón necesitará engrasarse, por supuesto, si debe ser espolvoreado con sal.

PREPARACIÓN. — 12 minutos

En un bol grande, agite la levadura en el agua y deje que las partículas se disuelvan. Añada la leche en polvo y la patata. Eche la harina, de ½ en ½ taza, sin dejar de remover, primero con una cuchara grande de madera o un raspador, luego trabajando la masa con las manos. Cuando la masa pueda ser sacada fácilmente del bol, deposítela en la superficie de trabajo.

AMASADO. — 7 minutos

Amase con un vigoroso movimiento 1-2-3 de aplaste-gire-doble. La masa parecerá algo diferente de lo habitual debido a que no contiene sal, pero esto no tiene ningún efecto en el amasado. Si la masa es pegajosa, échele pequeños espolvoreados de harina.

PRIMERA SUBIDA. — 1 hora

Coloque la masa en el bol y cúbrala apretadamente con un plástico, dejándola a temperatura ambiente (21°-23°) hasta que haya doblado su volumen.

MOLDEADO. — 10 minutos

Saque la masa y deposítela sobre la superficie de trabajo previamente enharinada. Divídala en dos partes y déjelas por un momento a un lado, mientras son preparados los moldes.

Si una de las piezas debe ser salada, espolvoree su molde, siempre engrasado, con sal.

Para formar las piezas, amase brevemente la pasta para extraer las burbujas. Aplaste la masa hasta formar un óvalo de la longitud del molde. Doble la masa por la mitad, una los extremos presionando, y coloque en el molde, con la unión hacia abajo. Repita con el otro molde pero sin sal, por supuesto.

SEGUNDA SUBIDA. — 45 minutos

Cubra con papel parafinado y deje a temperatura ambiente (21°-23°) hasta que la masa emerja por el borde de los moldes, aproximadamente unos 45 minutos.

HORNEADO. — 190° - 35 minutos

Precaliente el horno 20 minutos antes de hornear. Unte la parte superior con el glaseado de huevo y agua. En la pieza salada, espolvoree sal, preferiblemente granulada gruesa.
Sitúe las piezas en la parte media del horno.
A los 30 minutos las piezas deben tener un color marrón dorado. Saque una del molde y golpee la corteza del fondo con el dedo índice. Si suena dura y hueca, las piezas están hechas. Si no, devuelva al horno 5 minutos más.

PASO FINAL

Coloque sobre una parrilla metálica para enfriar. Resultan unos pequeños panes encantadores, y un considerado obsequio para alguien a dieta exenta de sal.

Recetas de Le Havre

Para los pasajeros de un buque transatlántico, ahora tan pocos en número, Le Havre es recordada como una fea terminal desde donde uno puede tomar directamente el tren especial de empalme hasta París. Si bien las atrayentes y concurridas ciudades de Honfleur, Deauville y Trouville están cerca, Le Havre es una enorme y atareada ciudad portuaria muy industrializada, que a primera vista parece poseer pocos atractivos para el visitante casual. Cerca de la costa de la invasión de Normandía, la ciudad sufrió horribles bombardeos de las Fuerzas Aéreas aliadas durante la Segunda Guerra Mundial, y la mayor parte de ella ha sido reedificada sobre sus ruinas. Le Havre reedificó con vigor y entusiasmo, pero plantó árboles a lo largo de la amplia Avenue Foch, que durante tres décadas han suavizado las duras y angulosas líneas de la arquitectura de postguerra.

La comida es otro asunto. Los chefs de los grandes buques han tenido un efecto saludable en la cocina de la ciudad. La ciudad se ha especializado en el brioche... en todas sus formas. En el radio de una manzana alrededor del gran mercado de la ciudad, les Halles Centrales, en la calle Voltaire, abren el apetito los escaparates de las *boulangeries* de Monsieur Quertier, Monsieur Leprettre, Monsieur Portier y Monsieur Duchemin. Uno no puede escoger una *boulangerie* o un brioche favoritos. Los clientes, sin embargo, parecían inclinarse hacia una encantadora pieza horneada con pasas, si el número de estas piezas expuestas en los escaparates podía ser considerado como un indicio.

BRIOCHE NANTERRE
Brioche Nanterre

y

BRIOCHE PARISIENNE
Brioche parisién

(Una pieza de cada)

El brioche es considerado a menudo tan sólo como un pequeño pan para el desayuno (el *brioche à tête* es el clásico), cuando en realidad es una masa extremadamente versátil que puede ser utilizada en un amplio abanico de panes, desde los utilizados en los entremeses y canapés hasta el *brioche Nanterre* y el *brioche parisienne*. Los dos últimos son piezas de regular tamaño, hechas con la misma pasta pero moldeadas en dos formas distintas.

El *Nanterre* se consigue colocando 6 u 8 bolas de pasta de brioche en zigzag en el fondo de un molde. Al subir llenan todo el molde, convirtiéndose en una sola pieza. El *parisienne* se consigue colocando 9 o 10 rulos de pasta de brioche lado contra lado en el fondo del molde. Suben manteniendo las mismas secciones, de modo que pueden ser separadas y servidas.

Habitualmente la pasta se hace la noche anterior, aplastándola dos veces tras su subida y dejándola en la nevera antes de moldear las piezas al día siguiente. Este proceso puede ser reducido a 6 horas.

INGREDIENTES

   5 tazas de harina todo uso, aproximadamente
   2 cucharaditas de sal
   2 sobres de levadura en polvo
   1 cucharada sopera de azúcar
   1/3 de taza de leche en polvo descremada
   1 taza de agua caliente (40°-46°)
   5 huevos, a temperatura ambiente
   300 gramos de mantequilla, a temperatura ambiente

Glaseado:

   1 huevo
   1 cucharada sopera de leche

MOLDES DE HORNEAR

   Dos moldes de hornear de tamaño mediano (21½ × 11 ½), engrasados o de teflón.

PREPARACIÓN. — 15 minutos

   En un bol grande, remueva juntos 2 tazas de harina, la sal, la levadura, el azúcar y la leche en polvo.

Forme un hueco en el fondo del bol y eche allí el agua. Con una cuchara de madera grande o un raspador, empuje lentamente la harina de los lados para formar una pasta blanda. Rompa y eche los huevos, uno a uno, batiendo cada vez la mezcla harina-levadura. Mientras la masa tenga aún la apariencia de un batido espeso, corte la mantequilla en varios trozos pequeños y échela al bol y bata. Cuando la mantequilla haya sido absorbida por la mezcla, añádale la harina restante, 1 taza a la vez, hasta que la masa pueda ser trabajada con las manos.

AMASADO. — 7 minutos

Vierta la masa en la superficie de trabajo, que habrá sido espolvoreada con harina. La masa será blanda y elástica (más tarde el frío de la nevera la endurecerá). Rompa el ritmo del amasado golpeando ocasionalmente la bola de masa fuertemente contra la superficie de trabajo. Si la masa continúa siendo pegajosa, añádale ligeros espolvoreados de harina.

El *brioche Nanterre* (izquierda) y el *brioche parisienne* (derecha) antes de hornear.

PRIMERA SUBIDA. — 1½-2 horas

    Coloque la masa en el bol, cúbrala fuertemente con un plástico, y déjela sin moverla a temperatura ambiente (21°-23°) hasta que la masa haya doblado su volumen.

APLASTADO. — 2 minutos

    Retire el plástico y aplaste la masa con los dedos. Déle la vuelta a la masa y vuelva a tapar.

SEGUNDA SUBIDA. — 1 hora

    Deje la masa tapada, a temperatura ambiente, durante aproximadamente una hora.

APLASTADO. — 2 minutos

    Retire el plástico y vuelva a aplastar con los dedos, como antes.

REFRIGERACIÓN. — 6 horas o toda una noche

    Vuelva a tapar el bol y colóquelo en la nevera para dejar que la masa se desarrolle y se enfríe.

MOLDEADO. — 30 minutos

    Ponga la masa enfriada sobre la superficie de trabajo previamente enharinada y divídala en dos partes.

    Para el *Nanterre*, corte la masa en 6 u 8 piezas, cada una de ellas de unos 60 gramos o aproximadamente de unos 6 centímetros de diámetro cuando le haya dado forma de bola.

    Haga una bola de cada una de ellas y colóquelas en el fondo del molde ya preparado, formando zigzag. Pueden ser apretadas ligeramente la una contra la otra si es necesario.

    Para el *parisienne*, corte 9 o 10 piezas de masa, cada una de ellas de unos 60 gramos. Dele a cada una forma de rollo o cilindro de 11½ centímetros de largo (la anchura del molde) y aproximadamente 2½ centímetros de diámetro. Colóquelos paralelos y tocándose ligeramente a lo largo del fondo del molde.

Tercera subida. — 2½-3 horas

Cubra los moldes con papel parafinado y déjelos a temperatura ambiente (21°-23°) hasta que las piezas hayan doblado su volumen, aproximadamente 2½ horas. El largo período de esta subida es necesario para permitirle a la masa recuperar la temperatura ambiente después de haber sido refrigerada.

Horneado. — 195° - 35 minutos

Veinte minutos antes de hornear, precaliente el horno.
Unte la parte superior de las piezas con el glaseado huevo-leche. Coloque en la parte media del horno.
Gire la posición de los moldes a la mitad del período de horneado para compensar las variaciones de temperatura del horno.
Trate cuidadosamente las piezas de brioche calientes cuando las pruebe para ver su cocción debido a que son frágiles en las líneas donde se han unido las piezas de masa. Se pondrán firmes cuando se enfríen.
Cuando estén hechas, las piezas deben tener un color marrón dorado claro, y la corteza del fondo debe sonar hueca cuando la golpee con el dedo índice.
Si el pan está hecho pero necesita más color, vuelva a poner en el horno *sin* el molde durante 5 a 8 minutos.

Paso final

Coloque sobre una parrilla metálica para enfriar... recordando trasladar las piezas calientes con mucho cuidado hasta que ya se hayan enfriado.

BRIOCHE AUX RAISINS SECS
Brioche de pasas

y

BRIOCHE AU FROMAGE
Brioche de queso

(Una pieza trenzada de cada)

Le Havre no sería Le Havre si uno no pudiera descubrir brioches trenzados en una docena de escaparates en su paseo por el centro de la ciudad. La mayor parte de ellos son *brioches aux raisins secs*, con un cierto número de *brioches au fromage* aquí y allá.
Estas dos finas piezas de pan pueden hacerse dividiendo la masa de brioche en dos partes iguales... añadiendo queso gruyère o suizo cortado a dados por una parte, y ½ taza de pasas de Corinto o de Málaga por la otra. Los dos son trenzados, y llevan un glaseado de huevo y leche que produce una rica corteza marrón oscuro. Ambos son deliciosos. Ambos son Le Havre.
Cada rebanada del *brioche au fromage* es una sorpresa. Las porciones de queso se fundirán, produciendo resplandecientes orificios pequeños.

INGREDIENTES

    1 sobre de levadura en polvo
    1 taza de agua caliente (40°-46°)
    3½ tazas de harina todo uso
    1 cucharadita de azúcar
    1 ½ cucharaditas de sal
    200 gramos de mantequilla, a temperatura ambiente
    4 huevos, a temperatura ambiente
    3/4 de taza (135 gramos) de queso gruyère o suizo
        partido a dados
    ½ taza de pasas de Corinto o de Málaga

Glaseado:

    1 huevo
    1 cucharada sopera de leche

Plancha de hornear

Una plancha de hornear, engrasada o de teflón.

Preparación. — 15 minutos

La masa será dividida en dos porciones —una para el queso y la otra para las pasas— tras el mezclado y antes de la primera subida. Es una masa fácil de preparar en una batidora medianamente potente.

En un bol, que puede ser el mismo de la batidora, espolvoree la levadura en el agua caliente. Deje que se disuelva y se vuelva cremosa, aproximadamente unos 5 minutos. Añada agitando 1 ½ tazas de harina, y el azúcar y la sal. Bata con el utensilio eléctrico durante 2 minutos a velocidad media, o por el mismo tiempo con una cuchara de madera grande o una espátula. Añada la mantequilla a trozos pequeños y prosiga batiendo durante 1 minuto. Detenga la batidora. Añada los huevos, uno por uno, y el resto de la harina, de ½ en ½ taza, batiendo concienzudamente a cada adición.

La masa será blanda y pegajosa y deberá ser batida hasta que se vuelva lustrosa, elástica, y se despegue de las manos.

Mezclado. — 10-20 minutos

Si mezcla a mano, vuelque la masa sobre la superficie de trabajo. Con un raspador o una espátula, alce y gire la masa... una y otra vez. Utilice las manos para alzar la masa y aplastarla contra la superficie de la mesa. Al principio se pegará a sus manos y al utensilio, pero después de 12 a 15 minutos de activo amasado la pasta empezará a soltarse de las manos mientras es trabajada.

Si utiliza batidora, bata a velocidad media durante 10 minutos.

División. — 5 minutos

Cuando la pasta sea lustrosa y elástica, divídala y

póngala en dos bols. Eche y mezcle las pasas en uno, y el queso en el otro.

PRIMERA SUBIDA. — 2-3 horas

Cubra los bols con plástico y déjelos a temperatura ambiente (21°-23°) hasta que la masa haya doblado su volumen.

REFRIGERACIÓN. — 5 horas o más

No toque la masa antes de meterla en la nevera durante un mínimo de 5 horas o toda la noche. La rica masa debe ser enfriada antes de poder ser moldeada.

MOLDEADO. — 15 minutos

Saque una de las dos masas de la nevera. Estará fría y dura, pero se volverá fácil de manejar después de ser amasada durante unos breves instantes. Divida la masa en 3 piezas y arrolle cada una de ellas hasta formar una tira de 30 a 40 centímetros de largo. No trabaje demasiado aprisa o puede desgarrar la masa si la estira muy rápidamente. Vaya haciendo las tiras una tras otra y déjelas relajarse. Cuando las tiras estén completadas, colóquelas paralelamente y empiece a trenzar por el centro, presionando cuidadosamente los extremos para unirlos. Déle la vuelta a la pieza y complete el trenzado por la otra parte.

Coloque la pieza en la plancha de hornear y repita la operación con el segundo bol de masa.

SEGUNDA SUBIDA. — 1-2 horas

Cuando ambas trenzas estén completadas, úntelas con el glaseado de huevo y leche y déjelas a un lado, *sin cubrir,* hasta que la masa haya doblado su volumen.

Si la masa ha estado enfriándose durante bastante tiempo en la nevera necesitará más tiempo para calentarse y subir. (Mi masa colocada toda la noche en la nevera tenía una temperatura de 7° cuando la saqué, y necesitó dos horas antes de ascender a 21°). Unte de nuevo las piezas con el glaseado a la mitad del período de subida.

HORNEADO. —205° - 40 minutos

Precaliente el horno 20 minutos antes de introducir en él los brioches. Unte por última vez los brioches con el glaseado, y coloque la plancha de hornear a media altura en el horno. A la mitad del período de horneado dele la vuelta a la plancha. Los brioches estarán hechos cuando adquieran un color marrón dorado oscuro. Las largas trenzas son frágiles cuando están calientes, así que es mejor probar si están hechas con una aguja de pastelería antes que intentar darle la vuelta a una para probar golpeando con el dedo. Si la aguja sale de la pieza limpia y libre de partículas, está hecha.

PASO FINAL

Deslice cuidadosamente las piezas de la plancha a una parrilla metálica con ayuda de una espátula. Adquirirán firmeza al enfriarse. Un regalo exquisito es media pieza de brioche de pasas y media de brioche de queso envueltas juntas. Algo inolvidable... en sentimiento y en sabor.

Recetas de Honfleur

Los escaparates de las dos *boulangeries* de Monsieur André David en el pequeño puerto pesquero de Normandía Honfleur, resguardado por el protegido estuario que conduce del Canal de la Mancha a la desembocadura del Sena, son una de las mayores atracciones para los turistas. Compite con el espléndido museo de grandes paisajes del hijo nativo Eugène Boudin y la vieja iglesia de Santa Catalina y su campanario, que era demasiado pesado para una estructura de madera de modo que los ingeniosos carpinteros lo edificaron sobre el suelo, al lado de la iglesia.

El plato fuerte para el visitante es el Vieux Bassin, el viejo puerto interior, lleno de botes de pesca y deportivos y que tiene siempre un número casi igual de artistas a lo largo de los muelles de pie o sentados pintando la escena. Una *boulangerie* de David está frente a un pequeño parque en el auténtico corazón del flujo de tráfico, mientras que la *boulangerie* principal (allá donde se hace todo el pan) se halla varias manzanas más arriba, donde las tiendas y los almacenes son menos turísticos y más comerciales.

Monsieur David es reconocido como uno de los grandes *boulangers* de Francia, tanto es así que sus tiendas atraen tanto a los turistas como a las gentes de la ciudad. La vista más impresionante es el escaparate lleno con grandes y cortezudos panes de payés de dos kilos apiñadas como leña, cada uno de ellos decorado con espigas de trigo, hechas con la misma masa, por supuesto. En otros escaparates hay una muestra de otros panes, y si uno se siente desconcertado ante el nombre que pueda tener cada uno, Monsieur David ha arreglado ingeniosamente el problema disponiendo en el escaparate central un gran expositor en el cual cada pan horneado por él se halla reproducido en miniatura e identificado con su nombre correspondiente. Si uno desea saber qué pan va mejor con el pescado y cuál con la sopa, Monsieur David imprime una guía que explica de modo conciso la elección adecuada.

Expuestas de modo bien visible en los escaparates se hallan también la Medalla de Oro Internacional de panadería ganada por su padre en Bruselas en 1934 y el primer premio, la *coupe de France*, ganado por él en una competición nacional entre *boulangers* y *pâtissiers* en París en 1971. Este último premio fue concedido por un cesto de rosas de largos tallos que hicieron brotar jadeos de incredulidad y deleite de los espectadores cuando supieron que el cesto y las flores no eran recién frescas del jardín, sino recién calientes del horno.

El talento en la *boulangerie* de David ha creado no solo las rosas ganadoras de ese premio, sino recientemente una gran jaula para pájaros y sus correspondientes palomas para un banquete nupcial de un millar de invitados. Por la Pascua, sus panaderos crean centenares de pollitos y conejitos y aceptan encargos especiales de cosas tan extravagantes como un sol radiante o una tortuga. Cualquier cosa que pueda hacerse en pan, David lo hace.

Monsieur David, de todos modos, siente un afecto especial hacia un pan en particular, el *pain brié*, la especialidad de Normandía con siglos de antigüedad.

—Creemos que nos vino de España, donde es horneado en el sur, en la provincia de Málaga. La leyenda dice que un marinero español arribó a nuestras costas procedente de un buque hundido en el mar y nos proporcionó la receta y nos enseñó la poco habitual técnica requerida para conseguir de él un buen pan.

"Por una razón que no puedo comprender —dice Monsieur David—, el *pain brié* nunca se ha hecho popular en otras regiones de Francia. Es exclusivamente nuestro.

"Aunque es un remanente del pasado, el *pain brié* no se está extinguiendo. Al contrario. Cada vez es más descubierto por gente a quien le gusta el buen pan, y está ganando en popularidad.

"Es especialmente adecuado con nuestros famosos langostinos e igualmente famosa mantequilla de Normandía. El hecho de que se conserva bien durante varios días es otra ventaja.

La clave del buen *pain brié* es el poco usual bateado que sigue al amasado, y que hace que la masa se vuelva uniforme y densa. En la *boulangerie* de David, así como en la de Bayeux, la masa es metida en un depósito metálico y golpeada mecánicamente por un pesado martillo metálico. En tiempos anteriores el bateado se efectuaba a mano mediante un palo liso de madera. En la actualidad el horneador casero puede lograr el mismo efecto con el amasador cónico. Grandes porciones de masa eran demasiado para un simple palo de madera, así que fue diseñado un aparato especial accionado por dos hombres, uno de cuyos aparatos fue restaurado y se halla ahora en el pequeño pero excelente museo histórico regional de Honfleur, junto al Vieux Bassin.

En manos de un operador, un brazo de madera de dos metros y medio sujeto a una pesada mesa de madera desciende golpeando una y otra vez la gran bola de masa *brié*. Un asistente, sentado en la baja mesa, va moviendo la masa a una nueva posición cada vez que el brazo es alzado.

Tal como dice Monsieur David:

—Es un método realmente antiguo de hacer pan, y ciertamente es uno de los mejores que he podido apreciar.

Las recetas del *pain brié* de Bayeux y Honfleur son tan similares que he combinado ambas en una sola receta en la página 148. Refleja lo mejor de las técnicas de ambos lugares.

A Monsieur David no le gusta la tendencia hacia lo que él llama "pan plástico" que se está siguiendo a paso firme incluso en Francia. Aunque admite que uno no puede mostrarse estrictamente sentimental hacia los viejos métodos y esperar mantenerse en el negocio. El mejor combustible para el horno, cree, es la madera de frutales —manzano, cerezo, melocotonero, etc.— debido a que proporciona al pan un sabor indefinible imposible de conseguir con el fuego de gas o eléctrico de un horno moderno. Sin embargo ha tenido que olvidar la madera, pese a todo, porque hinchaba excesivamente los costes. Su tienda hornea ocasionalmente con madera, pero tan sólo para productos de especial calidad que pueden "tolerar" los altos precios.

La harina premium para la *boulangerie* de David es cultivada orgánicamente para él por granjeros que están cerca del mar y que fertilizan sus campos con algas marinas tomadas del océano. Nada de química.

Pese a su especial cuidado para con su harina, Monsieur David no cree que sea mucho mejor que cualquier otra harina francesa.

—Nuestros estandares para la harina, a diferencia de las harinas estadounidenses y canadienses, no son estrictos, y consecuentemente son algo mejores.

"Esto hace que un maestro panadero —dice— pueda apañárselas con la idiosincrasia de las harinas francesas."

Monsieur David es uno de esos maestros panaderos.

PAIN DE CAMPAGNE HONFLEUR
Pan de payés Honfleur

(Cuatro hogazas de 400 gramos o una hogaza grande)

El pain de campagne de Monsieur David es un áspero pan de payés de gruesa corteza, que empieza con un arranque enriquecido con miel. ¡A la levadura le encanta esto!

Cuando el pan horneado en su *boulangerie* de Honfleur es hecho con la harina especial molida expresamente para él a partir del trigo cultivado en la costa a lo largo del Canal y fertilizado con algas marinas, la combinación de las dos harinas en esta receta casi no tiene paralelo.

Monsieur David hace hogazas *grandes* —de 45 a 60 centímetros de diámetro—, mayores que las que muchas familias pueden consumir y guardar. Hay aproximadamente 1 kilo y 700 gramos de masa en esta receta, suficiente para una gran hogaza de pan de payés... o para cuatro hogazas entre pequeñas y medianas. Una hogaza grande tiene una notable ventaja, de todos modos: proporciona una amplia tela para una inusual obra artística... ¡espigas de trigo moldeadas con masa en la corteza! La técnica es descrita en esta receta.

INGREDIENTES

Arranque:

1 cucharada sopera de miel
1 taza de agua caliente (40°-46°)
1 sobre de levadura en polvo
1 taza de harina blanca o todo uso, aproximadamente
1 taza de harina de trigo entero

Masa:

Todo lo del arranque
2 tazas de agua caliente (40°-46°)
1 cucharada sopera de sal
2 tazas de harina de trigo entero
2-3 tazas de harina blanca o todo uso, aproximadamente

Plancha de hornear

>   Una o dos planchas de hornear: engrasadas y espolvoreadas con harina de maíz, o de teflón. El número de planchas depende del número de hogazas que se hagan y del tamaño del horno.

Preparación. — 8 minutos

>   *Arrranque:*
>
>   En un bol grande, disuelva la miel en 1 taza de agua caliente y añada la levadura. Agite hasta que se disuelva y deje que se ponga cremosa. Añada ½ taza de harina blanca y ½ taza de harina de trigo entero hasta que quede un batido espeso. Incorpore el resto de las dos harinas para conseguir una masa áspera. Espolvoréela liberalmente con harina blanca si queda floja o pegajosa.

4 horas o toda la noche

>   Cubra el bol con un plástico y déjelo a temperatura ambiente (21°-23°) durante al menos 4 horas. Si lo deja toda la noche desarrollará aún más sabor y firmeza.

10 minutos

>   *Masa:*
>
>   Eche 2 tazas de agua caliente (40°-46°) sobre el arranque. Agite con una cuchara de madera grande o una espátula para disolver la masa. Coloque 2 tazas de harina blanca y 2 tazas de harina de trigo entero al lado del bol... y añada alternativamente partes iguales de cada una de las harinas de ½ en ½ taza, primero removiendo con el utensilio y luego trabajando con las manos. Puede añadirle un poco más de harina blanca para hacer que la masa no sea pegajosa. Retire del bol con las manos.

El maestro panadero André David obtuvo un premio nacional a la creatividad; he aquí sus famosos panes de payés Honfleur decorados.

Amasado. — 8 minutos

Coloque la masa sobre la superficie de trabajo enharinada y empiece a amasar agresivamente la pasta con un fuerte movimiento 1-2-3 de aplaste-gire-doble. De tanto en tanto levante la masa alto por encima de la superficie de trabajo y aplástela contra ella con un fuerte golpe para acelerar el proceso. Hágalo 3 ó 4 veces y luego reanude el amasado. La masa se pondrá húmeda, sólida y agradable de trabajar.

Primera subida. — 3-4 horas

Devuelva la masa al bol (limpio y engrasado), cubra apretadamente con un plástico, y deje a temperatura ambiente (21°-23°) hasta que doble su volumen, aproximadamente unas 3 horas.

Moldeado. — 10 minutos

Saque la masa y póngala sobre la superficie de trabajo, bien enharinada. Divida la masa en el número de piezas deseado y moldee con las manos en forma de copa formando bolas apretadas. Reserve una taza de masa para hacer luego las espigas, si lo desea. Coloque sobre la plancha de hornear y presione encima para aplastarlas ligeramente.

Segunda subida. — 2½ horas

Las hogazas serán dejadas bajo papel parafinado hasta que *tripliquen* su volumen, alrededor de unas 2½ horas a temperatura ambiente (21°-23°).

Decoración. — 15 minutos

Espigas de trigo: Se necesita al menos una hogaza grande que mida como mínimo 30 centímetros de diámetro para poder hacer justicia a la decoración.

Poco antes de que la hogaza u hogazas hayan subido completamente, divida la taza de masa que ha reservado en 3 piezas. Enrolle cada una de ellas en una larga tira de 30 a 35 centímetros de largo. Colóquelas paralelamente y, empezando a 10 centímetros de un extremo, trence hasta ese extremo. Gire las tiras y sepárelas para facilitar el dibujo de la espiga en cada una de ellas. Con unas tijeras de punta afilada, haga pequeños cortes a partir de los 12 centímetros —alternativamente a la derecha, al centro y a la izquierda— para crear los granos de trigo surgiendo de la espiga antes de la recolección. Deje el resto de la espiga sin cortar y desnudo. Repita el dibujo en cada tira.

Moje ligeramente la parte superior de la hogaza con agua y coloque cuidadosamente la decoración de las espigas. Mantenga la parte superior de las mismas separadas la una de la otra.

HORNEADO. — 220° - 50 minutos

Precaliente el horno 20 minutos antes de hornear, y coloque una parrilla en el suelo del horno. Cinco minutos antes de meter la masa, derrame una taza de agua muy caliente en la parrilla para crear humedad y vapor en el horno.
Coloque las hogazas a media altura. A la mitad del período de horneado dé la vuelta a la posición de las hogazas para equilibrar los efectos del calor del horno.
Las hogazas estarán hechas cuando presenten un aspecto marrón dorado. La corteza del fondo deberá sonar dura y hueca cuando la golpee con el dedo índice.

PASO FINAL

Coloque en una parrilla de metal para enfriar antes de servir. Se congelan bien.

PAIN DE MÉTEIL
Pan de tranquillón

(Dos barras largas)

En tiempos pasados el *pain de méteil* o de mezcla era un intento de mejorar la apariencia del oscuro pan integral de centeno añadiéndole una porción igual de harina blanca. El resultado era, y es, una pieza de simple, franco, sustancial pan. Ahora se sigue haciendo debido a que es un buen pan, no a que se disponga de todos sus ingredientes.
Aunque este pan tiene como base un arranque de una noche, la acidez no es tan agresiva como cuando es hecho con melaza o azúcar (como en el pan de centeno judío).

Este pan confía enteramente en los azúcares naturales de la harina, lo que le da un dulzor realmente agradable. Aunque el *pain de méteil* puede hacerse con harina de centeno medium finamente molida, la pieza refleja mejor su origen campesino con harina molida gruesa o de centeno integral. Combina especialmente bien con carnes, sopas y ensaladas verdes.

INGREDIENTES

Arranque:

1½ tazas de harina de centeno molida gruesa o de centeno integral
1 sobre de levadura en polvo
1½ tazas de agua caliente (40°-46°)

Masa:

Todo lo del arranque
1 taza de agua caliente (40°-46°)
1 cucharada sopera de sal
3 cucharadas soperas de grasa vegetal de pastelería
1 taza de harina de centeno molida gruesa o de centeno integral
2½ tazas de harina todo uso, aproximadamente

Glaseado:

1 huevo
1 cucharada sopera de leche

PLANCHA DE HORNEAR

Una plancha de hornear, engrasada o de teflón.

PREPARACIÓN. — 5 minutos - 6 horas o toda una noche

Arranque:

En un bol pequeño, mezcle la harina de centeno, la levadura y el agua caliente. Remueva hasta su mezcla. Cubra el bol con un plástico y deje a un lado a temperatura ambiente (21°-23°) por un mínimo de 6 horas o toda la noche.

10 minutos

Masa:

Eche todo lo del arranque en un bol grande y añada agitando 1 taza de agua. Añada la sal y la grasa vegetal. Con una cuchara de madera grande o una espátula, eche removiendo la taza de harina de centeno. Agite 25 a 30 veces para mezclar completamente los ingredientes. Añada la harina blanca, de ½ en ½ taza. Remueva con el utensilio hasta que le resulte demasiado costoso, y entonces siga trabajando con las manos. Debe encontrarse con una pasta pegajosa (gracias a la harina de centeno), hasta que la harina blanca empiece a actuar. Cuando la pasta se convierta en una masa áspera y pueda ser trabajada con las manos con un mínimo de pegajosidad, sáquela del bol. Limpie las partículas de los lados del bol y añádalas a la masa.

AMASADO. — 6 minutos

Espolvoree la superficie de trabajo con harina y deposite en ella la masa. Esta masa será pesada y densa, pero se volverá elástica y menos pegajosa a medida que avance el amasado. Añada harina blanca a discreción para controlar la humedad. Ocasionalmente levante la bola de masa bien alto y golpee duramente con ella contra la superficie de la mesa para ayudar a desarrollar la formación del gluten en la masa.

PRIMERA SUBIDA. — 2 horas

Limpie y engrase el bol grande. Devuelva a él la bola de masa. Cubra apretadamente con un plástico y deje a temperatura ambiente (21°-23°) hasta que la masa haya aumentado al doble de su volumen. La masa puede ser probada para averiguar si ha subido lo suficiente clavando un dedo en su borde. Si la indentación permanece, la masa ha subido lo suficiente para moldearla.

MOLDEADO. — 5 minutos

Vuelva con la masa a la superficie de trabajo y divídala en 2 porciones. Amase brevemente para extraer las burbujas. Esta masa conservará bien su forma, así que no tiene que preocuparse de colocarla en un *banneton* o *couche*.

SEGUNDA SUBIDA. — 50 minutos

Coloque las dos barras en la plancha de hornear y cúbralas con una hoja de papel parafinado para impedir que se forme una costra en las barras demasiado pronto.

HORNEADO. — 250° - 50 minutos

Precaliente el horno 20 minutos antes de hornear.
Quite el papel parafinado y unte las barras con el glaseado de huevo y leche. Con un cuchillo afilado o una hoja de afeitar practique en cada barra 5 o 6 cortes diagonales, de 1 a 1½ centímetros de hondo.
Coloque en el horno a media altura.
Treinta minutos más tarde dé la vuelta a la posición de las barras en la plancha de hornear para exponerlas uniformemente a las variaciones de temperatura.
El pan está hecho cuando las barras tienen un color marrón dorado claro y la corteza del fondo suena dura y hueca cuando se la golpea con el dedo.

PASO FINAL

Coloque las dos barras en una parrilla metálica para que se enfríen. El *pain de méteil* se congela bien y mantiene su máximo de frescor durante 4 a 6 semanas. Guárdelas en una bolsa de plástico para permitir que la humedad se reúna en cristalillos de hielo que al descongelarlas vuelvan a ser absorbidos por las barras. Sáquelas de la bolsa y caliéntelas a 175° durante 15 minutos.

BRIOCHE MOUSSELINE
Brioche mousseline

(Dos altas y elegantes piezas)

El *brioche mousseline* es una pieza espectacular, y deliciosa.

Se deja a la masa subir hasta el borde mismo de un contenedor cilíndrico (una lata de café es lo más sencillo), se le ata un collar de papel a su alrededor, y en el horno la masa sube hasta una espléndida altura... dos veces más alta que el propio molde.

Una única precaución: ¡asegurarse que la altura a que se coloca el molde en el horno es lo suficientemente baja como para permitir a la masa subir sin aplastar su cabeza contra el techo del horno!

INGREDIENTES

Arranque:

1 sobre de levadura en polvo
½ taza de agua caliente (40°-46°)
1 taza de harina todo uso, aproximadamente

Masa:

4 tazas de harina todo uso, aproximadamente
6 huevos, a temperatura ambiente
4 cucharadas soperas de agua caliente (38°)
3 cucharadas soperas de azúcar
1 ½ cucharadita de sal
340 gramos de mantequilla, a temperatura ambiente

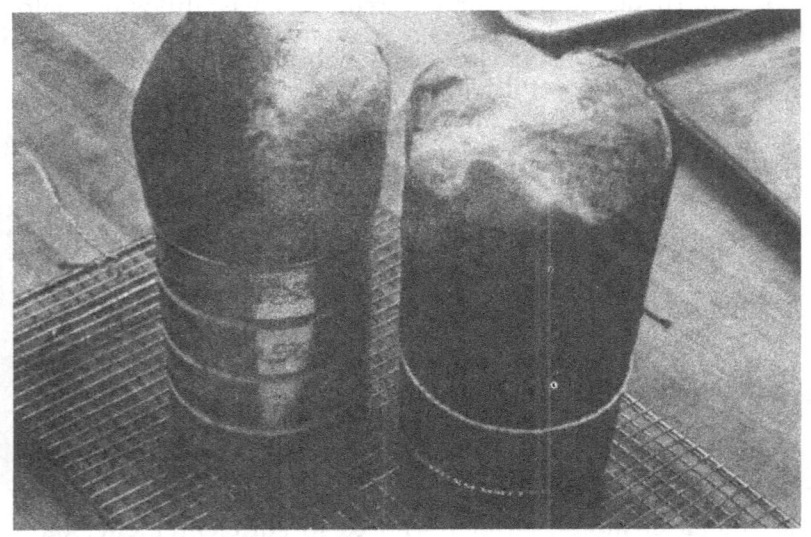

Voilà! El elegante brioche subirá hasta dos veces su altura original.

MOLDES DE HORNEAR

Dos latas de café de 400 gramos, o una combinación de latas de otros tamaños si lo prefiere. Corte dos tiras de recio papel marrón de 20 centímetros de ancho y lo suficientemente largo como para rodear las latas... para atarlos como un collar después de que la masa haya subido parcialmente. También puede utilizar una lata de galletas de forma cilíndrica en el caso de que se encuentre con más cantidad de masa de la que necesitaba para las latas seleccionadas. Latas de café, latas de galletas por si acaso, y tiras de papel marrón.

PREPARACIÓN. — 10 minutos - 2 horas

Arranque:

En un bol pequeño, disuelva la levadura en el agua y deje a un lado durante 3 o 4 minutos hasta que se vuelva cremosa. Eche removiendo la harina para hacer una pasta áspera y amase durante unos 3 minutos. Cubra con un plástico y deje en un lugar sin tocarlo a temperatura ambiente (21°-23°) por dos horas.

15 minutos

Masa:

El arranque es dejado en reserva mientras se prepara el resto de la masa.

En un bol grande, mida 2 tazas de harina y haga un hueco en el fondo para recibir 4 huevos. Rómpalos uno a uno, removiendo con una cuchara de madera o una espátula empujando la harina de los lados. Añada 2 cucharadas soperas de agua, el azúcar y la sal, y mezcle para conseguir una pasta espesa.

En un trozo de papel parafinado, amase la mantequilla con la espátula para ablandarla y hacerla dominable. Mezcle la mantequilla con la pasta. Añada los 2 huevos restantes y las 2 cucharadas soperas de agua, y siga batiendo.

Eche el resto de la harina en la pasta, de ½ en ½ taza, hasta que la masa sea una suave bola que pueda ser trabajada con las manos. Sáquela del bol.

Coloque la masa en la superficie de trabajo ya enharinada, aplástela hasta convertirla en un óvalo plano, y coloque el arranque en el centro. Doble los bordes por el lado más ancho y amase para incorporar la blanca masa del arranque con la masa amarilla del huevo y la mantequilla.

AMASADO. — 8 minutos

Trabaje las dos masas hasta que estén bien mezcladas en una sólida masa única de color amarillo claro, en la que no se aprecie ningún jirón de masa que haga contraste con el resto. Con ayuda de una espátula, la masa debe ser fácil de trabajar pese a ser algo pegajosa o viscosa incluso en los estadios finales del amasado. Un ligero espolvoreado de harina puede ayudar. La masa se volverá más firme cuando sea enfriada en la nevera.

PRIMERA SUBIDA. — 3 horas

Coloque la masa en un bol engrasado, cubra con un plástico, y deje a temperatura ambiente (21°-23°) hasta que la masa *se haya más que doblado*. Bajo la cobertura la masa tiene que ser lustrosa e hinchada.

REFRIGERACIÓN. — 2 horas o toda una noche

Deje la masa al menos 2 horas en la nevera para que se enfríe y así pueda ser trabajada más fácilmente. (Toda una noche de enfriamiento requerirá una más larga subida en el molde pero de todos modos trabajará perfectamente bien.)

MOLDEADO. — 15 minutos

Lo mejor puede ser hacer el ensayo de llenar una lata de café exactamente en sus 2/3 partes. La masa en esta receta pesa aproximadamente 1 kilo 400 gramos. La masa para 1 lata pesará 600 gramos, o sea 1 kilo y 200 gramos para ambas. Esto deja una pequeña porción de masa para otro molde aparte, una pequeña lata cilíndrica de galletas, por ejemplo.

Saque la masa después de determinar cuánta masa necesitará y unte la lata con mantequilla. Llene las dos latas untadas en sus 2/3 partes.

Los collares deben ser atados más tarde, cuando la masa alcance el borde de la lata.

Si hay un exceso de masa, prepare un molde apropiado para hornearla en él.

SEGUNDA SUBIDA. — Variable 1-2 horas

Cubra las latas y el molde opcional con papel parafinado y deje a temperatura ambiente (21°-23°) hasta que la masa se asome por el borde. El tiempo variará según el tiempo que la masa haya estado enfriándose en el refrigerador. Si la ha dejado toda la noche, la subida puede necesitar más de 2 horas.

HORNEADO. — 190° - 1 hora

Precaliente el horno 20 minutos antes de hornear. Ate el collar de papel en cada lata de café con un cordel. La masa subirá de 10 a 12 centímetros por encima del borde de la lata, ¡así que déle tolerancia! Una lata alta obligará a utilizar el fondo en un horno pequeño. Mediado el período de cocción, gire la posición de las latas para que se vean expuestas equilibradamente a las variaciones de temperatura.

El brioche está hecho cuando la corteza tiene un color marrón oscuro. Introduzca una aguja de pastelero o cualquier otro tipo de aguja metálica en la masa. Si la aguja sale limpia, ya está en su punto.

Desate y retire los collares, pero deje el brioche tranquilo durante unos 10 minutos antes de moverlo. Si resulta difícil de sacar, sujete firmemente la lata con una mano, agarre la parte superior del brioche con la otra, y tire y gire al mismo tiempo para extraer la pieza.

PASO FINAL

Coloque en una parrilla metálica para enfriar. Aunque ésta es una pieza preciosa puesta en pie, hay que volcarla para cortarla en rebanadas. Se congela bien por un período máximo de 6 semanas para que conserve el máximo de su frescor cuando sea descongelada y recalentada.

CROISSANTS FEUILLETÉS
Croissants hojaldrados

(Dieciocho piezas grandes)

Aunque el croissant data de 1683, cuando Austria estaba en guerra con Turquía, durante esos primeros 200 años este famoso pan era simplemente un triángulo de exquisita pasta, enrollado y dado forma de tal modo que parecía un creciente de luna. A principios de 1900 un inspirado *boulanger* parisino lo hizo con pasta de bollería, y así lo hizo doblemente atractivo y doblemente delicioso. En 1920 hacía furor en toda Francia, y se lo hallaba prácticamente en toda mesa de desayuno. Estaba creciendo en popularidad y ya no la abandonaría nunca.

Para hacer un croissant fino, el *boulanger* francés debe tener en cuenta estos puntos:

Debe haber la menor subida que sea posible durante el proceso en el cual la masa es doblada cuatro veces para incrementar las capas de mantequilla y masa.
Si la masa es dejada relajarse más de 15 minutos durante las vueltas, métala en la nevera para frenar la labor de fermentación de la levadura.
Para asegurar una masa tierna, el amasado debe ser tan corto como sea posible. Considérela suficientemente amasada cuando todos los ingredientes estén mezclados y la pasta sea pareja.
— La primera subida de la masa debe ser "suficientemente larga pero no excesivamente". Si la subida es demasiado larga, la levadura se comerá la mayor parte de los azúcares de la masa y el sabor del croissant perderá en dulzor.
— Si es posible, de todos modos, es siempre mejor reducir la cantidad de levadura e incrementar el tiempo de subida.
— 200 gramos de mantequilla pueden formar capas para 2 kilos a 2 ½ de masa.
La mantequilla produce los mejores croissants: finos, suaves, y con mayor facilidad para mantenerse que los hechos con margarina. Por otra parte, los croissants hechos con margarina son normalmente más

hojaldrados y por ello más atractivos (al menos a los ojos del *boulanger*). Para el panadero comercial, mitad de mantequilla y mitad de margarina proporcionan un excelente resultado.

Coloque un paño húmedo sobre la masa durante los descansos dentro y fuera de la nevera para evitar que se forme costra.

El vapor no es necesario si los croissants están glaseados con huevo y leche. Los croissants untados sólo con agua necesitarán también una parrilla de agua en el horno para proporcionar humedad adicional.

INGREDIENTES

7 tazas de harina todo uso, aproximadamente
1 sobre de levadura en polvo
1/4 de taza de agua a temperatura normal
2 tazas de leche, *fría* (15°-21°)
1 cucharadita de sal
2 cucharaditas de jarabe de malta
½ taza de azúcar
200 gramos de mantequilla o margarina, para doblar con la masa

Glaseado:

1 huevo
1 cucharada sopera de leche

PLANCHA DE HORNEAR

Cabe la posibilidad de que la grasa se escurra de los croissants y gotee sobre el piso del horno a menos que la plancha de hornear tenga un borde más alto. Si no lo tiene, se puede improvisar uno con papel de aluminio extendido sobre la plancha.

PREPARACIÓN. — 12 minutos

En un bol grande, coloque 2 tazas de harina y haga un hueco en el centro. Disuelva la levadura en 1/4 de taza de agua echada en el hueco y déjela durante 3 o 4 minutos hasta que la levadura haga espuma. Vierta la leche, y añada la sal, el jarabe de malta y el azúcar. Bata 25 veces enérgicamente.

Añada batiendo el resto de la harina, de ½ en ½ taza, trabajando primero con una cuchara de madera grande o una espátula y luego con las manos cuando la masa pueda ser formada en una bola.

AMASADO. — 3-4 minutos

Espolvoree en la superficie de trabajo y eche sobre ella la masa. Amase sólo lo suficiente para emparejar la masa... nada de grumos, nada de protuberancias. El secreto de este croissant es una corteza tierna procedente de una masa que ha sido amasada muy poco.

PRIMERA SUBIDA. — 1 ½ horas

Coloque la masa en el bol, séllela prietamente con un plástico, y déjela a temperatura ambiente (21°-23°) durante 1 ½ horas.

10 minutos

Durante este intervalo, amase y trabaje los 200 gramos de mantequilla (a temperatura ambiente) con una espátula para moldearlos en un rectángulo de 15 × 20 centímetros y 1,30 centímetros de grueso.

Otro secreto de un croissant fino es conseguir la misma consistencia y firmeza en la mantequilla que en la masa. Ni más, ni menos. Eso puede representar poner la mantequilla en la nevera unos pocos minutos o más tiempo. Si tanto la masa como la mantequilla parecen blandas y pegajosas, coloque ambas en la nevera. No deje que la mantequilla se ponga demasiado fría y dura o se le romperá a trozos cuando el rodillo pase sobre ella para extender la masa hecha capas.

CAPAS

Si la cocina es fría —21° o menos—, las "vueltas" pueden ser dadas con un mínimo de refrigeración. Si, en cambio, la mantequilla atraviesa la pasta pese a ser blanda, coloque la masa en la nevera... y cubra la mancha con harina espolvoreada.

10 minutos

Aplane la masa hasta formar un rectángulo de 25 × 30 centímetros. Déjela descansar en esta posición durante 5 minutos para que así la masa se relaje para el siguiente paso... la adición de la mantequilla.

Vuelta 1 - 10 minutos

Coloque el rectángulo de mantequilla en los 2/3 inferiores de la masa. Doble el 1/3 superior sobre la mitad de la mantequilla. Levante el 1/3 inferior y doble encima de los otros dos como si fuera una carta. Las capas serán así: masa, mantequilla, masa, mantequilla, masa.

Vuelta 2 - 8 minutos

Espolvoree ligeramente la superficie de trabajo y la masa. Aplane la masa hasta un rectángulo de 15 × 30 centímetros, y aproximadamente 2 ½ centímetros de grueso. Doble a tercios como una carta. Déjela reposar durante 10 minutos. Si la habitación es cálida la masa puede ser colocada en la nevera durante este breve período.

Vuelta 3 - 4 minutos

Coloque la masa sobre la superficie de trabajo de modo que pueda ser aplanada a lo largo de las líneas de unión. Aplane hasta un rectángulo de 15 × 30 centímetros y doble en tres, como una carta.

Vuelta 4 - 4 minutos

>Aplane de nuevo la masa hasta un rectángulo de 15 × 30 centímetros. Doble de nuevo en tres. Tras esta vuelta final habrá 55 capas en la masa.

REFRIGERACIÓN. — 1 ½ horas o toda una noche

>Envuelva la masa en un paño húmedo y enfríela en la nevera antes de moldearla, aproximadamente 1 ½ horas. Si piensa dejar la masa toda la noche envuélvala también con papel parafinado sobre el paño húmedo para que la nevera no extraiga la humedad (como harán los nuevos aparatos que eliminan la escarcha).

MOLDEADO. — 25 minutos

>Espolvoree la superficie de trabajo con harina. Con el rodillo, trabaje la masa hasta convertirla en una plancha de 60 centímetros de largo, 25 centímetros de ancho y aproximadamente 6 milímetros de espesor. Extendiendo y palmeando con las manos ayudará a formar el rectángulo. Señale con ayuda de una regla la división de la masa en dos largas tiras de 12 ½ centímetros de ancho cada una. Deje relajarse la masa antes de cortar o puede encogérsele. Marque cada tira formando triángulos —12 ½ × × 12 ½ × 12 ½ centímetros— y corte con un cuchillo de pastelero. Coloque los triángulos a un lado. (Si solamente puede hornear la mitad de una vez, meta los otros en papel parafinado, tápelos, y guárdelos en la nevera hasta que el horno esté de nuevo disponible).
>Para formar cada croissant, aplane suavemente la masa con el rodillo desde la base del triángulo hasta la altura... apretando la pieza para que se haga más grande y delgada. Déjela relajarse mientras aplana las otras.
>Con los dedos pulgar e índice de cada mano, tome los extremos de la base y enrolle hacia la cúspide del triángulo... tirando ligeramente para alargar la masa

a medida que la enrolla. La punta o lengua del croissant debe quedar en el centro y apuntando hacia abajo. No debe quedar aprisionada debajo del cuerpo del croissant, sino libre para levantarse si lo desea.

Cuando deposite el croissant sobre la plancha de hornear, déle la forma de cuarto creciente acercando los bordes. Repita con cada pieza y colóquelas aproximadamente a 4 centímetros de distancia la una de la otra.

SEGUNDA SUBIDA. — 1 hora

Déle a los croissants el primero de los 3 glaseados con la mezcla de huevo y leche. Déjelos a temperatura ambiente (21°-23°), *sin cubrir*. Treinta minutos más tarde unte los croissants por segunda vez.

HORNEADO. — 205° - 20 minutos

Precaliente el horno 20 minutos antes de meter los croissants.

Unte los croissants por tercera vez con el glaseado y colóquelos en el horno a media altura. Hornee hasta que adquieran un color marrón dorado. A los franceses les gustan horneados hasta un marrón más oscuro; entonces déjelos 5 minutos adicionales.

Si tiene que congelarlos para posterior uso sáquelos del horno cuando hayan adquirido tan sólo un marrón ligero.

PASO FINAL

Coloque los croissants en una parrilla metálica para enfriarlos pero, idealmente, sírvalos cuando aún están calientes. Para congelarlos, enváselos en una bolsa de plástico tras haberlos enfriado. Colóquelos en el congelador allá donde no reciban golpes, puesto que son frágiles y pueden romperse incluso cuando están congelados. Descongélelos en la bolsa y devuélvalos al horno a 205° por 8 o 10 minutos hasta que adquieran un tono marrón dorado.

Recetas de Bayeux

Bayeux, a menos de diez kilómetros de las playas de la invasión de Normandía, fue la primera ciudad francesa liberada por las fuerzas americanas en la Segunda Guerra Mundial. Es un lugar bullicioso y cordial, rico en historia tanto medieval como moderna (pero no aburrido por ello) y, sobre todo, un lugar completamente agradable de visitar de nuevo.

Fue en nuestra visita anterior, hace cinco años, cuando descubrí en la *boulangerie* de Gautier un buen número de valiosas técnicas que aprecié mucho. Fallé, sin embargo, al no pedirle a Bernard Gautier la receta de un pan singular hecho en Normandía, el *pain brié*. Los ingredientes son tan sólo harina, agua, sal y levadura, pero es la forma en que es desarrollada la textura lo que lo aparta de los demás panes franceses. El *boulanger* utiliza una máquina especial movida a motor que puñea la masa fermentada con un pesado martillo de hierro. La masa se coloca en un cuenco metálico que va girando lentamente bajo los golpes.

El *pain brié* y la fascinante máquina nunca se apartaron por completo de mi mente, y regresé a Bayeux para aprender a hacer ese pan. En aquellos cinco años de intervalo aprendí también que el *pain brié* se hallaba pintado en el fabuloso tapiz de Bayeux, una banda de lino de 70 metros de largo y 50 centímetros de alto bordada hace 900 años para contar la historia de la conquista de Inglaterra por el Duque de Normandía en 1066.

Confirmar la presencia del *pain brié* en el magnífico tapiz fue algo relativamente fácil de realizar. Y por otro lado, la visita a la *boulangerie* de Gautier, para decirlo simplemente, ¡fue una auténtica detonación!

Colocado bajo cristal en el Museo del Tapiz, el más celebrado tesoro de Bayeux es un preciso documento de los trajes, naves, armas, costumbres y alimentación de aquel período. El pan está allí... llevado sobre la cabeza de un sirviente poco después de que las fuerzas normandas desembarcaran en la ciudad costera del Canal de Pevensey. El pan está moldeado como una *couronne*, una corona, y el hombre que lo lleva se halla en medio de un forrajeador matando una oveja y otro transportando un cerdo. Se dirigen camino al banquete que se celebra para honrar al Duque de Normandía.

—Todos los chicos de Bayeux crecen sabiendo cómo el

pain brié fue llevado a Inglaterra, junto con todo lo demás que hay en el tapiz —explicó Monsieur Jouvin-Bessière, propietario del Hôtel du Lion d'Or, un agradable establecimiento antiguo a tan sólo unos pasos de la *boulangerie* donde debía ir al día siguiente.

—Después de todo —continuó—, siempre ha sido el lugar favorito de todos los maestros para dar su clase en una tarde lluviosa. Creo que he andado a lo largo de toda su extensión centenares de veces.

La forma actual de hacer el *pain brié* es otro asunto. Iba a descubrirlo al día siguiente, a las tres y media de la madrugada, cuando me presenté a la *boulangerie* tras cruzar un oscuro y espectral patio, con los débiles sonidos de mis pasos contra el desigual empedrado resonando y creando ecos. La masiva puerta de hierro que separaba el patio de la calle estaba cerrada, pero había sido informado del procedimiento para abrirla. Tenía que pulsar un timbre oculto bajo un arbusto, y una campanilla sonaría en algún lugar distante, una luz se encendería sobre mi cabeza, la cerradura haría clic, y yo tendría el camino libre.

Tal como se me había prometido, la cerradura hizo clic, y penetré por aquella puerta de la rue St. Jean. Diez pasos más allá un destello de luz me condujo hasta la puerta de la *boulangerie*, que había sido entreabierta para mí.

Pero desde el momento en que salí de la oscuridad y penetré en la brillante luz de la *boulangerie*, noté que había algo que no iba bien. Cada industria tiene su ritmo y su sonido de trabajo, y si todo funciona correctamente como es debido el resultado es una melodía. Aquella habitación no tenía nada de eso. Tan sólo un ominoso silencio. Un grupo de panaderos estaba de pie detrás de Bernard Gautier, mirando a los aún humeantes restos de un motor eléctrico que unos momentos antes había estado bombeando el combustible para uno de los dos grandes hornos.

—*Monsieur*, no hay nada que estruje tanto el corazón de un *boulanger* como tener su horno enfriándose mientras a todo su alrededor la masa está subiendo, subiendo...
—Hizo un gesto con su mano hacia los armarios a lo largo de las paredes, llenos de piezas que pedían ser horneadas dentro de poco.

—Le ruego que me perdone —dijo, y salió de la habitación, para volver unos pocos minutos después con una unidad de repuesto que había estado almacenada en el altillo. Rápidamente, el motor fue sujeto al fuelle que vaporizaba el fuel-oil y lo lanzaba a la cámara de combustión bajo el horno. El fuelle funcionaba, pero el mecanismo de chispa que prendía la llama no se activaba. Mientras tanto tres panaderos, intentando desesperadamente contener la marea ascendente de masa, iban poniendo a un lado docenas de piezas. Los panaderos franceses no son nada si no son ingeniosos. Bernard fue por toda la estancia abriendo de par en par todas las puertas y ventanas para que el frío de la noche penetrara y retardara la masa. Situó a un aprendiz con un rollo de papeles y un encendedor e instrucciones de prender la antorcha y echar a correr arriba y abajo desde el momento mismo en que se le indicara. El vapor empezó a silbar en la cámara. Bernard gritó, y el chico echó a correr con la llama. Con un rugido, el horno entró en funcionamiento.

De todos modos, se había producido una complicación menor. Debido a que el horno estaba controlado termostáticamente, quedaba fuera de servicio cada vez que su temperatura alcanzaba el óptimo. Cuando el horno se enfriaba ligeramente, el fuelle iniciaba su ciclo de vaporizar el fuel-oil. Cada vez el muchacho debía empezar su periplo entre los croissants para recorrer la longitud de la estancia con su llameante antorcha para repetir el proceso de encendido.

Aquella extraña rutina se convirtió en una especie de ritual, con las nuevas piezas siendo introducidas en el horno ahora caliente mientras las piezas ya completamente horneadas eran retiradas, hasta que el electricista del pueblo, que había sido sacado de su cama por la emergencia, apareció en la estancia. Era bajo, gordo, viejo y soñoliento. Un deteriorado gorro cubría sus orejas.

No parecía muy feliz mientras le observé quitar la tapa de una caja llena de hilos y empezar a trastear entre ellos con su destornillador. Repentinamente, un surtidor de chispas iluminó la estancia antes de que todas las luces se apagaran. Todos los motores se pararon, incluidos los de los hornos. Por un momento hubo un exquisito silencio. Entonces el viejo empezó a gritar que no podían culparle a él de lo asquerosa de aquella instalación. Alguien cambió los fusibles, y cuando volvieron las luces el electricista insistió en demostrarle exactamente a Bernard lo que había ocurrido cuando metió el destornillador entre los hilos. *"Voilà"*, dijo, y trasteó en la caja. Se produjo un nuevo surtidor de chispas, y la estancia quedó a oscuras por segunda vez. De nuevo gritó el viejo que no era culpa suya. De nuevo hubo el follón de cambiar los fusibles.

El horno averiado se había apagado de nuevo cuando el electricista se dirigió hacia el tablero de mandos y apretó una hilera de botones. Obviamente no se había dado cuenta de que uno de los que había apretado ponía en marcha el quemador de fuel-oil, sin que estuviera el muchacho con la antorcha, de modo que una nube de vapor empezó a desparramarse por la caldeada cámara y se extendió por toda la estancia. Con un grito, uno de los panaderos señaló la neblina que iba acumulándose a sus pies y corrió hacia el interruptor. Demasiado tarde. Con un potente BOOOM el vapor estalló, lanzando una serpenteante lengua de llamas por el suelo.

Afortunadamente fue una pequeña explosión, y lo único que resultó dañado fue el orgullo del viejo electricista. Empezó a proferir una serie de palabras en francés que no están en mi diccionario.

Bernard Gautier simplemente parecía resignado, un espectáculo de notable dominio sobre sí mismo, a mi modo de ver. Yo era muy consciente de que la buena suerte no me había acompañado demasiado aquella mañana en la *boulangerie*. Tomé mis notas y mi cámara y salí a la primera luz del amanecer. Ya volvería más tarde. Cuando cerré la puerta a mis espaldas y avancé por el patio, pude oír la voz del electricista a través del abierto tragaluz protestando de nuevo de que lo ocurrido no era en absoluto culpa suya.

Durante el desayuno, Monsieur Jouvin-Bessière quiso saber cómo había ido la reunión con Monsieur Gautier.

—Debe haber sido un éxito completo —dijo, antes de que yo pudiera responder—. Esta mañana nos han traído el pan un poco más tarde que de costumbre, y algunas de las piezas parecía como si hubieran sido olvidadas más tiempo del debido en el horno.

—Sí, la reunión se apartó un poco de lo habitual —me apresuré a decir—, y fue muy informativa.

Bernard Gautier era todo sonrisas cuando volví a la *boulangerie* a por mi lección del *pain brié* aquel mismo día, más tarde.

—Aquella fue la única explosión —me dijo—. Todo el pan ha sido horneado y la instalación reparada. Algo de la producción resultó un poco más tostada de lo habitual, pero no creo que a mis clientes les haya importado.

Cuando nos fuimos, Bernard me dirigió una sonrisa:

—Pero otra noche como esa, y tomo con usted el avión a América. Se lo prometo.

PAIN BRIÉ NORMANDE
Pan bateado normando

(Dos piezas)

Un largo período de amasado, más un duro bateado, producen una masa inhabitualmente densa, con lo que el *boulanger* llama "miga densa". El *brié* es probablemente el más pesado de los panes fermentados con levadura que se producen en Francia. Es servido por los normandos con sus famosos langostinos normandos y su no menos famosa mantequilla normanda.

Es difícil encontrar en otros países una forma de *brié* mecánico, una máquina de batear la masa, así que el horneador casero deberá utilizar un instrumento más rudimentario para hacer este pan... un palo de madera. Puede ser un largo y cónico rodillo francés, un taco pesado, un mango de escoba... cualquier cosa que pueda sujetarse fácilmente con la mano y pueda golpear duramente la pasta *brié* durante no menos de 10 minutos.

Esta receta refleja lo mejor de las técnicas que encontré en Bayeux y Honfleur. Las recetas son tan parecidas en la tradición *brié* normanda que son casi indistinguibles la una de la otra.

El arranque de toda una noche es mayor de lo habitual para fermentar la masa en el bol. Es una pequeña bola de pasta amasada dejada toda una noche para desarrollar su sabor y convertirse en el agente fermentador de la masa *brié* en sí.

INGREDIENTES

Arranque:

2 tazas de harina todo uso, aproximadamente
3/4 de taza de agua caliente (40°-46°)
1 cucharadita de levadura en polvo.

Masa:

Todo lo del arranque
3/4 de taza de agua caliente (40°-46°)
1 cucharada sopera de sal
2 ½ tazas de harina todo uso, aproximadamente

PLANCHA DE HORNEAR

Una plancha de hornear engrasada o de teflón.

PREPARACIÓN. — 10 minutos

Arranque:

La noche antes coloque 2 tazas de harina en un bol y haga un hueco en el centro para recoger el agua. Espolvoree la levadura sobre el agua. Mezcle cuidadosamente hasta que se disuelva. Empuje la harina hacia el centro con una cuchara de madera o un raspador hasta formar una bola fibrosa. Trabaje la masa con los dedos, añadiendo fuertes espolvoreados de harina si la observa pegajosa.

8 horas o toda la noche

Amase durante 2 o 3 minutos. Coloque en un bol pequeño previamente engrasado, cubra con un plástico. Deje a temperatura ambiente (21°) durante toda la noche o al menos durante 8 horas para permitir que desarrolle todo su sabor.

10 minutos

Masa:

Aplaste el arranque, moldéelo en forma de bola y échelo en un bol grande. Vierta agua alrededor de la bola y añada la sal. Mezcle el agua y la sal hasta que se disuelva.

Aunque el arranque, con el agua, parezca al principio ser elástico e insensible, pronto reaccionará con la adición de 1 taza de harina. Agite para mezclar y bata con 75 fuertes golpes. Añada tanta harina como necesite para conseguir una masa desacostumbradamente densa. Deje que la bola de masa vaya absorbiendo toda la harina que solicite mientras la trabaja con las manos.

AMASADO. — 18 minutos

Es una poco frecuente larga sesión de amasado para permitir que la masa acepte la máxima cantidad de harina. Deténgase alguna que otra vez durante el proceso de amasado y dé un paseo de unos pocos minutos. O llame a un amigo para que le ayude.

BATEADO. — 10 minutos

Coloque la masa sobre una superficie de trabajo resistente para un prolongado batear. Seleccione un instrumento de madera para el trabajo. Yo utilizo un rodillo cónico francés de unos 50 centímetros de largo, pero en alguna ocasión he recurrido al lado romo de un picador de carne chino. Ha funcionado.

Trabaje a un ritmo placentero. Batee la masa de uno a otro extremo. Déle la vuelta a la pasta y comience de nuevo. Utilice la otra mano. La masa se volverá aterciopelada.

MOLDEADO. — 5 minutos

Divida la masa en 2 porciones. La forma tradicional del *brié* es redonda, ligeramente ovalada. Coloque la masa en la plancha de hornear.

SUBIDA. — 1 hora

Cubra las piezas con papel parafinado y deje sin moverlas a temperatura ambiente (21°) para que suban. Cuando hayan subido, haga 6 o 7 cortes profundos cruzando la pieza a partir de los extremos más alargados.

HORNEADO. — 205° - 50-60 minutos

Precaliente el horno a 205°. Coloque las piezas en el horno. Tras ½ hora obsérvelas y gire la plancha de hornear para cambiar la posición de los panes. Las piezas de *brié* correctamente horneadas tendrán la apariencia de los melones estriados... una corteza oscura con estrías más claras corriendo a lo largo.

Dé la vuelta a una pieza y golpee la corteza inferior con el dedo índice. Un sonido hueco y duro significa que está suficientemente cocida.

PASO FINAL

Coloque en una parrilla metálica para enfriar. El *brié* es maravilloso a rebanadas finas y servido con cangrejo o langostino como entremés. Debido a su textura poco habitual, el *brié* conserva su frescor durante varios días. Se congela bien. Cuando descongele el *brié* (o cualquier otro tipo de pan) no lo saque de la bolsa de plástico hasta que la humedad haya vuelto a la pieza. Descongele y colóquelo en el horno a 175° durante 15 minutos.

PAIN ORDINAIRE DE M. GAUTIER
Pan casero del Sr. Gautier

(Una, dos o tres piezas planas)

Monsieur Bernard Gautier y su equipo de *boulangers* hacen cosas imaginativas con la masa del *pain ordinaire*. Dos tipos de piezas en particular reciben el favor de los clientes de Gautier, además de las tradicionales barras largas. Cada una de ellas es una pieza rectangular, de aproximadamente unos 60 centímetros de largo, 25 centímetros de ancho, y no más de 7 centímetros de grueso. Justo antes de meter en el horno, la parte superior de una de ellas es cortada con rayas paralelas, separadas unos 4 centímetros una de otra, a todo lo largo de la pieza. Al subir se convierten en largos y crujientes cortes. La otra pieza es decorada con los hoyos dejados por la impresión de los dedos del *boulanger* apretados profundamente contra la masa ya subida en su camino al horno. (He visto también a M. Gautier efectuar ambas operaciones en una misma pieza.)

La belleza de este moldeado rectangular da a los amantes de la corteza una ración extra de ella.

Esas piezas de Bayeux resultan demasiado grandes para los hornos caseros, así que las he reducido a una escala que les proporcione un tamaño más manejable.

INGREDIENTES

Una hornada de aproximadamente 1 kilo, de masa de *pain ordinaire* (página 272).

PLANCHA DE HORNEAR

Una plancha de hornear, engrasada o de teflón.

PASOS PREVIOS

Estos son los pasos y tiempos para la masa antes de que las piezas sean moldeadas:

Preparar la masa: 18 minutos.
Primera subida: 2 horas.

MOLDEADO. — 12 minutos

Quite el plástico y aplaste la masa. Coloque sobre la superficie de trabajo ligeramente espolvoreada con harina, y amase durante un instante para extraer las burbujas. La masa debe ser lustrosa, elástica y alegre de trabajar.

Esta cochura puede realizarse en piezas grandes

Esta poco habitual forma de *pain ordinaire* proporciona una corteza extra para los amantes de la corteza.

o pequeñas. Si ha de ser para muchas personas han de ser grandes, mientras que para dos personas la cocción de varias piezas más pequeñas resultará más apropiada.

Todos los tamaños son hechos de la misma forma. Con un rodillo de amasar y los dedos, aplane y estire la masa hasta convertirla en un rectángulo de aproximadamente 2 ½ centímetros de grueso. 400 gramos de masa suelen dar para un rectángulo de 15 × 20 centímetros; toda la cochura dará un molde de 20 × × 45 centímetros.

SEGUNDA SUBIDA. — 60 minutos

Coloque las piezas ya moldeadas en la plancha de hornear que habrá preparado. Cúbralas con papel parafinado. Si el papel tiene tendencia a pegarse a la masa, evite que se apoye sobre ésta levantando el papel mediante vasos de agua pequeños.

Horneado. — 230°-205° - 45-60 minutos

Veinte minutos antes de hornear, precaliente el horno a 230°. Cinco minutos antes de hornear, eche ½ taza de agua en la parrilla que habrá colocado en la parte inferior del horno.

Con una hoja de afeitar o *lame*, practique cortes paralelos, de 1 centímetro de profundidad, a lo largo de la pieza, y separados aproximadamente por 4 centímetros. Para el otro tipo de pieza, presione profundamente con el dedo índice de una mano en la masa en varios puntos para formar un dibujo. ¡O bien, como hace Monsieur Gautier, refunda los dos métodos y corte y presione a la vez!

Coloque la plancha de hornear en el horno cuando esté húmedo a causa del vapor generado por el elevado calor. Reduzca la temperatura del horno a 205°. A la mitad del período de horneado gire la plancha de hornear para que así las piezas se vean igualmente expuestas a las variaciones de temperatura del horno. Las piezas grandes requerirán unos 10 a 15 minutos adicionales en el horno.

Cuando estén cocidas, las piezas presentarán un aspecto marrón dorado con una corteza tostada tanto arriba como abajo. Gire una de las piezas y golpee con el dedo índice. Si está dura y suena a hueco, el pan está hecho.

Paso final

Retire del horno. Coloque sobre una parrilla metálica para enfriar antes de cortar. Este pan se congela bien pero permanece fresco durante tan sólo un día aproximadamente. De todos modos, no tire el pan seco. Hace un buen pan rallado y unos buenos curruscos (ver *chapelure,* pág. 397).

Recetas de Bracieux

La *aventure de Bichet* tiene varios elementos propios de un cuento de hadas. Ciervos y jabalíes vagabundean por el corazón del profundo bosque donde se levanta un castillo de muchas torres, con sus centenares de habitaciones vacías y melancólicas. Durante más de cien años ninguna princesa ha vivido allí. Pero a pocos kilómetros de distancia, justo detrás del gran muro de piedra que rodea el bosque, hay una pequeña posada alegre y feliz cuyas habitaciones están siempre llenas de gente que acude desde las más grandes distancias para catar los más deliciosos platos servidos por el sonriente chef.

Pero esto no es ningún cuento de hadas. Tanto el castillo como la posada son lugares reales en el valle del Loire y el chef, Monsieur Gaston Bichet, aunque no es un gran hombre (mide 1,60 metros de estatura), goza de una muy grande reputación que ha ido mucho más lejos del pueblecito de Bracieux, al borde del Parque Nacional de 13.000 acres donde se asienta el gran Château de Chambord. Bichet ha alojado no sólo a príncipes y princesas, sino que, en 1962, el presidente Dwight D. Eisenhower y su nieto, David, comieron allí, proporcionando a la Hôtellerie Le Relais su mayor honor.

Chambord, el mayor y más pretencioso de los *châteaux* del Loire, tiene 440 habitaciones y 365 chimeneas, y es una experiencia abrumadora aunque impersonal pasear unos minutos más tarde por el frío y umbroso patio del pequeño Le Relais, donde tórtolas con collares al cuello en un corral cercano a la entrada te lanzan su saludo, proporcionando una sensación de encantamiento. El día en que llegamos, un zumbante enjambre de abejas había buscado refugio justo encima de la puerta de entrada del comedor, pero, antes que molestar a las abejas, los huéspedes eran invitados a entrar en el comedor por otra puerta, dando un rodeo.

O esta cita tomada del libro de huéspedes: "Nunca había probado antes el jabalí, pero puedo decir sinceramente que este es el mejor jabalí que haya comido nunca. P. S.: ¡Volveré aquí cada vez que haya jabalí en el menú!"

Durante varios siglos Le Relais ha sido una posta para carruajes en el camino de París a Burdeos y viceversa. París estaba a seis días en una dirección, Burdeos a catorce en la otra. En 1870 el último carruaje en tomar su relevo en

Le Relais fue una diligencia, un gran vehículo que transportaba a una docena de pasajeros y era arrastrado por cinco caballos. Años más tarde, Bichet encontró un carruaje similar en Tours, lo restauró personalmente y lo aparcó en el exterior del albergue, donde rápidamente se convirtió en el foco de atención de los viajeros que conducían hacia el sur desde Chambord.

Hay como un toque mágico en el vestíbulo, que Bichet ha transformado en un museo dedicado a la edad de oro de los viajes. Varios conjuntos de arneses de aceitada piel, con adornos de pulido latón, cuelgan de ganchos en el pasamanos de la escalera. Largos cuernos de cochero, no soplados desde hace cientos de años, cuelgan del techo. Un par de botas de cuero altas hasta el muslo están colocadas junto a la puerta del comedor, como si el cochero se las hubiera quitado hace tan sólo un momento para entrar a comer. Su látigo de largo mango permanece apoyado contra el umbral. Hay un nido de pájaros entre los correajes de los arneses, y un guiño socarrón en los ojos del maniquí vestido con el traje negro de lana del *postillon* y el sombrero alto con la faja roja. La parte izquierda de su bigote cuelga ligeramente, dándole una expresión aún más socarrona.

Bichet, para mi alegría, es también un maestro panadero. Cuando llegué allí era primavera. La gran chimenea del comedor había sido limpiada para la estación, y decorada con racimos de tallos y espigas de trigo entre los cuales descansaban grandes hogazas de *pain de campagne* de gruesa corteza. La chimenea en sí estaba cubierta con más piezas de pan... redondas, largas, henchidas, esbeltas, rectas y retorcidas, ofreciendo el sorprendente efecto de un tesoro de panes fluyendo de una cornucopia de ladrillos.

Gaston Bichet no es originario de la región. Hijo del propietario de un hotel de Tours, aprendió su toque de chef en el Hotel Park de Londres, en el Majestic de París y en el Shepheards de El Cairo. (Varios años más tarde sería requerido por su gobierno para colaborar en el servicio de alimentación con el Pabellón Francés en la Expo 70 en el Japón.) Cuando Francia fue invadida por los alemanes en la Segunda Guerra Mundial, Bichet fue reclutado para el trabajo de granja, pero convenció al enemigo de que era un buen cocinero y, como consecuencia, pasó el resto de la guerra en un pequeño hotel de Leipzig de donde fue liberado por las tropas de los Estados Unidos.

El y Madame Bichet decidieron tras la guerra que lo que siempre habían soñado era convertirse en *hôteliers*... tener un pequeño albergue en el campo. Bracieux, a medio camino entre dos famosos *châteaux*, Chambord y Cheverny, era ideal para ello. El deteriorado Le Relais estaba en venta, después de haber pasado duros tiempos tras ser abandonado primero por los carruajes tirados a caballo y luego por su sucesor, el ferrocarril de vía estrecha.

—Los siguientes quince años fueron los mejores de mi vida —nos confesó Bichet—. Había aún pocos coches, algunos camiones, y ninguna de esas horribles motocicletas. Sólo bicicletas y caballos. Era bueno para los oídos... el clop-clop de los cascos de los caballos o el silbido de un alegre hombre pasando en su bicicleta.

"No habíamos tenido mucha comida durante la guerra, y ahora era posible comer de nuevo. Imagine lo que esto significaba. Todo el mundo era feliz. Todo el mundo se enamoraba de nuevo de la buena comida. La gente venía a Le Relais a pasar varios días, no a estar tan sólo una hora o dos. Aún no había prisa, nadie corría.

"Al principio, el verano era nuestra única estación para los turistas. En invierno venían los cazadores ricos desde el gran bosque de Chambord, ya que durante la guerra los oficiales germanos, que habían tomado el *château* como cuartel general, lo habían convertido en su reserva privada de caza. Mataron a casi todos los ciervos y jabalíes. No dejaron nada excepto conejos, ardillas y unos pocos pájaros. Pero el parque fue reaprovisionado, y gradualmente los animales grandes volvieron a poder ser cazados en buen número. Más y más cazadores empezaron a venir aquí. Les gustaba la buena comida. Fue un gran tiempo.

"Pero también esto cambió. Ahora ya no tenemos más cazadores ricos; tan sólo turistas a todo lo largo del año. Los jabalíes y los venados de Chambord son abatidos por cazadores controlados por el gobierno, pero vienen y se van tan rápidamente que apenas tenemos tiempo de verlos.

"Y los coches y los camiones. —El alegre rostro de Bichet se ensombreció—. Han expoliado la región. Ya no hay más clop-clop. No más silbar. Ahora tenemos incluso que cerrar las ventanas para amortiguar el ruido.

La cocina de Bichet es sobresaliente pero no sofisticada. Sirve el comedor con la ayuda de un joven, y se encarga de la cocina con la colaboración de una mujer del lugar que acude a la hora de las comidas. Bichet informa, aconseja y toma las órdenes en alemán, inglés, español y francés, y prepara él mismo los platos en una cocina dominada por una muchas veces fregada mesa de roble y un fuego de leña. Cada vez que recorre el comedor se detiene en cada mesa para preguntar si los comensales estás satisfechos con la comida.

—Disfruto cuando en las mesas puedo hablar con gente complaciente como ustedes a quienes les gusta la buena comida pero que no son fanáticos de ella. He trabajado todo el día preparándola, y ahora me alegra saber que a mis clientes les gusta lo que yo he creado.

"Demasiada gente come mucha comida, servida de cualquier manera. Especialmente los franceses y los alemanes; los americanos menos. Me gusta servir unos pocos platos sencillos mejor que tener un cliente de ojos saltones y glotón que engulla cuatro, cinco o seis platos sin levantarse de la mesa.

Acabábamos precisamente de terminar una fuente de espárragos naturales arrancados del jardín hacía menos de una hora (primer plato), un filete de buey con una ligera salsa a la pimienta y judías verdes frescas (segundo plato), y fresas con nata (tercer plato). Con un vino blanco, por supuesto, y todo en perfecta armonía. No me sentía glotón ni de ojos saltones.

La *Guide Michelin* nunca le ha otorgado a Le Relais ninguna estrella.

—Bueno, no sé por qué. Estamos relacionados tan sólo como un lugar confortable para comer (dos cuchillos y tenedores cruzados), pero sin ninguna estrella. Pero una estrella no proporciona la felicidad, puedo asegurárselo. Proporciona... —y buscó la palabra— ...gente desagradable que envía notas furibundas a la *Michelin* acerca del menor olvido o error por nuestra parte. Esa gente no tiene sentido del humor. Se creen que son inspectores generales de la *Michelin*. No, me gustan las cosas tal como están.

PETITS PAINS AU LAIT — SANDWICH
Panecillos de leche para bocadillos

(Aproximadamente treinta panecillos pequeños y ocho grandes)

Debido a que sólo contiene una cucharada sopera de azúcar, esta masa *au lait*, de leche, es inigualable para bocadillos y no influencia para nada al relleno, ya sea de pescado, de ave o de *fromage*. Un panecillo hecho con 300 gramos de masa —aproximadamente el tamaño de una pelota de golf, antes de que suba— proporciona un bocadillo para tres mordiscos; puede hacerse fácilmente más pequeño (1 mordisco) o más grande (para servir en la comida), según las necesidades de la mesa o de la excursión.

La masa puede hacerse a partir de un arranque de toda una noche o directamente (con una larga primera subida). De ambas maneras desarrolla el mismo sabor.

INGREDIENTES

Arranque:

2 tazas de harina todo uso
1½ tazas de agua caliente (40°-46°)
½ taza de leche en polvo descremada
2 paquetes de levadura en polvo

Masa:

Todo lo del arranque
2½ tazas de harina todo uso, aproximadamente
2 cucharaditas de sal
100 gramos de mantequilla, a temperatura ambiente
1 cucharadita de azúcar
2 huevos, a temperatura ambiente

PLANCHA DE HORNEAR

Una o dos planchas de hornear, engrasadas o de teflón.

PREPARACIÓN. — 10 minutos, 6 horas o toda la noche

Arranque:

En un bol grande, eche las 2 tazas de harina todo uso, el agua, la leche en polvo descremada y la levadura. Agite para mezclarlo. Cubra apretadamente con un plástico y deje a temperatura ambiente (21°-23°) toda la noche o un mínimo de 6 horas.
Nota: Si desea usted saltarse el arranque de toda la noche, combine los ingredientes del arranque tal como se menciona más arriba, deje reposar 5 minutos y proceda con el siguiente paso.

15 minutos

Masa:

Eche agitándolo el arranque y añada 1 taza de harina todo uso, la sal, la mantequilla, el azúcar y los huevos. Bata vigorosamente 25 veces. Añada la harina restante y trabaje con las manos desde el momento en que la pasta se convierta en una masa áspera.

AMASADO. — 8 minutos

Traslade la masa a la superficie de trabajo previamente espolvoreada con harina. Es una masa fácil de trabajar debido a la mantequilla y los huevos. Añada espolvoreándola harina adicional para controlar la pegajosidad y para conseguir una firme pero elástica bola de masa. Amase con una fuerte acción de aplaste-gire-doble, levantando ocasionalmente la masa y golpeándola con fuerza contra la superficie de trabajo.

PRIMERA SUBIDA. — 1½ horas o toda una noche

Coloque la masa en el bol. Cubra apretadamente con un plástico. Idealmente, la masa debe ser dejada varias horas para la primera subida. Tiempo mínimo: 1½ horas. Toda una noche para un desarrollo óptimo.

MOLDEADO. — 20 minutos

Esta receta, aproximadamente 1 kilo y 300 gramos de masa, producirá 30 panecillos para bocadillo pequeños (25 gramos) y 8 grandes (80 gramos).

Saque la masa y aplástela, dejándola descansar unos breves momentos antes de cortarla en el número de piezas deseado. Una regla numerada es la mejor forma de conseguir una uniformidad en el tamaño. Una vez cortadas todas las piezas, déjelas a un lado y empiece por las que cortó en primer lugar.

Moldee cada bola con la mano en forma de copa. Apriete fuertemente para hacer que las distintas superficies formen una sola. ¡La masa responderá a la fuerza! Intente moldearlas con las dos palmas simultáneamente, una bola en cada mano. Al principio una de las manos puede ser un mal aprendiz, pero ganará rapidez con la práctica.

A medida que vaya moldeando las porciones, colóquelas en la plancha de hornear, separándolas entre sí un par de centímetros como mínimo para que no se toquen cuando suban.

Si el horno no puede contener todas las porciones de una vez, deje que el resto de la masa continúe subiendo hasta que la primera hornada esté en el horno. Moldee entonces las piezas restantes, y déjelas subir en la superficie de trabajo hasta que la plancha de hornear esté disponible. Traslade cuidadosamente las piezas ya subidas.

HORNEADO. — 190° - 40 minutos

Coloque la plancha de hornear en el horno. A los 25 minutos, déle la vuelta para compensar las variaciones de temperatura en el horno. Los panecillos de la parte exterior pueden cocerse antes que los del centro y quizá tengan que ser sacados antes. Mueva los otros de posición.

PASO FINAL

Coloque en una parrilla metálica para que se enfríen. Son deliciosos servidos todavía con un ligero rastro de calor. Pueden ser partidos o cortados por la mitad para untarlos con mantequilla o llenarlos con lo que se desee.

PETITS PAINS AU LAIT
Panecillos de leche

(Dieciocho a veinte panecillos)

La masa para esos finos *petits pains au lait* o panecillos de leche de *qualité supérieure* debe ser dejada al menos durante 4 horas para que suba pausadamente, luego es aplastada y dejada otras 1½ horas para que vuelta a subir. El maestro *boulanger* Monsieur Bichet explica que la lenta subida es la responsable de un panecillo más fresco, más suave y más sabroso. Por esta razón utiliza únicamente una muy pequeña cantidad de levadura mezclada con agua *fría* para retardar el proceso de fermentación.

Esta masa de base es utilizada también para otros tipos de panecillos y panes trenzados. Pueden ser *ronds* o *navettes* (alargados). Con unas tijeras de punta puede hacerse una cruz sobre los *ronds*, o una serie de 4 o 5 tijeretazos a lo largo de la *navette* para conseguir un efecto de sierra. Arrollada en tiras largas, la masa puede ser trenzada en *tresses* o *nattes*, espirales.

INGREDIENTES

4 tazas de harina todo uso, aproximadamente
2 cucharaditas de sal
1/4 de taza de azúcar
1/3 de taza de leche en polvo descremada
1½ tazas de agua *fría* (15°-21°)
1 cucharadita de levadura en polvo
½ taza de mantequilla, a temperatura ambiente
1 huevo, a temperatura ambiente

PLANCHA DE HORNEAR

Una plancha de hornear, engrasada o de teflón.

PREPARACIÓN. — 12 minutos

Mezcle juntos en un bol grande 2 tazas de harina todo uso, la sal, el azúcar y la leche en polvo descremada. Haga un hueco en el centro de los ingredientes en seco. Eche el agua y añada la levadura en polvo. Agite y deje por unos instantes hasta que la levadura se haya disuelto. Empuje la harina de los lados del bol y mezcle para formar un batido suave. Corte la mantequilla en varios trozos pequeños y échelos en el bol. Añada el huevo. Remueva juntos hasta que se homogeneícen. Añada el resto de la harina, de ½ en ½ taza, agitando primero con una cuchara de madera o un raspador hasta que la pasta se convierta en una masa áspera. Añada una cantidad adicional de harina trabajándola con las manos si la masa es pegajosa.

AMASADO. — 7 minutos

Amase con un movimiento 1-2-3 de aplaste-gire-doble, espolvoreándole harina adicional si la masa continúa siendo pegajosa. Rompa el ritmo del amasado golpeando ocasionalmente la masa con fuerza contra la superficie de trabajo.

PRIMERA SUBIDA. — 4 horas o toda una noche

Coloque la masa en un bol engrasado, cúbrala con un plástico, y déjela en un lugar sin moverla a temperatura ambiente (21º-23º) durante un mínimo de 4 horas, o toda una noche. La masa habrá superado el doble de su volumen y presionará fuertemente contra el plástico.

SEGUNDA SUBIDA. — 1½ horas

Retire el plástico, aplaste la masa y deshínchela. Vuelva a colocar la cubierta y deje 1½ horas.

MOLDEADO. — 20 minutos

Divida la masa en porciones de 50-60 gramos cada una, cada una de ellas del tamaño aproximado de un huevo alargado. Moldéelas formando una bola redonda. Deje relajarse la masa mientras trabaja en las otras porciones.
Hay tres moldeados básicos para los panecillos de leche.

Rond:

Presione la porción de masa bajo una mano en forma de copa, apretando firmemente para moldearla en una apretada bola. Coloque en la plancha de hornear y repita con el número deseado de porciones.

Navette:

El nombre es aplicado también a la lanzadera usada en las máquinas de tejer, a la que en cierto modo se parece. Presione la porción de masa primero hasta formar una apretada bola y luego, bajo la palma plana de la mano, hasta darle forma alargada, de unos 10 centímetros de largo. Coloque en la plancha de hornear y repita con las demás porciones.

Tresses:

La técnica de trenzado para este atractivo panecillo es explicada por Monsieur Coquet, *la ficelle de Romans* (pág. 312).

TERCERA SUBIDA. — 50 minutos

Cubra cuidadosamente los panecillos ya moldeados con papel parafinado y deje a temperatura ambiente (21°-23°) hasta que hayan doblado casi su volumen.

Horneado. — 190° - 25 minutos

Veinte minutos antes de hornear, caliente el horno. Destape los panecillos y corte en la misma plancha de hornear.

Rond:

Pueden ser cortados con un simple golpe de hoja de afeitar en la parte superior de la pieza o con dos golpes con unas tijeras puntiagudas formando cruz.

Navette:

Pueden ser cortados a lo largo con un golpe de hoja de afeitar o con 3 o 4 tijeretazos en el centro de la pieza —con un corte siguiendo inmediatamente al otro— para crear un efecto de sierra.

Tresses:

Deje tal como están. Coloque la plancha de hornear a media altura en el horno. Tras 15 minutos, gire la bandeja para equilibrar la distribución del calor. Los panecillos estarán cocidos cuando adquieran un color marrón dorado y la corteza del fondo sea marrón oscuro y dura al tacto.

PASO FINAL

Coloque en una parrilla metálica a enfriar. Son deliciosos con un ligero rastro de calor aún en ellos. Se conservarán varios días en la caja del pan o varios meses congelados. Una caja con media docena o más de ellos constituyen un excelente regalo.

PAIN SEIGLE
Pan de centeno

(Tres hogazas de 400 gramos)

Hay varias cosas poco usuales en esta típica hogaza francesa de pan de centeno. Hay dos arranques. El primero es impulsado a la vida con una pequeña porción (1 cucharadita) de levadura que engendra un arranque más largo o esponjado que, a su vez, engendra la masa. A diferencia de la mayor parte de los demás panes de centeno, que obtienen casi todo su sabor y color de las oscuras melazas de azúcar moreno (e incluso chocolate), *no* hay azúcar en esta receta.

La fermentación es lo que hace mejor esta harina de centeno... una vaharada de la burbujeante pasta bajo el plástico combado sobre el bol nos dirá lo potente que es esta mezcla.

Es una lástima que otra de las características del centeno sea su pegajosidad, que a menudo descorazona al horneador casero neófito de preparar una de esas realmente finas hogazas. Utilice una espátula como una extensión de su mano para trabajar y amasar la pasta en sus primeros estadios. Luego, con sus manos, mantenga una fina capa de harina blanca o de centeno entre la masa y las manos y la superficie de trabajo.

Las semillas de carvi van emparejadas con el pan de centeno para muchos, pero no para todos los *boulangers* con los que he hablado en Francia. Sin embargo, no hay razón para que no sean añadidas unas cuantas semillas de carvi a la masa o sobre la corteza de la hogaza si esto forma parte de su sabor del centeno.

Esta masa es también la de un delicioso panecillo de centeno adornado con pasas, *le benoîton*. Los que deseen utilizar una porción de esta receta para esos panecillos pasen a la página 171.

INGREDIENTES

Arranque:

1 taza de harina de centeno

1 cucharadita de levadura en polvo
1 taza de agua caliente (40°-46°)

Esponjado:

Todo lo del arranque
1 1/4 tazas de agua caliente (40°-46°)
1 taza de harina todo uso
1 ½ tazas de harina de centeno

Masa:

Todo lo del esponjado
½ taza de agua caliente (40°-46°)
1 cucharada sopera de sal
2 ½ tazas de harina de centeno, aproximadamente
1 taza de harina todo uso

Glaseado:

1 yema de huevo
1 cucharada sopera de leche

PLANCHA DE HORNEAR

Una plancha de hornear, engrasada o de teflón.

PREPARACIÓN. — 15 minutos - 5 horas

Arranque:

Al menos 12 horas antes de prepararlos, mezcle la harina, la levadura y el agua en un bol pequeño; cúbralo con un plástico y colóquelo a un lado en un lugar tranquilo a temperatura ambiente (21°-23°) por no menos de 5 horas. Más tiempo, 24 o hasta 36 horas, proporcionarán un sabor ligeramente más fermentado a la masa final.

15 minutos - 7 horas

Esponjado:

Retire el plástico y aplaste el arranque. Añada el agua caliente y las harinas todo uso y de centeno. Bata bien y vuelva a recubrir el bol por un mínimo de 7 horas a temperatura ambiente (21°-23°). Como con el arranque, un largo período de esponjado es deseable si desea usted que su centeno sea penetrante y muy sabroso.

15 minutos

Masa:

El día que desee hornear, eche todo el esponjado en un bol grande. Añada el agua caliente, la sal, 1 taza de harina de centeno y 1 taza de harina todo uso. Mezcle para desarrollar una masa densa que se adherirá tenazmente a la espátula o a la cuchara de madera. Añada la harina de centeno restante hasta que se convierta en una masa pegajosa que pueda ser colocada en la superficie de trabajo.

AMASADO. — 5 minutos

Una masa básicamente de centeno no necesita un mayor amasado que el que exije una de harina blanca. Utilice una espátula para girar y amasar la pasta durante su primer período. Añádale liberales espolvoreados de harina si la humedad asoma por la superficie de la masa. Continúe amasando y trabajando la pasta. Gradualmente irá perdiendo su pegajosidad y volviéndose suave y elástica. En su prisa por eliminar la pegajosidad, no atiborre la masa de harina hasta el punto de que se vuelva demasiado pesada y densa y haga fracasar el efecto fermentador de la levadura. Pero tampoco escatime de tal modo la harina que la masa quede floja y no pueda mantener su forma sobre la plancha de hornear.

Primera subida. — 40 minutos

    Coloque la masa en un bol engrasado, cubra apretadamente con un plástico, y deje a temperatura ambiente (21°-23°).

Moldeado. — 15 minutos

    Destape el bol y saque de él la masa. Colóquela sobre la superficie de trabajo previamente enharinada y amase durante un instante para extraer las burbujas.
    (Los panes de centeno toman varias formas en Francia. Monsieur Bichet hace una hogaza redonda a la que da ocho cortes radiales con una hoja de afeitar a partir del centro de su parte superior. En el horno el pan se expande maravillosamente a lo largo de esas líneas. También traza un círculo a un tercio de la altura de la masa ya subida de algunas de sus hogazas redondas con una hoja de afeitar, lo cual da un atractivo acento a su redondez.)
    Divida la masa, que pesará aproximadamente 1 kilo y 200 gramos, en 3 piezas. (Vea instrucciones en *les benoîtons*, pág. 171, si desea dejar aparte un poco de esta masa para los panecillos con pasas.) Moldee cada una de las 3 piezas en una bola redonda, aplastándola con las manos formando copa para mantener tensa la superficie de la masa.

Segunda subida. — 25 minutos

    Coloque cada hogaza en la plancha de hornear y cúbrala con papel parafinado. Deje en un lugar tranquilo a temperatura ambiente (21°-23°).

Horneado. — 205° - 45 minutos

    Destape las hogazas. Para conseguir el efecto de estrella, haga 8 cortes radiales de aproximadamente 6 milímetros de profundidad desde la parte superior de la masa ya subida hasta la inferior de los lados, hasta llegar a 2 ½ centímetros de la plancha de hornear.

El otro dibujo se crea trazando un círculo alrededor de la parte superior de la hogaza con una hoja de afeitar, de una profundidad aproximada de 6 milímetros.

Unte las piezas con el glaseado de huevo y leche y coloque en el horno.

El pan estará hecho cuando la corteza del fondo suene hueca al golpearla con el dedo.

PASO FINAL

Coloque en una parrilla metálica para enfriar. Se congela bien. Cortado a rebanadas, es un buen compañero para bocadillos con jamón, embutidos o queso. También sirve para sopas.

LES BENOÎTONS
Panecillos de centeno con pasas

(Dos docenas de panecillos)

Si estos pequeños panecillos de centeno le gustan, utilice toda la receta (aproximadamente 1 kilo y 200 gramos de masa) del *Pain seigle* (pág. 167) para formar 24 de esos panecillos rellenos con pasas. Se congelan estupendamente para posterior uso.

Yo horneo a menudo dos hogazas de pan de centeno y luego añado las pasas a un tercio de la masa para hacer 8 de estos panecillos. El glaseado de yema de huevo y leche puede ser utilizado para ambos.

INGREDIENTES

Masa de centeno (pág. 167)
½ taza de pasas por cada 400 gramos de masa

Glaseado:

1 yema de huevo
1 cucharada sopera de leche

PLANCHA DE HORNEAR

Una plancha de hornear engrasada o de teflón.

PASOS PREVIOS

Después de que haya decidido la cantidad de masa de centeno que utilizará (8 panecillos por cada 400 gramos de masa), remoje la cantidad apropiada de pasas en agua durante 10 minutos. Escurra y seque con una toalla de papel. Aplane la masa y esparza las pasas sobre ella. Doble la masa sobre las pasas y amase. Continúe hasta que las pasas hayan quedado englobadas en la masa y estén bien distribuidas.

MOLDEADO. — 5 minutos

Divida la masa en piezas de 50 gramos y déles forma de bola.

SUBIDA. — 1 hora

Coloque las bolas en la plancha de hornear, aplánelas ligeramente, cúbralas con papel parafinado y déjelas subir a temperatura ambiente (21°-23°) hasta que hayan doblado su tamaño.

HORNEADO. — 205° - 25-30 minutos

Precaliente el horno 20 minutos antes de hornear.
Retire el papel parafinado, unte cada panecillo con el glaseado de huevo y leche. Con una hoja de afeitar, corte una X sobre cada uno. El panecillo se abrirá como un pequeño capullo. Coloque en el horno. Eche una ojeada a los 15 minutos y dé la vuelta a la plancha de hornear para equilibrar el calor en todos los panecillos. Estarán hechos cuando tengan

un color marrón intenso en su corteza inferior y se aprecien duros al ser apretados suavemente.

PASO FINAL

Coloque los panecillos en una parrilla metálica para que se enfríen. Son especialmente buenos servidos calientes o recalentados para servir con el desayuno, en el tentempié o con una taza de café a media mañana. Esos panecillos se congelan bien.

BRIOCHE AUX PRUNEAUX
Brioche relleno con ciruelas

(Una pieza grande trenzada y una pequeña enrollada)

En una excursión en bicicleta fuera de Bracieux, para visitar el château de Villesavin, pasamos frente a una *boulangerie* en el cruce de tres caminos vecinales. En el escaparate había un pan trenzado que había sido cortado en varias piezas, revelando un relleno casi negro en cada uno de los encantadores trozos amarillos.

—*Pruneaux* —dijo Madame cuando le pregunté qué eran.

—Delicioso —dijo mi esposa cuando se comió una porción en nuestra parada para comer, unos pocos kilómetros más adelante. El *brioche aux pruneaux* no era barato: 20 francos el kilo, más de 6 dólares.

INGREDIENTES

Ciruelas:

Tres docenas de ciruelas

Masa:

La mitad, aproximadamente 1 kilo, de la masa preparada para los *croissants briochés*, página 77, permitirá hacer una pieza grande trenzada y una pieza más pequeña enrollada.

Glaseado:

1 huevo, batido
1 cucharada sopera de leche

PLANCHA DE HORNEAR

Una plancha de hornear, engrasada o de teflón.

PASOS PREVIOS

Ciruelas:

Un día antes ponga a hervir agua para cubrir 36 ciruelas en un bote mediano y deje enfriar durante toda la noche. Quite los huesos de las ciruelas y páselas por el triturador, la picadora, o hágalo a mano. Reserve el puré resultante.

Masa:

Estos son los pasos y tiempos para la masa (página 79) antes de moldear:

Preparar la masa: 18 minutos.
Amasado: 7 minutos.
Primera subida: 1 ½ horas.
Aplastado: 2 minutos.
Segunda subida: 1 hora.
Refrigeración: 30 minutos.

MOLDEADO. — 30 minutos

Espolvoree la superficie de trabajo con harina. Aplane la masa con el rodillo y estírela con los dedos hasta formar un rectángulo de 60 a 70 centímetros de largo por 25 centímetros de ancho. La masa debe tener aproximadamente 6 milímetros de grueso. Deje la masa para que se relaje durante 5 minutos antes de moldear, o volverá a encogerse cuando la corte. La masa no debe ser cortada hasta que el puré de ciruelas haya sido metido en su interior.

Coloque una hilera del relleno de ciruelas (aproximadamente 3 cucharadas soperas) a un lado y a lo ancho de la masa, dejando un margen de 2 ½ centímetros hasta el final y 1 centímetro a cada lado. Levante cuidadosamente sobre el relleno y cúbralo, apretándolo. Siga enrollando la masa hasta haber rebasado el relleno en 2 ½ centímetros. Corte la pieza enrollada, separándola del resto de la masa, con un cuchillo o una rueda de pastelero. Apriete fuertemente la parte cortada y los extremos para cerrar la masa. Haga girar suavemente arriba y abajo, si es necesario, para dar forma a la tira. Déjela a un lado con la unión hacia abajo mientras procede con las otras trenzas.

Cuando haya completado las 3 tiras, colóquelas paralelas, con la unión debajo, y empieze a trenzar desde el centro. Gire la pieza y termine el otro lado. Puede que las puntas intenten separarse. Humedezca la pasta con los dedos mojados y júntelas apretando fuertemente. Coloque sobre la plancha de hornear.

Utilice el resto del puré para la masa restante. Reparta el puré como se indica más arriba. Enrolle la masa para una sola pieza. Sin trenzas. Apriete el final contra la masa o de otro modo se le desenrollará cuando la meta en el horno. Colóquela en la plancha de hornear.

TERCERA SUBIDA. — 30 minutos

Cubra con papel parafinado y deje a temperatura ambiente (21°-23°) durante ½ hora. Una subida más larga puede hacer que la masa se desgarre. Precaliente el horno.

HORNEADO. — 205° - 25 minutos

Unte las piezas con el glaseado de huevo y leche. Coloque en el horno. Observe cuidadosamente durante los últimos 10 minutos del período de horneado. Cubra con papel de aluminio o papel marrón de embalar si las piezas se tuestan demasiado rápidamente. Este pan es frágil cuando está caliente, así que no le dé la vuelta para comprobar si está hecho. Si las trenzas tienen un color marrón oscuro intenso y una de las tiras parece sólida bajo el dedo, la pieza estará hecha.

PASO FINAL

Deje al pan enfriarse 15 minutos en la plancha de hornear antes de transferirlo a la parrilla metálica. Muévalo con cuidado mientras esté caliente. Resulta un pan estilo bizcocho para el café deliciosamente distinto. Va bien con el café, con el té o con un vaso de vino.

PETITS PAINS AU CHOCOLAT
Panecillos rellenos de chocolate

(Una docena de panecillos)

Poco conocido en otros países, el *petit pain au chocolat* —un ingenioso relleno de dulce en un suave y delicado panecillo— encanta a los niños franceses desde hace generaciones. Abrigado por una cálida mano infantil, este calor no hace más que ablandar el chocolate totalmente protegido y hacerlo aún más deseable. Los escolares se sientan a menudo sobre él unos pocos minutos antes de comérselo para acelerar el proceso de ablandado.

Los *boulangers* franceses enrollan la masa alrededor de una delgada barra de chocolate hecha expresamente para esos panecillos. Una cucharada de "trocitos" de chocolate es un excelente sustituto.

INGREDIENTES

Masa:

La mitad de la masa preparada para los *petits pains au lait* (pág. 160).

Aunque esta receta está hecha con masa *au lait*, un *petit pain au chocolat* aún más sabroso puede hacerse con pasta de *brioche* (pág. 411).

1 taza de chocolate semidulce troceado pequeño.

PLANCHA DE HORNEAR

Una plancha de hornear, engrasada o de teflón.

PASOS PREVIOS

Estos son los pasos y tiempos para la masa *au lait* (pág. 161) antes de moldear los panecillos:

Preparar la masa: 12 minutos.
Amasado: 7 minutos.
Primera subida: 4 horas o toda una noche.
Segunda subida: 1 ½ horas.

MOLDEADO. — 20 minutos

Coloque la masa sobre la superficie de trabajo ligeramente enharinada. Amase durante 1 minuto para extraer las burbujas.

Los panecillos serán cortados uno a uno del largo de la masa (90 centímetros) mejor que hacerlos en piezas individuales.

Divida la bola de masa en 2 piezas. Devuelva una pieza al bol para moldearla luego. Con el rodillo y los dedos, aplane y moldee la pieza hasta conseguir unos 90 centímetros de largo por 10 centímetros de ancho. La masa deberá tener un grueso de aproximadamente 6 milímetros. ¡No se precipite aplanando! Si la masa se le resiste, empiece con la segunda pieza y vuelva a la primera después de 3 o 4 minutos. Mantenga una ligera capa de harina sobre la superficie de trabajo para que la masa pueda moverse libremente. De tanto en tanto levante suavemente la masa para asegurarse de que no se pega. Si lo hace, espolvoree harina bajo el área pegajosa.

Cuando la masa haya sido aplanada convenientemente, coloque 1 cucharada sopera de trocitos de chocolate formando una línea a 2 ½ centímetros por encima del borde inferior. Deje un margen de algo más de 1 centímetro a ambos lados. Enrolle suavemente la masa hasta que dé dos vueltas rodeando el chocolate. Corte a una longitud de 15 centímetros con un cuchillo. Pellizque la juntura y los extremos para cerrarlos. Coloque en la plancha de hornear, con la juntura hacia abajo.

La masa se habrá alargado otros 2 o 3 centímetros durante el enrollado, y puede aparecer con protuberancias sobre los trozos de chocolate. Pero los trozos se fundirán y la forma de los *petits pains* será uniforme.

Siga cortando y moldeando los *petits pains* a lo largo de la masa. Cuando termine con la primera pieza, repita con la segunda bola de masa. Si al aplanar se le tensa, no intente incrementar la anchura de la masa mientras aplana sino que tire y pase el rodillo a lo largo.

TERCERA SUBIDA. — 45 minutos

Cubra los *petits pains* con papel parafinado y déjelos reposar a temperatura ambiente (21°-23°) hasta que doblen su tamaño.

HORNEADO. — 190° - 25 minutos

Veinte minutos antes del período de horneado, precaliente el horno.

Destape los *petits pains* y coloque la plancha de hornear a media altura en el horno. Eche un vistazo a los *petits pains* después de 20 minutos. Si los del perímetro exterior se están tostando demasiado aprisa mientras que los de dentro no, cambie suavemente sus posiciones.

Los *petits pains* estarán hechos cuando tengan un color amarronado y sean firmes al tacto.

PASO FINAL

Coloque en una parrilla metálica para enfriar. Son deliciosos un poco calientes. Pueden ser recalentados con gran resultado. Llévese un par al partido de fútbol en un caliente bolsillo interior y sea la envidia de sus compañeros. Se congelan bien.

Receta de Angoulême

La búsqueda de una hogaza de pan mientras uno está perdido en un mar de viñas extendiéndose de horizonte a horizonte puede ser algo grave, especialmente en la primavera del año, cuando uno no puede tener ni siquiera la satisfacción de ver un racimo maduro. En junio las uvas tienen el tamaño de guisantes pequeños, y las nuevas hojas verdes proporcionan una escasa sombra.

Habíamos abandonado Bordeaux camino de la aristocrática y feudal ciudad de Angoulême para examinar qué buenos panes se habían desarrollado en aquella región, una de las más afamadas regiones vinícolas de Francia. La *Guide Michelin* mostraba un cruce de pequeñas carreteras que conducía hasta Saint Emilion, una de las más pequeñas de las varias áreas vinícolas de la región de Bordeaux, que en su conjunto produce aproximadamente unos 3.000 vinos distintos. El vino de Saint Emilion había alegrado a menudo nuestra mesa, y nos encantaba la oportunidad de visitar su fuente.

Los campos habían sido delimitados con extrañas formas hacía siglos, y ahora pequeñas carreteras de hormigón y estrechos senderos seguían lo que la historia y la civilización habían conducido. Nunca se me había ocurrido pensar cuán similares podían ser todos los viñedos entre sí, y que uno podía perderse en un lugar tan civilizado como aquél. Nuestro constante cambio de posición con relación al sol me convenció de que estábamos avanzando en círculos, pero cada vez que intentaba romper aquel esquema el coche parecía obtener un placer especial devolviéndome al mismo punto de hacía media hora. Si el coche hubiera ido provisto con la señal de prohibido fumar les juro que le hubiera prendido fuego.

Un giro a la derecha en lugar de a la izquierda... y allí estaba la vieja ciudad de Saint Emilion, un oasis en medio de millones de viñas.

Una vez aparcado el coche, Marje, a petición mía, buscó los comerciantes de vinos de Saint Emilion mientras yo recorría arriba y abajo las calles en busca de una *boulangerie*. Ella tuvo más éxito que yo, y regresó para informarme de que había el antiguo Clos des Cordeliers, un monasterio en ruinas que había sido comprado por un vitivinicultor que había convertido los pocos edificios que aún quedaban intactos en bodegas y lugares de degustación. La iglesia propiamente dicha era tan sólo un cascarón, con la hiedra trepando hacia el cielo y suavizando las duras paredes del monasterio en ruinas. El vino era bueno, la sombra fresca, pero yo iba en persecución de los panes y Angoulême, comprimida entre antiguas murallas, era nuestro objetivo de aquella noche. Hubiera sido agradable, aunque poco realista, confiar en poder conducir hasta el edificio más histórico de Angoulême, la Catedral de San Pedro, aparcar allí, y pasear tranquilamente entre aquel tesoro del siglo XII donde setenta y cinco personajes se hallan inmortalizados en los nichos de su notable fachada. No hubo suerte. Nuestro coche del siglo XX, aunque era pequeño, y las estrechas calles del siglo XII, se revelaron incompatibles. Casi antes de que me diera cuenta de ello, ya había sido arrastrado por el tráfico a través de la ciudad hasta el extremo de la parte antigua. Ya casi había pasado la Place Victor Hugo, flanqueada de árboles, y empezaba a descender la colina que conducía a las afueras de la ciudad cuando vi casi con el rabillo del ojo una *boulangerie*, con sus escaparates llenos con una agradable muestra de toda clase de panes que nunca antes había visto. (Pronto iba a saber que se trataba del delicioso *brioche vendéenne*.) No pude pararme. Impacientes bocinas y gruñentes camiones diesel nos empujaron fuera de la ciudad. Piedad.

A primera hora de la mañana regresamos a la ciudad desde el motel suburbano donde habíamos pasado la noche para buscar un aparcamiento en la Place Victor Hugo, sólo para descubrir que durante la noche la plaza había sido ocupada por el mercadillo semanal. No era el tradicional despliegue de productos esparcidos por el suelo o en inseguras mesas deterioradas por la intemperie y protegidas tan sólo por un trozo de ondeante lona. Se trataba de lujosos remolques cerrados, brillantes en su acero inoxidable y cristal y equipados con lo último en expositores de género, luces y refrigeración. Se bajaban los laterales, y estaban preparados para iniciar su comercio hiciera el tiempo que hiciese. Aquellos comerciantes realizaban un circuito regular por los mercados diarios de otros pueblos y pequeñas ciudades, y acudían a Angoulême una vez a la semana. De todos modos, no todos estaban tan bien equipados. Había también esparcidas aquí y allá mujeres granjeras sentadas en sillas que habían traído ellas mismas, al cuidado de su mercancía... productos de sus campos cuidadosamente apilados, mientras que a sus pies, en cajas abiertas, había pollos vivos, gatitos, patos, gansos, conejos, perritos y gallinas pintadas.

Había una nutrida corriente de compradores cruzando la calle entre el mercado al aire libre y la *boulangerie* de Monsieur Yves Ordonneau, 11 Place Victor Hugo. El flujo de gente que entraba y salía de su atractiva tienda era constante y denso, y cuando uno conseguía meterse dentro tenía que apartarse del sendero de tráfico o ser llevado de un lado a otro de la *boulangerie* con poco menos que un "Bonjour!".

Nadie nos había encaminado a Monsieur Ordonneau excepto el azar, pero era evidente por su clientela y por el despliegue de hermosas hogazas que habíamos tenido la suerte de topar con un destacado *boulanger*. Mientras las redondas *boules* de *pain de campagne*, de oscura corteza y quemadas en algunos lugares, estaban entre sus hogazas más llamativas, su especialidad, la delicia de su clientela, era el *brioche vendéenne*, la espectacular pieza tipo pan dulce que habíamos visto tan sólo de pasada la noche antes.

Madame Ordonneau era una agraciada mujer joven: largo cabello negro recogido en un moño y brillantes dientes blanquísimos. Ella y su marido apenas habían entrado en la treintena, y estaban entusiasmados con su tienda y con su forma de vida. Con su bata blanca, Yves parecía más uno de los agraciados médicos que aparecen por la televisión que el mejor panadero de Angoulême.

Los Ordonneau se sintieron encantados de que hubiéramos encontrado su *boulangerie,* y de que hubiéramos hecho un esfuerzo especial para volver sobre nuestros pasos tras haber visto fugazmente su escaparate desde nuestro auto avanzando a demasiada velocidad.

Con la excitación de estar allí me había dejado puestas por equivocación mis oscuras gafas de sol dentro de la tienda, un olvido que me irrita especialmente cuando mis otras gafas están lejos. Con docenas de clientes entrando y saliendo, estaba tratando de mantener una conversación inglés-francés mientras rebuscaba en mi diccionario, intentando hallar al mismo tiempo un poco de sitio en la atestada habitación para dejar mis gafas, sacar fotografías, accionar la grabadora, tomar notas en mi bloc, y con un cierto decoro presentar un ejemplar de mi libro de los panes a los Ordonneau. Aquello era un manicomio, o al menos lo parecía, pero la joven pareja no se mostraba en absoluto preocupada por ello. Insistían en que tomáramos como un regalo cada nuevo pan que admirábamos en el expositor. Cada vez iba añadiendo más cosas a la pila que se mantenía precariamente en el estrecho borde de la caja registradora. La más asombrada persona de la tienda, sin embargo, fue el representante de una casa de equipamiento para panaderías que entró en la *boulangerie* con nosotros, un libro de pedidos en una mano y un catálogo en la otra, y que fue completamente ignorado por los Ordonneau durante más de una hora.

Resultaba evidente que el *brioche vendéenne* era su tesoro. ¿Me autorizarían a utilizarlo en mi libro? Los ojos marrón oscuro del hombre se posaron en su mujer. Ella sonrió.

—*Oui*, estaremos encantados de saber que nuestra *boulangerie* es conocida en América.

El representante pareció aliviado cuando finalmente empezamos a recoger nuestras cosas y los obsequios para irnos.

Yves estrechó mi mano.

—*Monsieur*, la hermandad de los *boulangers* está en todas partes. Por favor, vuelvan.

BRIOCHE VENDÉENNE
Brioche vendeano

(Cuatro piezas de 600 gramos)

Hay muchas maneras de dar forma al brioche en Francia, pero dos en particular parecen las mejores para la fina masa de esta receta de la *boulangerie* Ordonneau. Una de ellas es la trenza de tres tiras; la otra, un pan dulce con añadido de pasas. La última acepta también un espolvoreado de azúcar de repostería tras su horneado.

Es una receta grande que produce casi 2½ kilos de masa, suficientes para dos trenzas y dos panes dulces. La receta puede ser reducida a la mitad.

Hay varios pasos no habituales en la preparación de esta masa que es rica en huevos, azúcar y mantequilla. Hay dos períodos de amasado: uno antes de la adición de la mantequilla; el otro luego. La fase de la mantequilla es pegajosa (tenga una espátula a mano) pero la masa, con ayuda de un poco más de harina, aceptará la mantequilla, y luego el manejarla se convertirá en una delicia.

A la masa hay que permitirle un *mínimo* de diez horas para madurar a través de tres subidas: cuatro, dos y cuatro horas, respectivamente. Relájese en los dos primeros períodos, ya que pueden rebasarse en una hora o más si es conveniente, pero esté atento con el tercero, porque hay que meter en el horno cuando haya calculado que el volumen de la masa se ha incrementado 2½ veces. Adquirirá rápidamente un color marrón debido a lo suculento de su masa y al glaseado de huevo. El resultado será un color marrón oscuro, casi negro en algunos lugares, pero el efecto de conjunto es de suculencia y apetitosidad.

INGREDIENTES

2 sobres de levadura en polvo
1 taza de agua caliente (38°-46°)
10 huevos
1 cucharada sopera de sal
2 1/4 tazas de azúcar
9 tazas de harina todo uso, aproximadamente
300 gramos de mantequilla, a temperatura ambiente
1 taza de pasas (si se desea)

Glaseado:

1 huevo
1 cucharada sopera de leche
1 cucharada sopera de azúcar de repostería, para espolvorear

PLANCHA DE HORNEAR

Una plancha de hornear grande, engrasada o de teflón. Dos planchas pequeñas si utiliza dos estantes del horno al mismo tiempo.

Preparación. — 15 minutos

En un bol pequeño, disuelva la levadura en el agua caliente. Deje a un lado. Rompa los huevos en un bol grande y bata ligeramente. Añada la mezcla de la levadura, la sal y el azúcar. Mezcle bien. Eche agitando 4 tazas de harina, de una en una. Bata activamente hasta que la mezcla sea uniforme... aproximadamente unos 100 golpes con una cuchara de madera. Añada más harina, de ½ en ½ taza, mezclando primero con la cuchara y luego con la mano cuando la masa haya perdido su pegajosidad. Aproximadamente 8 tazas de harina en total.

Primer amasado. — 8 minutos

Coloque en la superficie de trabajo previamente enharinada y amase con un movimiento 1-2-3 de aplaste-gire-doble, aplaste-gire-doble, etc. Debido a que aún no hay la suficiente grasa en la masa ésta puede presentarse pegajosa e incluso adherirse a las manos y a la superficie de trabajo. Si es así, limpie la superficie con una espátula y espolvoree con harina.

Mezcla. — 5 minutos

Ponga la masa a un lado. Ablande y bata la mantequilla en un bol pequeño con un tenedor o una espátula. Palmee la masa para aplanarla y esparza sobre ella la mitad de la mantequilla. Doble la masa sobre la mantequilla y trabájela. Vuelva a palmear la masa, aplanándola; esparza el resto de la mantequilla y repita. Hasta que la mantequilla se haya abierto camino a través de la masa esta seguirá siendo pegajosa. Espolvoree fuertemente harina bajo la masa. Continúe amasando. Ahora la masa perderá su pegajosidad y empezará a mostrarse suave y elástica.

Segundo amasado. — 6 minutos

Amase la pasta, añadiendo pequeños espolvoreados de harina si continúa mostrándose pegajosa.

PRIMERA SUBIDA. — 4 horas

Ponga la masa en un bol grande. Coloque un paño húmedo (quizá un paño de cocina) sobre la superficie de la masa. Asegúrese de que solamente está húmedo, no empapado: escúrralo si es necesario. Coloque el bol en un lugar donde no sea molestado durante un largo período de tiempo. No es necesario mantenerlo a mayor temperatura que la ambiente (21°-23°). La masa superará el doble de su volumen.

APLASTADO. — 3 minutos

Retire el paño, aplaste la masa con los dedos extendidos. Déle la vuelta a la masa.

SEGUNDA SUBIDA. — 2 horas

Humedezca de nuevo el paño y vuelva a cubrir la masa. Déjela sin moverla. La masa subirá hasta doblar su volumen.

MOLDEADO. — 20 minutos

Diez minutos antes, eche las pasas en un bol pequeño con agua. Escúrralas y séquelas. Si elige usted hacer dos trenzas y dos brioches tipo pan dulce, divida la masa en dos mitades. Amase las pasas dentro de una de las porciones. Divida de nuevo la masa. Moldee en bolas (un total de 4) y deje reposar mientras prepara las planchas de hornear.

Trenzado:

Divida una de las bolas de masa en tres partes iguales y enrolle en tiras rechonchas de aproximadamente 35 centímetros de largo. Si la masa se resiste o se contrae de nuevo, trabaje otra tira y vuelva a la primera unos momentos más tarde. Alinee las tres tiras paralelas y tocándose. Trence a partir de la mitad y hacia un extremo. Dé la vuelta a las tiras y complete el trenzado. Pince fuertemente los extremos, juntándolos. Coloque en la plancha de hornear. Repita con la otra trenza.

Pan dulce:

Palmee una bola de masa con pasas para darle forma oblonga, aproximadamente 30 centímetros de largo por 2½ de grueso. Doble delicadamente menos de la mitad de la masa hacia el extremo del fondo. Apriete firmemente la mitad superior contra la parte que queda debajo de modo que la masa no se abra cuando suba. La parte de abajo de la pieza será así recta, mientras que el frente presentará un suave arco de un extremo a otro. Coloque en la plancha de hornear. Repita la operación con el otro pan dulce.

TERCERA SUBIDA. — 4 horas

Coloque la plancha de hornear (o planchas) en un lugar tranquilo a temperatura ambiente (sobre los 21º). Cubra con papel parafinado. La masa debe incrementar su volumen unas 2½ veces.

HORNEADO. — 190º - 25-40 minutos

Mientras el horno se caliente, bata el huevo y una cucharada sopera de leche. Unte todas las piezas. Si el horno es pequeño puede hornear a dos alturas distintas; si lo hace así, a media cocción cambie las piezas de una a otra altura.

Aunque el horno no estará muy caliente, la suculenta masa y el glaseado del huevo dorarán fácilmente las piezas, de modo que hay que estar muy atentos a partir de los 30 minutos. Si las piezas se ponen marrones demasiado rápidamente, cúbralas con papel de aluminio o marrón de envolver. Saque una de las piezas. Si tiene un agradable color tostado y suena dura y hueca cuando la golpee con el dedo índice, los panes están hechos.

Paso final

Saque del horno y coloque en una parrilla metálica para que se enfríen. Cuando estén fríos (o después de congelarlos y descongelarlos), espolvoree liberalmente el *brioche de pan dulce* con azúcar de repostería. Este pan se congela estupendamente por 1 o 2 meses. Es tan versátil que puede ser servido de cualquier manera... Incluso tostado para el desayuno. Pero es indicado para las grandes ocasiones... un buen almuerzo, una merienda, o para ser servido con un vaso de buen vino.

Recetas de Bayonne

En el extremo sudoeste de Francia, donde las estribaciones atlánticas de los magníficos Pirineos separan este país de España, nos esperaba una agradable sorpresa, como el encontrarse a un viejo amigo en un lugar inesperado: el descubrir que toda una serie de alimentos nativos americanos habían pasado a formar parte de la cocina vascofrancesa desde hacía al menos 400 años. El maíz y la calabaza me interesaron principalmente debido a que habían sido introducidos en la panificación, pero la lista incluía tomates, pimientos y, por supuesto, pavo. Un poco más tarde, apareció también la patata.

Cristóbal Colón trajo el maíz al Viejo Mundo como una curiosidad, y poco tiempo después algunos elementos de su tripulación vasca se lo pasaron a sus familiares que se habían quedado en casa en el valle de Nive. Se convirtió en algo tan importante en la cultura vasca que en los grandes festivales anuales el Espíritu del Maíz se presenta como un caballo blanco mientras que el Espíritu del Trigo debe contentarse con aparecer como un perro. El maíz tuvo su ascendencia también entre los cazadores... ya que a los perros hubo que cortarles la cola para que no rompieran los frágiles tallos jóvenes. El maíz reemplazó al mijo en la dieta de los campesinos, mientras que la calabaza gozó de un tratamiento más imaginativo en manos de los cocineros vascos, que la recibieron en sus casas y la usaron ingeniosamente en una amplia variedad de pasteles, *gratins*, tartas y bollos.

El día que estuvimos en Bayonne no era ni domingo ni festivo, así que los panes en los escaparates de los *boulangers* eran de lo más normal... ninguna pieza especial con maíz o calabaza. Pero en Bayonne, que dio su nombre a una ciudad de Nueva Jersey y a la bayoneta, un arma desarrollada por los trabajadores de forja de la ciudad, es fácil darse una vuelta por el Musée Basque, uno de los mejores museos etnológicos de Francia. No sólo tuve ocasión de ver viejas cocinas de varias regiones vascas, sino que descubrí un magnífico libro de cocina vasco: *La cuisine rustique: Pays Basque*, la cocina rural de la región vasca.

Aquí están algunas recetas adaptadas a la cocina americana. En un cierto sentido, algunas de ellas vuelven a casa tras una ausencia de varios cientos de años.

GÂTEAU AU MAÏS
Torta de maíz

(Una pieza pequeña)

Es una deliciosa torta pequeña que es fermentada tan sólo por el aire batido dentro de la clara de los huevos. Lo he horneado en una pequeña lata de *charlotte* de 12½ centímetros y forma una delicada torta que, sacada del molde, parece como una diminuta corona dorada.
Como otras tortas de postre vascas, este *gâteau* es dulce pero no empalagoso. Y como otras tortas de postre es excelente con frutas frescas. Yo la tomé la primera vez con rodajas de piña natural. Soberbia.
Salen de 6 a 8 porciones.

INGREDIENTES

½ taza de azúcar
1/4 de cucharadita de sal
1 taza de harina de maíz amarilla
3 huevos, a temperatura ambiente
1/4 de taza de mantequilla o margarina, fundida

MOLDE DE HORNEAR

Un molde rectangular pequeño (19 × 9), engrasado o de teflón. Un molde de *charlotte* redondo (14 centímetros de diámetro) es igualmente bueno.

PREPARACIÓN. — 20 minutos

Precaliente el horno a 190°.
Mezcle el azúcar, la sal y media taza de harina de maíz en un bol grande. Separe los huevos, y eche las yemas en el centro de la mezcla seca. Ponga las claras aparte en un bol para batirlas. Funda la mantequilla y mézclela lentamente con el maíz, gota a gota, como para la mahonesa. Añada el resto de la harina de maíz. Bata las claras a punto de nieve y échelas a la mezcla maíz-mantequilla, que se convertirá en un batido poco denso.

FORMACIÓN. — 3 minutos

Unte el molde con mantequilla. Corte un trozo de papel parafinado para cubrir el fondo. Unte el papel con mantequilla y colóquelo en el molde. Eche dentro el batido.

HORNEADO. — 190º - 45 minutos

Coloque el molde a media altura en el horno precalentado. Compruebe el *gâteau* después de 30 minutos. Tiene que haber subido y estar dorándose. Quince minutos más tarde saque del horno y pinche con una brocheta metálica o un palillo. Si sale limpio, el *gâteau* está horneado.

PASO FINAL

Retire del molde y colóquelo en una parrilla metálica para que se enfríe. Corte a rodajas finas para servir. Es probable que se congele bien, pero nunca hemos conseguido que sobre una rodaja para intentarlo.

BISCUITS AU MAÏS
Biscuits de maíz

(Cuatro docenas)

Este es un auténtico pan de postre... un ligero disco dorado, quizás un poco dulzón, pero un complemento adecuado para un plato de fresas o medio pomelo. Obtiene su agradable aspecto de los huevos, la harina de maíz amarilla y la mantequilla. Aunque no lleva levadura, obtiene una agradable corpulencia en el horno.

Cuidado con probar uno para ver como ha quedado... y otro más... y otro más... ¡y otro más...!

Estos círculos de masa se convertirán en dorados biscuits de maíz. una especialidad del país vasco francés.

INGREDIENTES

    ½ taza de mantequilla, a temperatura ambiente
    ½ taza de azúcar
    1 taza de harina de maíz amarilla
    2 huevos, a temperatura ambiente
    1 cucharadita de sal.
    1½ tazas de harina todo uso, aproximadamente

PLANCHA DE HORNEAR

    Una plancha de hornear grande, engrasada o de teflón.

PREPARACIÓN. — 15 minutos

En un bol grande, agite la mantequilla con una cuchara de madera o una espátula hasta convertirla en una masa blanda. Lentamente añada el azúcar, y bátalos juntos. Aproximadamente unos 75 golpes. Añada la harina de maíz, los huevos y la sal. Bátalos hasta uniformizarlos. Añada 1 1/4 tazas de harina. La mezcla será blanda y húmeda pero puede ser aplanada con el rodillo hasta un espesor de unos seis milímetros.

Si resulta demasiado pegajosa para trabajar, añada 1/4 de taza más de harina, mezcle con las manos y aplane de nuevo con el rodillo.

MOLDEADO. — 5 minutos

Utilice un cortador redondo para pastas de 4 centímetros de diámetro para cortar aproximadamente 48 piezas. Reúna los restos, amase, aplane de nuevo, y corte. Coloque las piezas juntas en la plancha de hornear pero no permita que se toquen.

HORNEADO. — 190° - 22 minutos

Precaliente el horno. Coloque la plancha de hornear a media altura. Cerca del final del período de horneado, abra el horno y gire la plancha de hornear. Si las piezas del perímetro exterior se están dorando demasiado aprisa retírelas si ya están hechas (el fondo tendrá un color amarronado) o cambielas con las del centro empujando estas últimas hacia el exterior.

PASO FINAL

Retire los biscuits del horno y enfríelos en una parrilla metálica. Son deliciosos servidos calientes, e igualmente buenos congelados y calentados luego para utilizarlos en otra ocasión.

TALOA
Panecillos de maíz para bocadillos

(Ocho panecillos grandes o dieciséis pequeños)

El *taloa* es engañoso. Parece como un panecillo inglés, pero es esencialmente maíz. Aunque esta receta está hecha con mitad de harina de maíz y mitad de harina todo uso, los vascos, ocasionalmente, varían las proporciones hasta el extremo de 3 tazas de harina de maíz y 1 de harina de trigo. Cuanto más harina de maíz, menos subirá el *taloa*, ya que el maíz no contribuye en nada al efecto fermentador de la levadura.

Abra el *taloa* por la mitad para hacer un bocadillo, o tueste una o las dos mitades para obtener un tipo diferente de pan para el desayuno. Los vascos quitan incluso la mayor parte de la miga, la mezclan con crema de queso, la vuelven a meter en el *taloa,* y entonces este se convierte en un *marrakukua.*

El espolvoreado de semillas de amapola no es auténtico pero pienso que proporciona un toque de contraste. O pruebe semillas de sésamo.

INGREDIENTES

- 2 tazas de harina todo uso, aproximadamente
- 1 sobre de levadura en polvo
- 2 cucharaditas de sal
- 1½ tazas de agua caliente (40°-46°)
- 2 tazas de harina de maíz (amarilla para darle color dorado)
- 1 clara de huevo, para glasear
- 1 cucharada sopera de semillas de amapola, para esparcir

PLANCHA DE HORNEAR

Una o dos planchas de hornear, espolvoreadas con harina de maíz si no están revestidas de teflón.

PREPARACIÓN. — 12 minutos

En un bol grande, agite juntos 1 taza de harina todo uso, la levadura, la sal y el agua. Déjelo reposar durante 3 minutos para permitir que la levadura se disuelva. Eche removiendo la harina de maíz y bata enérgicamente 25 veces con una cuchara de madera o una espátula. Añada el resto de la harina todo uso, 1/4 de taza cada vez, trabajando primero con la cuchara y luego con las manos para formar una elástica bola de masa que limpiará los lados del bol.

AMASADO. — 6 minutos

Coloque sobre la superficie de trabajo previamente enharinada y amase con un movimiento de aplaste-gire-doble hasta que la masa sea pareja, suave, y pierda su pegajosidad. Evite que se vuelva demasiado densa a base de añadirle excesiva harina.

PRIMERA SUBIDA. — 1 hora

Meta la masa en un bol engrasado, cubra con plástico y deje a temperatura ambiente (21°-23°) hasta que doble su volumen, aproximadamente una hora.

MOLDEADO. — 5 minutos

Vuelva a sacar la masa y amase durante un momento para extrer las burbujas. Divida la masa en las piezas requeridas: 8 (para panecillos grandes) o 16 (para panecillos pequeños).

Palmee con la mano para aplanar las piezas y termine la operación con el rodillo hasta convertirlas en un disco circular. Los panecillos grandes tendrán unos 15 centímetros de diámetro y de 1 a 1½ centímetros de alto, los pequeños tendrán 10 centímetros de diámetro y el mismo grueso que los grandes. Cuando los haya moldeado, colóquelos en la plancha de hornear.

Los *taloa*, panecillos vascos de maíz para bocadillos, espolvoreados con semillas de amapola... deliciosos para un desayuno.

Segunda subida. — 50 minutos

Cubra con papel parafinado y déjelos subir.

Horneado. — 230° - 20 minutos

Precaliente el horno 20 minutos antes de hornear.
Unte la parte superior de los *taloa* con la clara de huevo y esparza liberalmente sobre ellos las semillas de amapola.
Coloque a media altura en el horno (si utiliza una sola plancha de hornear) o a media altura y en el fondo (si utiliza dos planchas), pero cambie la po-

sición de las planchas después de 12 minutos. Si su horno sólo admite una plancha, deje que el resto de los panecillos siga subiendo este tiempo adicional. Ocasionalmente los *taloa* pueden hincharse hasta convertir el propio panecillo en un hueco muy conveniente para el relleno.

Los *taloa* no llevan grasa de pastelería y no se mantienen blandos más que uno o dos días. Así que úselos inmediatamente... o congele.

MÉTURE AU POTIRON BASQUAIS
Pan de calabaza vasco

(Una pieza redonda)

Como el delicado *gâteau* de maíz, este pan de calabaza vasco es fermentado tan sólo por la acción de las claras de huevo batidas. El ron puede ser omitido, pero de algún modo esta auténtica antiquísima receta aparece siempre con el añadido de una cucharada sopera de este licor que durante siglos fue una carga esencial de los buques que navegaban entre el Nuevo y el Viejo Mundo.

Es un pan sabroso, más bien denso y del tipo dulce. Sírvalo con un vino seco o con fruta fresca.

INGREDIENTES

    1 taza de calabaza en forma de puré
    1 taza de leche
    1 cucharada sopera de mantequilla
    1/4 de taza de azúcar
    2 tazas de harina de maíz, amarilla o blanca
    ½ cucharadita de sal
    3 huevos, a temperatura ambiente
    1 cucharada sopera de ron blanco o negro, opcional

MOLDE DE HORNEAR

Un molde redondo para tortas (18 centímetros de diámetro y 10 centímetros de alto) o un molde para *charlotte*. Untado con mantequilla, con un disco de papel parafinado (untado con mantequilla) cubriendo el fondo.

PREPARACIÓN

Precaliente el horno a 190°.
Coloque la calabaza en un bol mediano. Caliente la leche, la mantequilla y el azúcar en una cacerola sobre una llama baja, agitando constantemente para ablandar y fundir la mantequilla. Echelo en el bol con la calabaza, y añada la harina de maíz, de ½ en ½ taza, removiendo para mezclar completamente. Añada la sal.
Separe los huevos, echando las yemas en el centro de la mezcla de maíz. Bata. En otro bol, bata las claras a punto de nieve y eche en la mezcla con un raspador. Añada el ron, si lo desea, y agite.

FORMACIÓN. — 3 minutos

Vierta el batido resultante en el molde preparado de antemano.

HORNEADO. — 190° - 1 hora

Coloque en el horno a media altura. Pruebe la *méture* con la hoja de un cuchillo al cabo de 1 hora. Si sale limpio, el pan está horneado. Si aparecen partículas húmedas pegadas a la hoja, devuelva la *méture* al horno durante 10 minutos adicionales. Pruebe de nuevo.

PASO FINAL

Deje que la *méture* se enfríe durante 20 minutos antes de sacarla del molde. Corte a rebanadas finas para servir. Disfrútelo tomándolo con los dedos o con un tenedor. Es mejor si se come caliente.

Recetas de Cambo-les-Bains

Mencione la palabra *vasco*, e inmediatamente mi sangre circulará más aprisa y mi mente funcionará a mayor velocidad y soñaré en lejanos y excitantes lugares. Esto empezó hace más de una década en Idaho, cuando viajé con unos pastores vascos que trasladaban sus rebaños de varios miles de ovejas fuera de las montañas Sawtooth conduciéndolas a bordo de los vagones de ganado del ferrocarril para llevarlas a los pastos de invierno del Valle Imperial de California. En las montañas el pan era horneado en un gran caldero de hierro sobre las ascuas de un fuego de campaña al lado de un rumoroso riachuelo de montaña, y era de lo mejor que haya comido nunca.

Había sido horneado por los pastores que, con sus perros, vivían aislados con sus ovejas durante los meses de primavera y verano en los pastos de las altas montañas. Hablaban tan solo euskera, la lengua de los vascos, y aunque llevaban ya tres años trabajando allí habían tenido pocas oportunidades de aprender el inglés con sólo los animales como compañía. Mi intérprete era un descendiente de vascos, el Secretario de Estado de Idaho y un ranchero de considerable importancia en el Oeste. Mi amigo cuenta la leyenda de que el euskera era el lenguaje puro del Edén, la lengua en la cual Adán se declaró a Eva. No es una lengua hermosa. Es dura, de frases cortas y secas.

—El diablo intentó hablar nuestra lengua y se rompió los dientes —me dijo mi amigo, sonriendo.

Cuando al final uno llega al país vasco en el sur de Francia tiene una confortable sensación de haber estado allí antes. Es una composición de todos los más hermosos verdes de montaña que uno haya visto en su vida.

Pero hay otras indicaciones de que uno ha llegado allí, tanto en la parte francesa como en la española de los Pirineos. (Los vascos se consideran a sí mismos como un pueblo y tienden a ignorar las ataduras nacionales, un pasar por alto que durante siglos les ha traído problemas y luchas con las autoridades.) Uno está allí cuando los siguientes dos hombres con los que se encuentra llevan la gallarda y práctica gorra, el negro cubrecabezas que llevan formalmente tanto en una boda como en un funeral o con igual aplomo para abonar un campo con estiércol o arrastrar un atún hasta tierra firme. Los vascos se colocan su gorra bien calada hacia adelante, formando visera para proteger sus ojos del brillante sol.

Otro indicador son los nombres vascos. En el campo, tienen la costumbre de poner el nombre de la familia, escrito con letra corriente y hecho de hierro forjado, de unos 15 centímetros de alto y medio a un metro de largo, clavado en la pared de estuco cerca de la puerta principal para que todo el mundo lo pueda ver.

Así que pasábamos por delante de la casa de Etchehandia y Errecartia y Aski Zau y nos encontrábamos frente a Ohartzabalea y Harrizabalete. Era en el empinado campo más allá de la casa de Izar Jai donde su hijo mayor y heredero, con consumada pericia, estaba maniobrando un tractor que arrastraba una máquina forrajera, mientras en el aún más empinado campo encima suyo sus padres estaban arando tras una yunta de dedicados bueyes.

Y también está *le gâteau basque*, la famosa y suculenta especialidad de huevos y mantequilla de la región. Todas las *boulangeries* tienen las habituales variedades de panes franceses, incluido el más que habitual croissant (con un toque especial, sin embargo, que lo hace parecer más bien a un cangrejo que a un creciente de luna), pero en la parte más destacada de todos sus escaparates están *les gâteaux basques*... suculentos, tostados y redondos. Los carteles en las calles proclaman su gloria regional, así como las tarjetas postales y los posters en las tiendas.

Mi receta favorita de *gâteau basque* no procede de un *boulanger* sino que es un regalo de un tendero de Cambo-les-Bains, donde habíamos establecido nuestro cuartel general en un encantador château, el Arrobia, que había sido antiguamente la casa de verano de una rica familia vasca, en la parte alta de la meseta que domina el tranquilo río Nive. Debajo nuestro estaba la vieja ciudad donde pasamos una inolvidable velada sentados en un extremo del *fronton* local contemplando un partido de *pelote basque* mientras aguardábamos comer nuestro cassoulet en Chez Tante Ursule, enfrente.

El Arrobia, con su gran e inclinado techo, era tan espacioso que apenas tuvimos ocasión de ver a la otra docena de huéspedes. Era tan tranquilo por la noche que el único ruido que nos llegaba era el de las ranas chapoteando en la piscina en el centro del jardín de rosas del château. Tras unos pocos días en Cambo no resultaba difícil comprender el porqué los Pirineos a nuestro alrededor y el benigno clima que convertía en agradable tanto el verano como el invierno habían hecho que al filo del siglo el dramaturgo Edmond Rostand fijara su residencia allí. Arnaga, su villa en las afueras de Cambo, es una de las principales atracciones.

Madame Irrintzina, que regenta una tienda de tejidos no lejos del hotel, fue tanto mi benefactora como mi maestra. No sólo me hizo partícipe de las mejores de las varias recetas de *gâteaux* propias de ella, ¡sino que me dio lecciones para aprender a pronunciar correctamente su nombre!

—Muchas palabras vascas son impronunciables —decía—. La única forma para alguien de fuera de acercarse a ellas es el yodel. Sí, el yodel. La TZ de mi apellido empieza en la cabeza y luego baja hasta el pecho. Así. —Abrió su boca, y las dos notas resonaron en toda la tienda.

—Ahora, ponga su dedo en mi garganta y podrá notar cómo se desarrolla.

Parecía más bien como si estuviera engullendo algo, pero las dos notas sonaron claramente de nuevo.

—Captará la receta más fácilmente que el lenguaje —sonrió.

Así fue.

Hice todos los esfuerzos posibles por entrevistarme con Monsieur Burrenne, el *boulanger* cercano al hotel, cuyos croissants disfrutábamos cada mañana con el café. La chica del mostrador nos dijo que Madame Burrenne había elegido precisamente aquel día para tener su primer niño, y que el reciente padre estaba demasiado excitado como para venir a trabajar.

Me alegro por el bebé, pero lamento que su llegada a Cambo coincidiera con la mía. De todos modos, me fui de Cambo no sólo con cuatro diferentes recetas del *gâteau basque*, sino también con la receta de los croissants en forma de cangrejo.

GÂTEAU BASQUE
Tarta vasca

(Una tarta de 23 centímetros)

El *gâteau basque* es el orgullo de cualquier *boulanger* de los Pirineos. Es divertido de hacer y delicioso de comer. Aunque no es ni un pan, ni una tarta ni un pastel, combina lo mejor de todos ellos. Es, bueno, ¡el *gâteau basque!* Un postre exquisito.
Los vascos rellenan el *gâteau* tanto con crema de pastelería como con cerezas negras confitadas. Las cerezas negras es una especialidad que no se encuentra en todas partes, por lo que a veces puede ser necesario utilizar las normales rojas. Mis preferencias se inclinan hacia un relleno de crema de pastelería con inclusión de algunas cerezas rojas confitadas. Algo sobresaliente.

INGREDIENTES

Masa:

2 tazas de harina todo uso, aproximadamente
2 yemas de huevo, a temperatura ambiente
1 huevo, a temperatura ambiente
1/4 de cucharadita de sal
2 cucharaditas de piel de limón o de naranja rallada
1 cucharadita de ron blanco, si se desea
200 gramos de mantequilla, ablandada

Relleno:

½ taza de harina todo uso
2 tazas de leche
4 yemas de huevo
½ taza de azúcar
½ cucharadita de sal
½ cucharadita de vainilla
2 cucharadas soperas de ron blanco, si se desea

1 lata de 400 gramos de cerezas en almíbar
1 huevo, batido, para glasear

Molde para pastel

>Un molde para pastel de 23 centímetros de diámetro.

Preparación. — 15 minutos

Masa:

>Ponga 2 tazas de harina todo uso en un bol mediano y haga un hueco en su centro. Eche allí las yemas de huevo, el huevo, la sal, la piel rallada, y el ron si se desea. Agite los ingredientes para mezclarlos mientras empuja suavemente la harina de los lados del bol. Corte la mantequilla ablandada en trozos de unos 2 centímetros y échelos en el bol. Trabaje la mantequilla en la harina, primero con la espátula o una cuchara de madera y luego con las manos. Añada liberales espolvoreados de harina, si es necesario, para conseguir una masa firme. (El tamaño de los huevos puede influenciar la cantidad de humedad existente en la mezcla.) No trabaje ni amase la pasta más de lo necesario hasta conseguir una bola uniforme.

Descanso. — 1 hora

>Coloque la masa en el bol, cubra con un plástico y deje a un lado para que descanse durante 1 hora a temperatura ambiente (21°-23°). De todos modos, si la masa es blanda, colóquela en la nevera.

Preparación. — 12 minutos

Relleno:

>Con una cuchara eche harina en una cacerola y y añada lentamente ½ taza de leche para hacer una pasta ligera que no contenga grumos. Eche el resto de la leche, las yemas de los huevos, el azúcar, la sal, la vainilla y, si se desea, el ron. Ponga a fuego lento hasta que la crema de pastelería se espese lo sufi-

No es un pan, ni una tarta, ni un pastel, sino una deliciosa *mélange* de los tres; el *gâteau basque* es el orgullo de los *boulangers* de los Pirineos.

ciente como para poder moldearla. Agite constantemente para que la mezcla no se pegue o se tueste. Deje a un lado.

Cerezas:

Aunque las cerezas en almíbar pueden utilizarse directamente de la lata, yo prefiero calentarlas en una cacerola pequeña y escurrirlas luego en un colador para separar los frutos del almíbar. Algunos productos tienen demasiado jugo y pueden diluir el relleno si son usados tal como vienen.

FORMADO. — 20 minutos

Precaliente el horno hasta 195°.
Divida la masa en dos porciones, una ligeramente más grande que la otra. Aplane la parte más grande entre dos hojas de papel parafinado, retirando de tanto en tanto las hojas mientras aplana, para permitir a la masa extenderse. Una vez aplanada, la masa debe tener un grosor de menos de 6 milímetros y 1½ centímetros mayor en diámetro que el molde para pasteles. Quite el papel superior. Use la hoja inferior para ayudarse a coger la masa e inviértala sobre el molde. Cuidadosamente, retire el papel, y con los dedos aplane cuidadosamente la masa en su lugar sobre el fondo y los lados. Recorte la masa que se asome por el borde del molde.
Rellene el hueco formado con la crema de pastelería, echándola a cucharadas. Un molde hondo permitirá un mayor relleno que otro bajo. Llene hasta las 3/4 partes. Esparza las cerezas sobre la superficie y rocíe generosamente con el almíbar de las cerezas.
Aplane la otra pieza de masa entre dos hojas de papel parafinado como antes. Conviértala en una redonda de aproximadamente 1 centímetro más de diámetro que la boca del molde para pasteles. Como ha hecho con la pieza del fondo, inviértala sobre el molde. Recorte el sobrante. Rice o pellizque los bordes de las dos piezas para unirlas.
Con una hoja de afeitar, corte una serie de líneas artísticas para permitir escapar el vapor.
Unte con el glaseado de huevo.

HORNEADO. — 195° - 40 minutos

Coloque en la parte baja del horno. Estará hecho cuando la corteza adquiera un color marrón dorado.

PASO FINAL

Saque el *gâteau* del horno con cuidado. No cogerá firmeza hasta que se haya enfriado. Corte a tajadas delgadas para servir.

CROISSANTS CAMBO
Croissants no hojaldrados

(Aproximadamente tres docenas)

Mientras que el croissant hojaldrado, con capas y capas de masa y mantequilla, es considerado por muchos aficionados a los croissants como el único croissant merecedor de este nombre, no es así. Quizá no tan espectacular debido a que no muestra esas capas doradas, el croissant no hojaldrado, como su primo hojaldrado, remonta sus antecedentes hasta el Budapest de 1886, cuando los panaderos vieron garantizado su privilegio de hacer su bollo especial con forma de media luna por haber hecho sonar la alarma contra los atacantes turcos.

El croissant no hojaldrado es fácil de hacer. La mantequilla pasa a formar parte de la masa al principio de su preparación, en lugar de ser alternada a capas más tarde.

El moldeado de ambos es idéntico. La versión *cambo* es algo diferente en el sentido de que el croissant casi se toca las puntas, dando así más bien la apariencia de un pequeño cangrejo. Una delicada y poco habitual sorpresa al servir el desayuno o el tentempié.

INGREDIENTES

1 sobre de levadura en polvo
2 cucharadas soperas de agua caliente (40°-46°)
4 tazas de harina todo uso, aproximadamente
½ cucharadita de sal
1/3 de taza de leche en polvo descremada
1 taza de agua caliente (40°-46°)
200 gramos de mantequilla o margarina, a temperatura ambiente

Glaseado:

1 huevo
1 pizca de sal

PLANCHA DE HORNEAR

Una plancha de hornear, engrasada o de teflón.

PREPARACIÓN. — 20 minutos

Disuelva la levadura en 2 cucharadas soperas de agua en un pequeño bol o copa. En un bol grande, mezcle 2 tazas de harina, la sal y la leche en polvo. Vierta allí la mezcla de la levadura y una taza de agua. Agite mediante 30 golpes; eche la mantequilla partida en varios trozos. Bata la mantequilla en la mezcla. Añada el resto de la harina, de ½ en ½ taza, agitando primero con una espátula o una cuchara de madera y luego trabajando la masa con las manos. Cuando la pasta sea una masa áspera, saque del bol tras rascar las partículas de los lados.

AMASADO. — 5 minutos

Coloque la masa sobre la superficie de trabajo previamente enharinada y amase rítmicamente hasta que la masa sea uniforme, elástica, y haya perdido su pegajosidad. La masa debe ser firme, sin embargo, y no derrumbarse cuando la deje formando una bola por un momento o dos en la superficie de trabajo.

PRIMERA SUBIDA. — 1½ horas

Coloque la masa en un bol, cubra con un plástico, y deje a temperatura ambiente (21°-23°) hasta que doble su volumen, aproximadamente 1½ horas.

MOLDEADO. — 30 minutos

Retire el plástico y aplaste la masa. Déjela descansar en la superficie de trabajo durante 2 o 3 minutos. Aplane la masa primero con los dedos y luego siga aplanándola a lo largo con el rodillo hasta formar un rectángulo de 90 × 30 centímetros... y de no más de 3 milímetros de grueso (una regla le ayudará para esta operación). Mantenga una ligera capa de harina bajo la masa para que así se deslice bien. Con ayuda de los dedos y el rodillo, moldee el rectángulo deseado. No se apresure. Deje que la masa se relaje ocasionalmente.

Permita a la masa relajarse en su posición final durante 3 minutos antes de cortarla con una rueda de pastelero o un cuchillo afilado. Con la regla como guía, recorte los extremos irregulares y reserve el sobrante.

Las piezas del croissant serán triángulos: 15 centímetros de la cúspide al centro de la base y 10 centímetros de ancho en ésta. Corte el rectángulo a lo largo en dos partes, cada una de las cuales tendrá 15 centímetros de ancho.

Si sólo puede utilizar una plancha de hornear a la vez, cubra cuidadosamente una de las largas tiras con papel parafinado, dóblela, y guárdela en la nevera para más tarde.

Con la regla, marque una serie de triángulos de 15 por 10 centímetros a la porción restante, y corte cuidadosamente con la rueda de pastelero. Retire los triángulos y colóquelos a un lado.

Sitúe un triángulo en la superficie de trabajo con la base de 10 centímetros de ancho en la posición de las 6 del reloj y la punta a las 12. Con el rodillo, aplane la pieza *una vez* desde la base hacia la altura. Esto le dará más longitud y la hará más delgada.

Con los dedos, enrolle la porción de masa desde la base hasta la punta, manteniendo la masa bajo ligera tensión. Cuando la coloque en la plancha de hornear asegúrese de que la punta se halla bajo el cuerpo del croissant para que no se desenrolle en el horno. Finalmente, empuje hacia el centro las puntas, acercándolas entre sí hasta que casi se toquen.

Deje 2½ centímetros entre las piezas en la plancha de hornear.

SEGUNDA SUBIDA. — 1 hora

Cubra con papel parafinado y deje durante 30 minutos a temperatura ambiente (21°-23°). Tras ½ hora, retire el papel parafinado y unte los croissants con el glaseado del huevo y la sal. Déjelos destapados.

HORNEADO. — 195° - 25 minutos

Precaliente el horno 20 minutos antes de hornear.

Unte los croissants una segunda vez con el glaseado de huevo y coloque la bandeja a media altura en el horno. A la mitad del período de horneado, compruebe los croissants para asegurarse de que se están dorando uniformemente en la plancha de horneado. Los croissants estarán hechos cuando presenten un aspecto marrón dorado claro. La corteza inferior debe ser marrón oscuro y sólida bajo los dedos.

PASO FINAL

Coloque en una parrilla metálica para enfriar. Si le quedan otros croissants para ser moldeados y horneados, limpie la plancha de hornear, saque la masa que ha guardado en la nevera y repita el proceso. Aplane la masa sobrante que haya recortado del rectángulo en una pieza pequeña y moldee otros croissants adicionales.

Receta de Carcassonne

En los muchos años que llevo dedicados a recoger recetas, he sido rechazado tan sólo por dos personas. Una de ellas era el cocinero de un mesón rústico en Kentucky, y la otra fue la viuda de un *boulanger* en la amurallada Cité de Carcassonne, que me dijo que su finado esposo le había dejado aquella receta como una parte importante de su herencia y que no podía compartirla con nadie.

—*Je regrette mais c'est impossible* —me dijo.

La Cité, de varios siglos de antigüedad, cruzando el río desde la más nueva y menos atrayente ciudad baja, la Ville Basse, es la antigua ciudad fortificada más completa que puede encontrarse. Su doble línea de murallas, sus cincuenta torres, puentes levadizos y fosos, un castillo y una basílica, todo ello alberga a 800 residentes permanentes, muchos de los cuales están allí para cuidar de las necesidades de los miles de visitantes a los que se sugiere que dejen sus coches fuera y entren a través de las puertas a pie. Aquellos que tienen su hotel en el interior habitualmente prefieren conducir hasta allí a causa del equipaje. Un semáforo controla el único carril de tráfico automovilístico a través de la puerta Narbonnaise y hacia arriba por las calles pavimentadas con grandes losas de piedra. Es una locura apresurarse para alcanzar la cima, donde los coches se van reuniendo para el atardecer, cuando la luz cambia.

Tras la agitada entrada, uno puede rehacer su camino a pie hasta alcanzar la *boulangerie-pâtisserie* de Madame A. Bacharan en un nuevo edificio edificado según los estandares de Carcassonne en 1810. Una gran hogaza de recién horneado pan de payés cuelga sobre la abierta puerta, y el escaparate está lleno de panes, bollos y pasteles. Por la mañana hay una incesante procesión de chiquillos que suben la colina para comprar un *brioche chocolat* o un croissant que llevar a la escuela. Por la tarde la procesión se invierte y los chiquillos bajan la colina hacia la tienda de Madame Bacharan para comprar conos de helado. Mezclados con la chiquillería están los clientes regulares y los turistas que acuden a comprar sus deliciosos panes y bollos, incluida la *spécialité de la maison*.

El orgullo de la pequeña tienda es la *Galette de Dame Carcas*, una pieza redonda, de no más de 2½ centímetros de grueso, y agujereada una docena de veces antes de ser untada con huevo y luego horneada. Había una pila de ocho o diez de estas tostadas piezas de color marrón oscuro en el escaparate, bajo un amplio cartel que llamaba la atención hacia el tesoro de Madame Bacharan. Otra pila semejante se hallaba en el mostrador donde Madame aguardaba a su clientela.

Dame Carcas, de quien la especialidad ha tomado su nombre, engañó a Carlomagno cuando éste sitió la Cité, pretendiendo que tenía grandes reservas de comida tras las murallas de piedra cuando de hecho el pueblo se estaba muriendo de hambre. Su estratagema: un cerdo fue atiborrado con los últimos puñados de trigo del granero y despeñado desde las altas murallas para que se despedazara contra el suelo, abajo, frente a los atacantes francos. Estos se quedaron tan asombrados ante el gordo animal que abandonaron el sitio. Por tan inteligente engaño la especialidad recibió su nombre.

Cuando le pregunté a Madame Bacharan acerca de la *galette* ella me respondió con una amplia sonrisa mientras rompía un trozo de una pieza y me lo tendía. Aguardó mientras yo saboreaba el suave y suculento trozo, que desprendía un débil aroma de una especia especial que no pude identificar.

Cuando le pregunté si podía obtener la receta, un fruncimiento del ceño reemplazó la sonrisa.

—*Non, Monsieur,* no puedo compartir la receta. Mi querido esposo, que la horneó durante muchos años y la hizo tan famosa, no deseó nunca que saliera de la tienda.

Se persignó, y para asegurarse de que yo había comprendido acerca del difunto Monsieur Bacharan, cerró los ojos, inclinó la cabeza hacia sus manos juntas y murmuró:

—*Il es mort il y a trois ans.*

Obviamente, no puedo revelar el secreto de Madame Bacharan porque no lo tengo, pero en mi búsqueda de la *galette* he descubierto que es el pan simbólico que se come sobre todo durante la celebración de la Duocécima Noche. He descubierto un buen número de recetas que he horneado en mi cocina, y una de ellas es tan cercanamente paralela a la especialidad de Carcassonne que estoy seguro de que Monsieur Bacharan, allá donde esté, esbozará una sonrisa de perdón en este mismo momento.

GALETTE DE DAME CARCAS
Torta de la Duodécima Noche de Dama Carcas

(Una o dos piezas o tortas)

Aunque la *galette de Dame Carcas* celebra el fin del sitio de Carcassonne gracias al inteligente ardid de una mujer, para la mayor parte de los franceses la *galette* es el pan o torta que se hornea durante la celebración de la Duodécima Noche entre Navidad y la Epifanía. En las provincias al norte del Loira, notablemente en la región de París, se confecciona con pasta de hojaldre. En el sur de Francia, incluida Carcassonne, la *galette* está hecha con pasta fermentada, y esta es una de ellas. Resulta deliciosa servida en un tentempié, una merienda o con el té.

INGREDIENTES

La cáscara de 2 naranjas, finamente ralladas
1 cucharada sopera de jugo de naranja
2 cucharaditas de levadura en polvo
1 cucharada sopera de agua caliente (40°-46°)
2½ tazas de harina todo uso, aproximadamente
½ taza de azúcar
½ cucharadita de sal
6 yemas de huevo, a temperatura ambiente
120 gramos de mantequilla, a temperatura ambiente

Glaseado:

1 huevo
1 cucharada sopera de leche

PLANCHA DE HORNEAR

Una plancha de hornear, sin engrasar.

PREPARACIÓN. — 15 minutos

Con anticipación ralle finamente la piel de 2 naranjas y coloque en una taza. Añada 1 cucharada sopera de jugo de naranja. Deje a un lado.

Disuelva 2 cucharaditas de levadura en polvo en una cucharada sopera de agua caliente (40°-46°) vertida en una taza o un bol pequeño. En un bol mediano, eche 1 taza de harina y mezcle con el azúcar y la sal. Forme un hueco en la harina y vierta allí la mezcla de la levadura. Separe la yema de 6 huevos y échelas una a una en el bol. Agite empujando la harina de los lados del bol para mezclar con la levadura y cada yema a medida que las vaya añadiendo. La pasta será espesa. Divida la mantequilla en trozos pequeños y échelos a la pasta. Bata con la mezcla mediante 20 fuertes golpes de una cuchara de madera o raspador. Añada la piel de la naranja y el jugo. Añada el resto de la harina hasta formar una bola que pueda ser extraída del bol.

AMASADO. — 5 minutos

La masa será mantecosa y no se pegará a las manos ni a la superficie de trabajo. Espolvoree la superfie con harina para controlar el exceso de mantecosidad que pueda surgir a la superficie. No haga la masa tan densa o dura que pierda su elasticidad. Debe ser blanda al tacto, pero mantener su forma cuando la deje durante 2 o 3 minutos en la superficie de trabajo.

DESCANSO. — 30 minutos

Deje la bola de masa sobre la superficie de trabajo y cúbrala con el bol en posición invertida.

MOLDEADO. — 5 minutos

La receta producirá una *galette* redonda —de unos 23 centímetros de diámetro y 4 centímetros de grueso— que bastará para una docena de personas con el té o el café. Puede producir también dos discos más pequeños: 15 centímetros por 4 de grueso.

Aplaste la masa hasta formar un círculo, aplane con las manos hasta que tenga 2½ centímetros de espesor, y coloque sobre la plancha de hornear.

Subida. — 45 minutos

Cubra la *galette* (1 o más) con papel parafinado y deje sin tocarla a temperatura ambiente (21°-23°).

Horneado. — 205° - 25 minutos

Precaliente el horno 20 minutos antes de hornear.
Retire el papel parafinado. Unte la *galette* con el glaseado de huevo y leche y, con un objeto puntiagudo de metal o madera o una aguja gruesa, agujeree completamente la masa al menos media docena de veces. Coloque en la parte media del horno.
La *galette* adquirirá un brillante color marrón dorado cuando esté cocida. Déle la vuelta a la *galette* y golpee la corteza inferior para asegurarse de que está dura y suena a hueco bajo su dedo.

Paso final

Coloque la *galette* sobre una parrilla metálica para enfriarla. Es deliciosa tanto caliente como fría. Es incluso mejor después de haber envejecido una noche.

Recetas de Limoux

Examinemos ahora los pastelillos de pimienta de Limoux.

El pastelillo de pimienta de Limoux es uno de los poco usuales y excelentes bollos de Francia. No es un pastelillo, sino una pequeña y retorcida espiral dorada de pasta fermentada, salpicada con pimienta y moldeada alrededor de un dedo. La mayor parte de las veces es servida como aperitivo con bebidas o café o té.

El pan de pimienta (y queso) es un producto frecuente de mi propia cocina, así que la mención de un pequeño "pastelillo" hecho con pimienta molida llamó mi atención en un atlas de comidas francesas. Era la *spécialité* de Limoux, una pequeña ciudad a unos pocos kilómetros al sur de donde estábamos en la fortificada ciudadela de Carcassonne. La decisión de conducir hasta Limoux no presentaba ninguna dificultad porque las frías piedras de las viejas murallas de la fortaleza se estaban volviendo aún más frías en una semana en la que todo el continente europeo se hallaba bajo los efectos de una inesperada ola de frío. Un nuevo castillo-convertido-en-museo-y-galería-de-arte profundamente frío podía ser demasiado, me susurró la voz de Marje desde debajo de las sábanas.

El sol era brillante, los campos reflejaban el calor del mediodía mientras avanzábamos hacia el sur a través de inacabables colinas tapizadas con decenas de miles de vides. (¿De dónde sacarán las manos necesarias para arrancar los frutos de tan inmenso bosque?).

Al contrario de la mayor parte de las ciudades y pueblos franceses de esta histórica parte de Francia, con calles que fueron marcadas originariamente por el paso de cabras y demás ganado, la larga y recta rue Jean-Faaves de Limoux, con su próspero tramo de tiendas, es una sorpresa. Había media docena de *boulangeries* a lo largo de la calle, y elegí la *boulangerie* de Roger Rebolledo debido a la resplandeciente extensión del cristal que protegía un impresionante surtido de panes. Madame Rebolledo estaba arreglando una enorme pila de pequeños panecillos circulares en una gran bandeja cuando penetramos en la tienda.

—Hemos leído acerca de los pastelillos de pimienta propios de esta ciudad —le dije después de habernos presentado—. ¿Podría mostrarnos uno?

Madame Rebolledo sonrió y empujó hacia mí la gran bandeja en la que había estado trabajando.

—¡Aquí tiene un centenar de ellos! Los llamamos *gâteaux au poivre* —dijo—. Llamaré a mi marido, y él les podrá explicar mejor todo lo referente a ellos.

Tomé uno. Era tostado y crujiente; había una cierta agresividad en la pimienta, no abrumadora, pero algo más que tan sólo un indicio.

Monsieur Rebolledo era un hombre sonriente con los brazos y las espaldas de un gimnasta.

—Vaya con cuidado con la levadura... no demasiada, o los *gâteaux* se pondrán demasiado gordos —e hinchó sus carrillos para resaltar aquel punto—. Deben ser pequeños y delicados. No les dé tiempo de subir antes de meterlos en el horno. Introdúzcalos inmediatamente, y déjelos tan sólo el tiempo preciso para que adopten un color dorado ligeramente intenso.

"¡Y utilice siempre pimienta recién molida!

Mientras hablaba, M. Rebolledo retorcía sin esfuerzo dos delgadas tiras de masa... tirando de ella hacia adelante con una mano y hacia atrás con la otra. *Voilà!* Cortó la tira de masa en varios trozos más cortos. Uno por uno, fue formando con ellos anillos alrededor de su dedo índice colocado sobre la mesa. Los extremos eran apretados juntos. Con unos pocos rápidos movimientos pronto tuvo una gran plancha de hornear completamente cubierta de *gâteaux*.

—Ya lo ve, *Monsieur*, no cuestan nada.

GÂTEAUX AU POIVRE
Pastelillos de pimienta

(Cuatro docenas de pastelillos)

Puesto que la pimienta es el ingrediente más importante en este pequeño *gâteau*, muélala inmediatamente antes de hornear, si le es posible. Si el molinillo no forma parte de su *batterie de cuisine*, compre la pimienta en una gran tienda donde puedan molérsela ellos.

No se apresure con la masa. Si observa que tiene tendencia a encogerse cuando la estire, déjela uno o dos minutos para que se relaje. Empiece de nuevo. Esta receta no quiere prisas.

Idealmente, las tiras de masa deben ser delgadas, aproximadamente del grosor de un lápiz. Si una tira resulta demasiado larga y difícil de manejar cuando intente retorcerla, córtela en dos. A menudo empiezo con 6 u 8 piezas de masa y termino subdividiéndolas en más de 14 o 16 piezas a base de irlas cortando a los largos convenientes.

No espere la perfección la primera vez. Hasta la tercera cochura no conseguí yo obtener una tira realmente delicada del grosor de un lápiz. Y llevaba ya cuatro cochuras antes de que consiguiera hacer una corona perfecta alrededor del dedo. M. Rebolledo decía que él había estado haciendo aquello durante más de dos décadas.

INGREDIENTES

2½ tazas de harina todo uso, aproximadamente
2/3 de taza de agua caliente (40°-46°)
1 cucharadita de levadura en polvo (no un paquete, una *cucharadita*)
2 cucharaditas de pimienta, preferentemente recién molida
1 cucharadita de sal
12 cucharadas soperas (150 gramos) de mantequilla, a temperatura ambiente

Glaseado:

1 huevo o yema de huevo
1 cucharadita de agua

PLANCHA DE HORNEAR

Una plancha de hornear, engrasada o de teflón.

PREPARACIÓN. — 15 minutos

En un bol grande, eche 1½ tazas de harina y haga un hueco para albergar el agua y la levadura. Eche ambas cosas en el hueco, agite juntas y, cuando la levadura se haya disuelto, añada la pimienta y la sal.

Pastelillos de pimienta, con un pan de régimen de gluten y una *flûte*.

Mezcle con la harina hasta que forme una masa áspera. Añádale la mantequilla dividida en una docena o así de trozos para hacer más fácil la mezcla. Con una espátula o una cuchara de madera trabaje la mantequilla en la harina hasta que haya sido absorbida completamente. Añada el resto de la harina (aproximadamente 1 taza) hasta que la masa forme una pasta pareja y mantecosa.

AMASADO. — 5 minutos

La masa será fácil de trabajar debido a su alto contenido en mantequilla... pero si parece demasiado húmeda o pegajosa, añádale liberalmente varios espolvoreados de harina e intégrelas. Amase durante unos 5 minutos.

MOLDEADO. — 20 minutos

Precaliente el horno a 220°.
Esta masa se mete directamente en el horno después del moldeado, así que la fermentación se pro-

duce directamente en el horno. M. Rebolledo me advirtió contra una vigorosa subida que podía romper las delicadas coronas.

La masa pesará aproximadamente 600 gramos. Divídala en 6 u 8 piezas y empiece a enrollarlas en largas tiras del grueso de un lápiz. Primero enrolle cada pieza hasta un cilindro basto. Apoye ambas manos en el centro del rollo y mueva la masa arriba y abajo sobre la superficie de trabajo, separando lentamente las manos y forzando a la masa a hacerse más larga y delgada. No *fuerce* la masa a estirarse, porque podría partirse. Debe apretar firmemente *hacia abajo* con las manos mientras la hace rodar. Así nunca podrá romperla.

Cuando una tira parezca resistírsele déjela y dedíquese a otra. Tras un momento vuelva a la primera y prosiga la operación. Cuando la tira se haga tan larga que los extremos puedan enredarse (más de 50 centímetros), corte en dos.

Retuerza juntas dos tiras. La doble tira intentará desenrrollarse cuando usted la deje, así que pellizque los extremos pegándolos a la superficie de trabajo hasta que se haya relajado un poco en la posición retorcida. Prosiga con la siguiente pareja.

Cuando las tiras hayan sido emparejadas, apoye la punta del dedo índice contra la superficie de trabajo. La masa será enrollada en torno al dedo para formar las pequeñas coronas. Calcule el largo suficiente para que los extremos puedan ser juntados (en total unos 15 centímetros) y corte con un cuchillo. Asegúrese de que las tiras no se desenroscan antes de unir los extremos.

Coloque en la plancha de hornear, separando entre sí de 1 a 1½ centímetros. Cuando estén hechos todos los *gâteaux*, unte con el glaseado de huevo y agua. Para conseguir un sabor extra a pimienta, espolvoree un poco de pimienta molida sobre la capa de huevo y agua.

HORNEADO. — 220° - 22 minutos

Coloque la plancha directamente dentro del horno ya caliente. No deje un período de subida. Observe los pastelillos después de 15 minutos. Si los de la parte exterior de la plancha se están dorando demasiado aprisa, empújelos hacia el centro y traslade los del centro hacia la parte exterior.
Los pastelillos estarán hechos cuando se vean secos con un ligero rastro de humedad.

PASO FINAL

Retire del horno. Coloque en una parrilla metálica para enfriar. Se mantendrán frescos durante algunas semanas si los guarda en una caja cerrada. Se congelan perfectamente durante muchas semanas.

PAIN DE RÉGIME GLUTEN
Pan de régimen de gluten

(Una barra o trenza de mediano tamaño)

El sabor del pan de gluten es algo fuera de lo corriente, pero el alto precio de la harina de gluten es excesivo para emplearla en otra cosa que no sea un *pain de régime*, un pan de régimen. El precio de un kilo de harina de gluten es *diez veces* el de un kilo de harina todo uso. Obviamente, el proceso que separa un solo elemento de la harina de trigo, el gluten, secándolo y moliéndolo hasta convertirlo a su vez en otra harina, es caro.
Tiene, sin embargo un cautivante sabor a trigo que engañará al que lo pruebe por primera vez. La masa tiene un color tostado encantador cuando es trabajada. Aunque es más firme que la mayoría de las masas, sube bien, y se convierte en una hermosa y dorada pieza.
Francia es famosa en *pains de régime*, como esta receta que encontré en Limoux, en una panadería al final de la calle donde está M. Rebolledo, el creador de los exquisitos pastelillos de pimienta.

INGREDIENTES

>3 tazas de harina de gluten, aproximadamente
>½ taza de harina todo uso
>1 ½ cucharaditas de sal
>1 sobre de levadura en polvo
>1½ tazas de agua caliente (40°-46°)
>2 cucharaditas de grasa de pastelería

MOLDE DE HORNEAR

>Un molde para barra de tamaño miedo (21½ × 11 ½), engrasado o de teflón.

PLANCHA DE HORNEAR

>Para la trenza: una plancha de hornear, engrasada o de teflón.

PREPARACIÓN. — 15 minutos

>En un bol grande, sitúe 1 taza de harina de gluten, ½ taza de harina todo uso y la sal. Agite para mezclar. Haga un hueco en el centro y espolvoree allí la levadura. Eche cuidadosamente el agua en el hueco y agite para disolver las partículas de levadura. Deje durante 2 minutos. Empuje los ingredientes secos con una cuchara de madera o un raspador y bata vigorosamente 75 veces. Añada la grasa de pastelería y agite para mezclar. Añada gradualmente el resto de la harina de gluten, 1/4 de taza cada vez, hasta que la masa pierda su humedad y pueda ser trabajada sin que se pegue en las manos.

AMASADO. — 5 minutos

>Coloque la masa en la superficie de trabajo, ligeramente espolvoreada con harina de gluten. Amase con un fuerte ritmo 1-2-3 de aplaste-gire-doble. La masa será elástica, incluso parecida al caucho. No es una masa fácil de trabajar debido a que nunca adquiere la suave y cálida consistencia de otras masas. Se resiste constantemente y vuelve a encogerse.

PRIMERA SUBIDA. — 1 hora

Coloque la masa en un bol engrasado, cubra con plástico, y deje a temperatura ambiente (21°-23º) hasta que la masa haya doblado su volumen.

MOLDEADO. — 15 minutos

Saque la masa y devuélvala a la superficie de trabajo. Amase durante 30 segundos para extraer las burbujas. Para el molde, presione la bola de masa hasta convertirla en un óvalo aplanado, del largo del molde de hornear. Doble por la mitad, pellizque los extremos para juntarlos, doble las puntas y coloque en el molde con la costura hacia abajo.

Muchos panaderos franceses trenzan sus panes de gluten. Divida la masa en 3 partes. Haga bolas con ellas y déjelas durante 3 minutos. Cada pieza de masa de gluten resistirá sus intentos de convertirla en una tira de 30 a 35 centímetros de largo. Sea paciente. No la fuerce o puede rasgarse. Emplee 10 minutos o más en el proceso de convertirlas en tiras... yendo de una a otra siempre que sea necesario. Coloque las tiras ya formadas paralelas. Trence desde el medio, pellizque los extremos de las tiras juntándolos. Gire y trence el otro lado desde el medio; pellizque los extremos para unir la masa.

SEGUNDA SUBIDA. — 1 hora

Coloque el molde o la plancha en un lugar tranquilo a temperatura ambiente (21°-23°). Cubra la masa con papel parafinado. Deje hasta que la masa en el molde haya subido 2½ centímetros por encima del borde, o que la trenza haya doblado su volumen.

HORNEADO. — 200° - 40 minutos

Veinte minutos antes de hornear, precaliente el horno. Debido a que la masa de gluten se tuesta muy rápidamente, cubra con papel de aluminio o un trozo de papel de embalar marrón a los 20 minutos. Dé la vuelta a la pieza y golpee con el dedo índice. Si suena dura y hueca el pan está cocido.

PASO FINAL

Coloque en una parrilla metálica para enfriar. Si el pan es para la dieta de tan sólo una persona de la familia puede cortar las rebanadas necesarias para dos o tres días y congelar el resto.

Recetas de Mónaco

Escribir que Monsieur Albert Phillips, del número 6 de la Rue Grimaldi, es el *boulanger* proveedor de Su Serena Majestad el Príncipe Rainiero III y la Princesa Grace, es exagerar un poco. Sus hojaldrados croissants y sus crujientes barras de pan francés e italiano son entregados regularmente en el palacio real en lo alto de la colina, pero también se reciben allí los productos de pastelería y panadería de la mayor parte de los otros ocho *boulangers* del principado soberano de Mónaco, cuyas densamente pobladas colinas y promontorios miran al sur sobre el mar Mediterráneo. El palacio no tiene favoritos entre los panaderos.

Mónaco es limpio, hermoso, agradable, y caro (pero no más que las grandes ciudades de sus dos grandes vecinos, Francia e Italia). No es muy grande, un poco más de 180 hectáreas, tan pequeño como muchos campos de trigo de Nebraska. Es también un lugar ajetreado... ajetreado en recibir, entretener, alimentar y alojar a tres millones de huéspedes al año. Todo esto es efectuado por sus 24.000 residentes, de los cuales tan sólo el Príncipe Rainiero, su familia, y 3.475 otros pueden proclamarse descendientes de monegascos. El Príncipe no es un recién llegado al trono. Su familia, los Grimaldi, iniciaron su reinado hace 679 años.

Casi todo en Mónaco está orientado al visitante, y un buen lugar para empezar es el centro del universo monegasco, las mesas de juego en la Place de Casino. Desde allí la vida irradia hacia la hermosa playa de Monte Carlo, las piscinas, el Estadio Náutico Rainiero III, el Hotel de París (donde el gran Escoffier hizo célebre la cocina con una brigada de sesenta y cinco cocineros), un museo de cera, un zoo, el notable Museo Oceanográfico (establecido por el Príncipe Alberto I, un ferviente ictiólogo) y, por supuesto, el palacio en la colina, que tiene exactamente la apariencia que debe tener el palacio de cualquier pequeño principado mediterráneo. Finalmente, uno no puede pasear o conducir sin cruzar o seguir alguna de las muchas calles (muchas de las cuales parecen haber recibido su nombre de la familia de los Grimaldi) en donde, una vez al año, el Grand Prix automovilístico ruge rompiendo el amable ambiente de Mónaco.

Aunque es probable que el negocio de M. Phillips, L'Epi d'Or (La Espiga de Oro) no esté relacionado por la Oficina Nacional de Turismo como una de las atracciones estelares de la ciudad, es sin embargo muy admirado por una amplia y constante clientela que cruza continuamente las grandes y acristaladas puertas con sus hermosos guarnecidos de latón pulido, y por los turistas atraídos por la atractiva exposición de pasteles y bollos de los escaparates.

Aunque la tienda, en la esquina de Grimaldi y Princesa Carolina, es un floreciente negocio con media docena de dependientas, casi la mitad de la producción diaria de 1.500 croissants y 1.400 piezas de pan van a parar cada día a los hoteles y restaurantes de Mónaco.

A ocho kilómetros al este se encuentra Italia, cuya influencia en la panadería monegasca es evidente, aunque algo amortiguada frente a la francesa. La mañana que pasé en la *boulangerie* con M. Phillips, su equipo estaba horneando un encargo especial de panes italianos para el *buffet exotique* de aquella noche en la cercana Hostería de Vacaciones.

L'Epi d'Or es un campo de operaciones de tres niveles. La vivienda de la familia se halla en el segundo piso; la tienda, combinada con un salón de té para degustación *in situ* de toda clase de *pâtisserie*, en la planta baja; y en el sótano, la *boulangerie*, que envía arriba los cestos de pan y una amplia variedad de bollos y piezas de pastelería con destino a la tienda por medio de un amplio pero lento montacargas.

Este montacargas irritaba al impaciente M. Phillips que, durante el transcurso de la mañana, no dejaba de llevar cosas arriba y abajo por una angosta escalera, abría una pequeña puerta metálica, se inclinaba y, con la cabeza gacha, salía a la acera de la Calle Princesa Carolina (aquella media puerta era la única entrada y salida a la calle de la panadería). No dejó ni un momento de ir arriba y abajo, girando la esquina y penetrando por la formal entrada de la Rue Grimaldi para llevar algún encargo especial que no quería confiar al artificio mecánico.

M. Phillips, un hombre pequeñito de metro sesenta y cinco de alto, cuyas furiosas salidas sin duda le ayudaban a mantener su línea, había nacido hacía cuarenta años cerca de Toulon. Su padre, un jugador de golf profesional, era inglés; su madre, francesa. Aprendió el oficio de panadero a los trece años, y diez años más tarde se hacía cargo de L'Epi d'Or, que fue alquilada a los Grimaldi por 100 años.

El gran sótano sin ventanas alberga a nueve operarios, dos de los cuales tienen la categoría de *pâtissiers* y trabajan en una sección aparte de pastelería. Los otros siete trabajan en y'alrededor de un enorme horno alimentado por tres hileras de quemadores de fuel oil que domina toda la estancia.

Para un horneador casero acostumbrado a mezclar tan sólo agua caliente con la levadura y la harina para conseguir una saludable subida de la masa resultante, la visión de un elaborado aparato refrigerador de agua junto a las grandes máquinas mezcladoras fue casi un shock.

—No, no es para beber —me aseguró M. Phillips—. ¡Es para la mezcla!

El cree, como muchos otros panaderos, que la masa puede calentarse demasiado durante el mezclado-amasado a máquina, y que la forma de contrarrestar esto es arrancar con agua fría que, en algunos casos, está por debajo de los 4 grados. No se trata sin embargo de una apreciación hecha a ojo por su parte: para calcular la temperatura del agua utiliza una fórmula precisa basada en la temperatura de la habitación más la temperatura de la harina.

—Esto mantiene el auténtico sabor del trigo como si todo estuviera hecho a mano en lugar de a máquina —dijo.

PAIN DE GRUAU
Pan de harina de flor

(Seis piezas de 43 centímetros, o dos piezas de 400 gramos y una docena de panecillos)

Los franceses lo llaman *pain de gruau*, el pan hecho con la mejor harina. Es horneado en la clásica forma de *l'épi*, el corazón del trigo... con sus puntiagudas partes formando como una espiga. Es llevado hasta la perfección por M. Phillips, cuya *boulangerie* lleva el nombre de L'Epi d'Or, la espiga de oro.

El *pain de gruau* es hecho con harina de flor, que es fácil de obtener. El trigo duro, la fuente de esta harina, crece en el Oeste de los Estados Unidos y el Canadá, donde las temperaturas invernales por debajo de cero son más la regla que la excepción. Siempre ha sido muy apreciada en

Francia, que la importa en pequeñas cantidades de Africa, aunque el Nuevo Mundo es el proveedor más importante de esta harina superior para la fabricación de pan.

Un *boulanger* francés tiene presentes dos o tres cosas cuando hace el *pain de gruau*. Para retardar el desarrollo de la masa, el agua es varios grados más fría que la utilizada habitualmente en la mayor parte de la producción de pan; y, para evitar una excesiva fermentación, la primera subida de la masa es de unas 3 a 4 horas, un tiempo muy corto.

Finalmente, las piezas son moldeadas en dos etapas, con un período de descanso entre ellas para permitir a la masa relajarse y ganar elasticidad. Sin esta relajación, la masa se desgarraría cuando fuera aplanada o estirada longitudinalmente.

Es un excelente pan de mesa, en cualquier forma en que se tome. Si desea moldearlo en barras y panecillos, siga esta misma receta para *épis*.

INGREDIENTES

  5½ tazas de harina de flor, aproximadamente
  1 cucharada sopera de sal
  1/4 de taza de leche en polvo descremada
  1 sobre de levadura en polvo
  2½ tazas de agua (21°-24°, casi a temperatura ambiente)
  1 cucharadita de jarabe de malta (o azúcar)

PLANCHA DE HORNEAR

  Una o dos planchas de hornear, engrasadas o de teflón. También una pieza de lona para contener las largas piezas mientras suben. La longitud de las planchas de hornear determinará el tamaño de las *épis*. La mayor parte de los hornos caseros admiten una plancha de 35 × 43 centímetros, que dicta una *épi* de 43 centímetros como máximo.

PREPARACIÓN.   15 minutos

En un bol grande, mezcle 2 tazas de harina de flor, la sal, la leche en polvo y la levadura. Añádale el agua, bata para conseguir una pasta densa. Añada el jarabe de malta (o el azúcar) y agite enérgicamente para disolverlo. Añada el resto de la harina, de ½ en ½ taza, agitando primero con una cuchara de madera pesada o una espátula hasta que le resulte difícil y luego con las manos para formar una masa densa que pueda ser sacada del bol.

La masa se notará más fría de los 21° debido a su humedad.

AMASADO. — 10 minutos

Coloque la masa en la superficie de trabajo, que habrá sido previamente espolvoreada con harina. Amase con un ritmo 1-2-3 de aplaste-gire-doble, aplaste-gire-doble. Rompa ocasionalmente el ritmo golpeando la masa contra la superficie de trabajo. Esto ayudará a desarrollar el gluten tan necesario en un pan bien fermentado. Añada harina espolvoreándola si la masa parece excesivamente húmeda o pegajosa.

Esta masa necesita un mayor tiempo de amasado que la de harina todo uso.

PRIMERA SUBIDA. — 3-4 horas

Limpie y engrase el bol y vuelva a colocar en él la masa. Cubra apretadamente con un plástico y deje sin tocarlo a temperatura ambiente (21°-23°) hasta que la masa haya más que *triplicado* su volumen.

MOLDEADO 1.º — 5 minutos

Saque la masa y colóquela sobre la superficie de trabajo. Amase durante 30 segundos. Divida la masa en 6 partes iguales.

Descanso. — 15 minutos

Deje a un lado las partes de masa para que descansen bajo papel parafinado durante 15 minutos. Este descanso o relajación es importante para el *pan de gruau*.

Moldeado 2.º — 10 minutos

Moldee cuidadosamente cada pieza en un cilindro de 43 centímetros de largo. Colóquelas en un trozo de lona o *couche* (ver pág. 37). Haga los pliegues de tela a cada lado de la mesa. Apuntale con el rodillo, un palo o un molde uno de los lados. Coloque el segundo cilindro de masa a lo largo y muy apretado contra su compañero, del que quedará separado tan sólo por un pliegue de la tela. Repita la operación con las seis piezas. Calce el otro lado.

Si la masa es lo suficientemente firme y no ha de colgar, las piezas pueden ser colocadas directamente en la plancha de hornear para que suban. Pueden aplastarse y ensancharse un poco, pero esto no influirá para el cortado que vendrá a continuación.

Segunda subida. — 1 hora

Cubra con papel parafinado o tela y deje sin tocar para que suba a temperatura ambiente (21°-23°), aproximadamente una hora, o hasta que doble su tamaño.

Precaliente el horno a 220° 20 minutos antes del período de horneado.

Cortado. — 5 minutos

Saque cada pieza de la *couche* por mediación de un tablero, cartón u otra plancha, y coloque sobre la plancha de hornear preparada.

No coloque más de 3 *épis* en una misma plancha. Estas deben ser cortadas con unas tijeras pero no deben tocar a las piezas adyacentes. Esto puede significar reservar las otras piezas entre los pliegues de tela hasta que termine el primer horneado.

Monsieur Phillips corta el *pain de gruau* en la forma clásica de una *épi*, una espiga de trigo.

Utilice unas tijeras de hoja larga.

En una *épi* de 43 centímetros se harán 6 cortes a unos 7 centímetros de distancia el uno del otro. Mantenga las tijeras directamente encima de la masa y corte en un ángulo de unos 45°. Corte profundamente la masa, en unos 2/3 de su diámetro.

Haga el primer corte de tijeras cerca del fondo de la pieza mientras mantiene ésta perpendicularmente frente a usted. Con la otra mano haga girar la pieza cortada hacia la izquierda. Haga un segundo corte y gire esta pieza hacia la derecha... y así a todo

lo largo de la masa, un total de 5 o 6 piezas puntiagudas.
Repita con las otras tiras.

Cinco minutos antes de hornear, coloque una parrilla en el fondo del horno y eche sobre ella 1 taza de agua caliente para crear vapor.

HORNEADO. — 220° - 30-35 minutos

Meta en el horno. Las *épis* estarán cocidas cuando su color sea marrón dorado y estén crujientes. Golpee la parte de abajo con el dedo índice para determinar si la corteza es dura y suena hueca.

PASO FINAL

Coloque en una parrilla para enfriar. Deje que sus invitados partan sus propios trozos.

El *pain de gruau* puede adoptar varias formas. He aquí las instrucciones para moldear la masa en 2 barras y una docena de panecillos.

MOLDEADO *1.°* — 5 minutos

A continuación de la *primera subida,* coloque la masa sobre la superficie de trabajo y divídala en el número deseado de barras y panecillos.

Para 2 barras y una docena de panecillos, divida la masa en 3 partes iguales. Moldee 2 de ellas en grandes bolas y deje a un lado para que descansen durante 15 minutos. Este descanso o relajación es importante para el *pain de gruau.* Divida la pasta restante en 12 trozos iguales y, bajo las palmas en forma de copa, déles la forma de pequeñas bolas apretando duramente contra la superficie de trabajo.

DESCANSO. — 15 minutos

Deje a un lado bajo papel parafinado para que descanse durante 15 minutos.

MOLDEADO 2.º — 18 minutos

Moldee cada una de las piezas grandes de masa bajo las palmas, apretando y estirando cuidadosamente hasta que formen un cilindro de unos 30 a 35 centímetros de largo... ¡una *baguette* pequeña o un *bâtard* largo!
Coloque la masa sobre un trozo de masa o *couche* (ver *couche*, pág. 37). Levante un doblez de tela a cada lado de la masa. Apoye el rodillo, un palo o un molde contra uno de los lados. La segunda pieza de masa será colocada junto a la primera, apretada fuertemente contra ella pero separada por el doblez de la tela. Calce la tela al otro lado y cubra las piezas con papel parafinado. Moldee cada trozo pequeño bajo la palma para alargarlo ligeramente. Coloque en la plancha de hornear, y cubra con papel parafinado.

SEGUNDA SUBIDA. — 1 hora

Deje que las barras y los panecillos suban hasta que doblen su volumen, aproximadamente 1 hora.

HORNEADO. — 205º - 20-35 minutos

Precaliente el horno 20 minutos antes del período de horneado.
Cinco minutos antes, coloque una parrilla en el fondo del horno, y eche sobre ella 1 taza de agua caliente, para crear vapor.
Saque cada barra de la *couche* con ayuda de un trozo de tablero, un cartón u otra plancha de hornear y colóquela en la plancha de hornear que habrá dispuesto. Con una hoja de afeitar haga 4 o 5 cortes diagonales en toda la longitud de cada barra. Haga cuidadosamente 3 cortes a través de cada uno de los panecillos. Coloque en el horno.
Los panes estarán cocidos cuando su aspecto sea marrón dorado. Los panecillos necesitarán unos 20 minutos; las barras, entre 30 y 35 minutos. Dé la vuelta a una barra y golpee la corteza inferior con el índice. Si la corteza suena dura y hueca, el pan

está hecho. Si la corteza del fondo es blanda, vuelva a colocar la barra en el horno por otros 10 minutos adicionales.

PASO FINAL

Coloque en una parrilla metálica para enfriar.

PANETTONE
Panettone italiano

(Cuatro piezas medianas)

Italia, no muy lejos de Mónaco, presta una sustancial contribución a la variedad de panes disponibles, en el principado, casi tanto como Francia por el otro lado.

Mientras la mayor parte de los finos *panettone* italianos son horneados en altos moldes cilíndricos, esta pieza es horneada en una plancha de hornear o directamente en el suelo del horno, sin ningún molde. Cinco minutos después de haberla metido en el horno, abra la puerta y vierta una cucharada sopera de mantequilla en el centro de la corteza en desarrollo. *Voilà! Eccolo!*

El original de esta receta era un clásico ejemplo de arranque con una taza de harina, algo de levadura y un poco de agua, y el paso por varios esponjados hasta conseguir más de 2 kilos de fina masa. Esta adaptación elimina dos de los esponjados pero no pierde en nada el sabor.

INGREDIENTES

Arranque:

1/4 de taza de agua caliente (40°-46°)
1 sobre de levadura en polvo
1 cucharadita de jarabe de malta
3/4 de taza de harina todo uso, aproximadamente

Masa:

Todo lo del arranque
1 1/4 tazas de leche caliente (40°-46°)

7 tazas de harina todo uso, aproximadamente
2 cucharaditas de sal
120 gramos de mantequilla, a temperatura ambiente
4 yemas de huevo, a temperatura ambiente
2 huevos, a temperatura ambiente
1 taza de azúcar
½ taza de frutas confitadas surtidas o de limón
2 cucharadas soperas de piñones
1 cucharada sopera de semillas de anís, trituradas
3/4 de taza de pasas
4 cucharadas soperas de mantequilla, a temperatura ambiente, para echar sobre la corteza

PLANCHA DE HORNEAR

Una o dos planchas de hornear engrasadas o de teflón, de acuerdo con las necesidades.

PREPARACIÓN. — 5 minutos, 6 horas o toda una noche

Arranque:

Eche el agua caliente y la levadura en un bol de tamaño mediano. Agite para disolver y deje reposar durante 3 minutos. Añada el jarabe de malta, que es denso y pegajoso, para disolverlo agitando en el líquido antes de añadir la harina. Añada la harina suficiente para hacer una bola blanda, y amase brevemente durante 2 o 3 minutos. Cubra el bol con un plástico y deje a temperatura ambiente (21°-23°) durante un mínimo de 6 horas o toda la noche.

15 minutos

Masa:

Coloque el arranque en un bol grande y eche por encima la leche caliente (40°-46°).
Añada agitando 2 tazas de harina, la sal y la mantequilla cortada en piezas. En un bol separado, bata juntas las yemas de huevo, los huevos y el azúcar hasta que adquieran un color amarillo claro y espu-

moso, aproximadamente 3 minutos. Echelo lentamente sobre la mezcla de la harina, batiendo bien.

Con una cuchara de madera o un raspador añada agitando el resto de la harina, de ½ en ½ taza, hasta que la pasta sea densa y pueda ser trabajada con las manos hasta convertirse en una masa áspera. Saque del bol.

AMASADO. — 6 minutos

Espolvoree liberalmente la superficie de trabajo con harina y empiece a amasar la pasta con ayuda de una espátula, si la masa sigue siendo pegajosa. Use un rítmico movimiento de aplaste-gire-doble, variándolo ocasionalmente golpeando con fuerza la masa contra la parte superior de la mesa. La masa empezará a volverse suave, elástica y agradable de trabajar.

FRUTA-PIÑONES. — 5 minutos

Cuando la masa sea uniforme, deje a un lado algunos momentos mientras reúne las frutas y los piñones. Triture las frutas surtidas (o el limón) y los piñones a un tamaño pequeño. Mezcle con las semillas de anís molidas y las pasas.

Aplane la masa hasta convertirla en un óvalo aplastado y esparza la mitad de la mezcla fruta-piñones sobre ella. Doble en dos y amase hasta que desaparezca, luego repita con el resto de la mezcla. Amase la pasta cuidadosamente para que la fruta y los piñones se distribuyan bien.

PRIMERA SUBIDA. — 2 horas

Devuelva la masa al bol lavado y engrasado, cubra apretadamente con plástico y deje a un lado sin tocarlo aproximadamente durante 2 horas a temperatura ambiente (21°-23°) para que triplique su volumen.

Moldeado. — 5 minutos

Retire el plástico y aplaste la masa con los dedos. Coloque la masa sobre la superficie de trabajo previamente enharinada y divídala en 4 partes (para piezas de tamaño mediano). Moldéelas en forma de bola con las manos en copa. Coloque en una o dos planchas de hornear, según necesite. Aplaste ligeramente la parte superior de las piezas.

Segunda subida. — 1½ horas

Coloque tiras de papel parafinado sobre la masa para que su superficie no se seque. Deje a temperatura ambiente (21°-23°) hasta que las piezas hayan doblado aproximadamente su tamaño.

Horneado. — 190° - 40 minutos

Precaliente el horno 20 minutos antes de empezar a hornear las piezas de *panettone*.

Antes de meter en el horno, corte una X con una hoja de afeitar en la parte superior de cada bola. La X deberá tener aproximadamente de 1 a 1½ centímetros de profundidad y extenderse bajando hasta la mitad por los lados. (La mantequilla vendrá luego.)

Coloque las planchas de hornear en la parte superior y media si las hornea a la vez; de otro modo utilice la parte media.

Cinco minutos después de haber metido la masa en el horno, abra la puerta, eche la plancha hacia adelante y vierta rápidamente 1 cucharada sopera de mantequilla en el centro de cada pieza, allá donde la X se cruza. Cierre la puerta del horno.

A la mitad del período de horneado cambie las planchas de hornear de arriba a abajo y de abajo a arriba.

Las piezas estarán hechas cuando presenten un color marrón profundo y suenen duras y huecas cuando golpee la corteza inferior con el dedo.

PASO FINAL

Coloque en una parrilla metálica para enfriar. Es un pan encantador y ligero que es excelente para cualquier ocasión festiva. Sírvalo para un tentempié, para un té o para un desayuno. Se congela bien, pero debe ser usado antes de 6 semanas para que conserve todo su frescor.

PAIN ITALIEN
Pan italiano

(Dos cortezudas piezas de 800 gramos)

El *pain italien* es pariente cercano del pan francés, pero hay una diferencia. Monsieur Phillips, a menos de una hora de la frontera italiana, se ha sentido influenciado a lo largo de los años por una clientela experta sobre lo que es y lo que no es *pain italien*. Utiliza dos ingredientes que me sorprendieron: aceite y leche en polvo. No azúcar, por supuesto, pero sí una pequeña ayuda de jarabe de malta.

Los mejores resultados con esta receta pueden ser obtenidos con harina de flor, cuyo alto contenido en gluten permite una máxima expansión de la masa en la subida y en el horno.

Los panaderos del norte de Italia tienen un método único de dividir una pieza de pan mientras está subiendo y cociéndose. Un trozo de cuerda es atado alrededor de la bola de masa antes de ponerla en la plancha de hornear para que suba. Cuando la masa se expande, la cuerda forma un pliegue. Al expandirse aún más en el horno, la corteza casi se rompe a lo largo de esa línea, produciendo una pieza de un aspecto distinto. Es delicioso servido con cualquier comida, pero especialmente con comida italiana.

INGREDIENTES

    1 cucharada sopera de sal
    1 cucharada sopera de jarabe de malta (o azúcar)
    1/3 de taza de leche en polvo descremada
    2 ½ tazas de agua fría (21°-24°)

2 sobres de levadura en polvo
½ taza de agua fría (21°-24°)
6 tazas de harina de flor, aproximadamente
1 cucharada sopera de aceite vegetal

PLANCHAS DE HORNEAR

Una plancha de hornear grande o dos pequeñas, engrasadas o de teflón. Esas piezas son más bien grandes... unos 20 centímetros de diámetro. Dos de ellas pueden superar al expandirse la capacidad de la plancha.

PREPARACIÓN

Esta es una buena receta en la cual se puede trabajar con la batidora eléctrica durante unos 10 minutos en los primeros estadios de desarrollo de la masa como un batido suave.

10 minutos

En un bol pequeño, mezcle la sal, el jarabe de malta, la leche y 2 ½ tazas de agua. Agite para disolver la malta, que es densa y pegajosa. Deje a un lado.
En otro bol pequeño disuelva la levadura en taza de agua. Agite y deje reposar durante 3 o 4 minutos para que se disuelva.
En el bol de la batidora, coloque 4 tazas de harina y forme un hueco en el centro. Eche allí la mezcla del jarabe de malta, agite hasta formar un batido y entonces añada la levadura y el aceite.

BATIDO. — 10 minutos

Utilice la batidora a velocidad media durante 10 minutos. Raspe los lados del bol durante el proceso, si es necesario. Si lo hace a mano, bata con una cuchara de madera grande por un tiempo equivalente.

5 minutos

Detenga la batidora. Añada el resto de la harina, de ½ en ½ taza, agitando primero con una cuchara y luego trabajando la harina en la masa con la mano. Cuando la masa sea firme, saque del bol.

AMASADO. — 8 minutos

Esta es una masa maravillosa de amasar: elástica, suave, cálida al tacto. Parece invitar al amasado. De todos modos, rompa de tanto en tanto el ritmo de aplaste-gire-doble golpeando duramente la masa contra la superficie de trabajo. Hágalo media docena de veces y luego vuelva al aplaste-gire-doble. El accesorio para amasar de una batidora eléctrica es bueno para eso, pero al haber mucha masa ésta tiene tendencia a trepar por el eje hacia el mecanismo más allá del accesorio. Si utiliza la batidora, mantenga abajo la masa con ayuda de una espátula. Con batidora, amase durante 5 minutos.

PRIMERA SUBIDA. — 2 horas

Devuelva la masa al bol grande, lavado y engrasado, cúbralo con un plástico y déjelo a temperatura ambiente (21°-23°) hasta que la masa haya *triplicado* su volumen. En mi bol grande esto significa que la masa hará presión hacia arriba contra el plástico.

APLASTADO. — 2 minutos

Retire el plástico, aplaste la masa y deshínchela con los dedos extendidos. Déle la vuelta a la masa. Vuelva a tapar el bol.

SEGUNDA SUBIDA. — 30 minutos

Deje a la masa subir durante 30 minutos.

MOLDEADO

La *boule* o bola es la forma preferida del *pain*

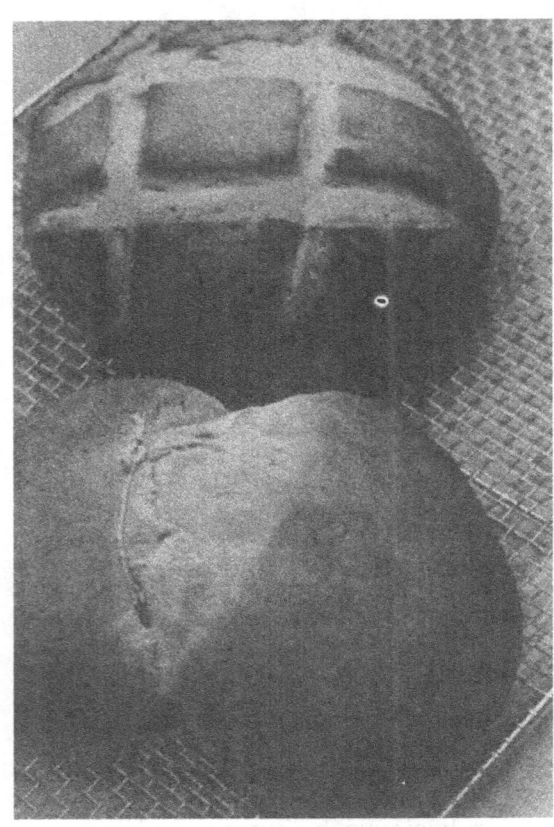

El *pain italien* toma varias formas en la *boulangerie* de Monsieur Phillips, una de ellas atada con un cordel antes de hornearla.

italien en la *boulangerie* de M. Phillips. Pero puede hacerse también en forma de *bâtards* y las más largas *baguettes*.

20 minutos

Saque la masa a la previamente enharinada superficie de trabajo y amase brevemente para extraer las burbujas. Divida la masa, que pesará aproximadamente 1 kilo y 600 gramos, en dos piezas o en las que desee. Dé a cada una de ellas la forma de una bola y déjelas reposar durante 20 minutos.

15 minutos

Para una *boule*, moldee la masa en una bola, apretando suavemente la tensa superficie de la masa con las manos en forma de copa. Coloque en la plancha de hornear y presione la masa hasta convertirla en una pieza plana... aproximadamente unos 20 centímetros de diámetro y 4 centímetros de grueso.

Si lo desea, ate un trozo de cordel en torno a una de las piezas al colocarla en la plancha de hornear. Asegúrelo con un nudo.

TERCERA SUBIDA. — 1 hora

Cubra las piezas con un paño (yo utilizo un trozo de manta del ejército) para que le llegue algo de aire a la masa de modo que forme una ligera costra. Papel parafinado apoyado sobre vasos de agua sobre la plancha de hornear pueden hacer el mismo servicio. Déjelo a temperatura ambiente (21°-23°).

Para formar piezas largas ver *couche*, pág. 37.

HORNEADO. — 220° - 40-50 minutos

Precaliente el horno 20 minutos antes del período de horneado.

Haga un dibujo como el del juego de tres en raya en una pieza, pero no en la pieza atada con el cordel.

El horno ha de estar seco durante la cocción, nada de agua vertida sobre una parrilla, pero moje las piezas con agua antes de colocar las planchas de hornear en el horno.

Si utiliza dos planchas, cambie sus posiciones 2 o 3 veces desde el momento en que las piezas empiecen a dorarse, aproximadamente a los 20 minutos.

Las piezas estarán hechas cuando presenten un color marrón dorado y cuando la corteza del fondo sea dura y suene a hueco cuando la golpee con el índice.

PASO FINAL

Coloque las piezas en una parrilla metálica para que se enfríen.

PAIN DE MIE DE MONACO
Pan de molde de Mónaco

(Dos piezas medianas)

El *pain de mie* es conocido también en Francia como *pain anglais*... un tributo a las generaciones de viajeros ingleses que deseaban el tipo de pan blanco de delgada corteza al que estaban acostumbrados en Bretaña. Al principio estaba reservado a los ingleses, pero gradualmente empezó a ser utilizado (y apreciado) para los dados de pan tostado, pan rallado, bocadillos, canapés servido como *hors d'oeuvres* y tostadas servidas con el té.

Monsieur Phillips dice tristemente que si él no hiciera *pain de mie* para los visitantes de Mónaco, éstos simplemente cortarían y tirarían la hermosa y gruesa corteza de sus panes franceses normales. Resultaba claro que se sentía abrumado ante este pensamiento.

Este pan puede hacerse también añadiéndole pasas.

INGREDIENTES

4 ½ tazas de harina todo uso, aproximadamente
2 1/3 tazas de leche, caliente (40°-46°)
4 cucharaditas de sal
2 cucharaditas de azúcar
1 sobre de levadura en polvo
120 gramos de mantequilla, a temperatura ambiente
1/4 de taza de pasas, opcional, para 1 pieza

MOLDES DE HORNEAR

Dos moldes de hornear de tamaño mediano (21 ½ × 11 ½) o moldes especiales para *pain de mie* con una tapa deslizante para mantener la forma rectangular de la pieza. Puede adaptarse una tapa a un molde normal colocando sobre éste un trozo de papel de aluminio o una plancha de hornear pequeña y lastrarlo para que se mantenga en su sitio con una piedra, un ladrillo, un tope de puerta, una barra metálica, o algo parecido, de 1 kilo de peso aproximadamente.

Use la que use, es conveniente señalar a lápiz dos marcas en la parte interior del molde. La primera marca se hará a 1/3 del fondo... la altura inicial de la masa. La segunda marca será a 3/4 de altura. Cuando la masa suba hasta la segunda marca hay que meterla directamente al horno. La masa subirá en el horno hasta terminar de llenar completamente el molde y hacer presión contra la tapa.

PREPARACIÓN. — 15 minutos

En un bol grande, coloque 3 tazas de harina y forme un hueco en el centro. Vierta allí la leche y empuje algo de la harina de los lados para formar un batido ligero. Eche agitando la sal, el azúcar y la levadura. Mezcle cuidadosamente para disolver la levadura. Déjelo descansar 3 o 4 minutos antes de continuar. Empuje el resto de la harina de los lados para hacer un batido espeso. Corte la mantequilla en piezas pequeñas y trabájela en la masa.

Añada el resto de la harina, de ½ en ½ taza, y trabájela en la masa con las manos. Puede que sea pegajosa hasta que la mantequilla sea absorbida por la harina.

AMASADO. — 8 minutos

Coloque la masa en la superficie de trabajo previamente enharinada y amase con un firme movimiento de aplaste-gire-doble. Utilice una espátula para despegar la masa que pueda quedar adherida a la mesa si persiste la pegajosidad. Añada espolvoreados de harina si es necesario.

Un peso sobre la tapa de aluminio del molde ayudará a dar a la masa una forma deliciosamente rectangular ideal para bocadillos.

PRIMERA SUBIDA. — 3 ½ horas - 30 minutos

Coloque la masa en un bol grande, cubra con un plástico y deje a temperatura ambiente (21°-23°) hasta que al masa haya superado el doble de su volumen. Retire la cubierta tras 3 ½ horas, aplaste la masa, vuelva a cubrir y deje durante otra ½ hora.

MOLDEADO. — 10 minutos

Devuelva la masa a la superficie de trabajo y divida en dos partes.
Si ha de añadir pasas a una de las piezas, aplaste la masa hasta convertirla en un óvalo aplanado y esparza por encima las pasas. Doble la masa sobre ellas y amase.
Todas las superficies de los moldes —lados, fondo y tapa— deben ser engrasadas.

Con las manos, moldee cada pieza de masa en un rectángulo tan largo como el molde y de dos veces su ancho. Doble la masa, pellizque la junta, déle la vuelta para que la costura quede abajo. Meta en el molde. Debe llegar a 1/3 de la altura del molde. Si hay demasiada pasta, quite algo. Con los nudillos, aplane la masa y métala por los rincones del molde. Repita la operación con el segundo molde.

SEGUNDA SUBIDA. — 1 - 1 ½ horas

Cubra los moldes con plástico transparente para que pueda observar cómo sube por los lados del molde hasta la marca de los tres cuartos. Deje a temperatura ambiente (21°-23°) y observe.

HORNEADO. — 205° - 50 minutos

Precaliente el horno ½ hora antes del tiempo previsto para el horneado. El horno debe estar preparado para que las piezas puedan ir directamente a él cuando llegue el momento.

Cuando la masa alcance la marca de los tres cuartos de la altura, coloque la tapa que haya preparado. Sitúe a media altura en el horno. Ponga peso sobre las tapas.

A la media hora desde que empezó a hornear, las piezas tienen que estar ya formadas y las tapas pueden ser retiradas para permitir a la humedad y al vapor escapar.

Saque una pieza del molde para comprobar si está hecha. Si la corteza es sólida al tacto, ya está cocida.

PASO FINAL

Saque las piezas y déjelas en una parrilla metálica para enfriar. Este pan es conveniente dejarlo entre 24 y 36 horas para que desarrolle todo su sabor. *Très bon!*

Recetas de Sisteron

Afortunadamente, la luz al final del túnel era Sisteron, la fortificada ciudad del siglo XV que es el puesto de avanzada más septentrional de Provence. Es ésta una legendaria parte de Francia que incluye no sólo Grasse, la ciudad del perfume, y la ciudad papal del siglo XIV de Avignon, sino también la Côte d'Azur, donde los escritores viajeros han buscado recargados adjetivos para describir un cielo y un mar comunes a St. Tropez, Cannes, Nice y Antibes. La Provenza es más que tan sólo un lugar. Es un estado mental como Hawaii o Tahití o Bali. Es también una región de buena cocina, sazonada con ajo, donde el aceite de oliva reemplaza a la mantequilla. Sus panes son deliciosos y, cerca del borde oriental, influenciados por la cocina italiana.

Habíamos conducido arriba y abajo a través de montañas y valles en medio de la lluvia durante toda la tarde, avanzando hacia el sur por la N 75 (la Route Napoléon) cuando, frente a nosotros, medio escondida entre los jirones de niebla, entrevimos otra gigantesca roca aflorando.

—Tenemos que estar cerca de Sisteron porque el mapa de la *Michelin* dice que lo estamos —dijo mi esposa. Pero no había nada que indicara que una ciudad de 6.500 almas estuviera anidada en algún lugar cerca. Luego capté allá arriba el atisbo del mástil de una bandera cerca de la parte más alta de la gran roca. Y cuando parecía que ya no teníamos otra solución que conducir directamente hacia la negra muralla de piedra, la carretera hizo una graciosa curva a la izquierda y desapareció en la boca de un túnel. La seguimos. Cuando emergimos, la niebla se había aclarado y estábamos en Sisteron, el corazón de los Alpes de la Haute Provence. Desde allí todo era bajada hasta el Mediterráneo.

La pequeña ciudad ha sido descrita por un autor nativo como "veinte estrechas callejuelas abruptas como escaleras... todas apelotonadas juntas como las calles de un pueblo de Arabia". Había ganado una cierta notoriedad en 1815 entregando a Napoléon, que acababa de escaparse de Elba. En una altura dominando la ciudad está la Citadelle, la posición fortificada en lo alto de la montaña cuyo túnel por debajo de ella nos había traído hasta allí.

Habíamos venido hablando a lo largo del camino acerca de qué forma poco habitual darían los *boulangers* de la Provenza a algunas de sus piezas. Los panes de la región son llamados *fougasses*. Aunque mi diccionario Francés-Inglés define una *fougasse* como una mina de superficie, la *fougasse* que yo buscaba era una aplanada pieza de pan cortada en varios lugares con un cuchillo o un cortapastas *(coupe-pâte)* y estirada a mano para separar las piezas en escaleras y abanicos y otras deliciosas formas.

El coche estaba aparcado a la sombra de una de las torres de vigía de piedra que hacían frente al Grand Hôtel du Cours, que estaba inmediatamente al otro lado de la calle que había sido la línea de defensa interior hacía siglos. Ahora las vacías torres estaban ocupadas por gorriones en los niveles bajos y golondrinas en los altos.

La siguiente mañana era brillante y clara, y seguí la estrecha y retorcida calle que bajaba pronunciadamente más allá de una vieja iglesia para desembocar dos manzanas más lejos al lado de la *boulangerie* de Monsieur Vevey en el número 5 de la Place de l'Horloge, llamada así por su torre del reloj edificada en 1806.

M. Vevey, me habían dicho en el hotel, hacía la más fina *fougasse* y el mejor *pain seigle*, una hogaza redonda de pan de centeno, de la región. Estaba ocupado en el horno, pero su encantadora esposa sacó dos piezas, la escalera y el árbol, afuera a la luz del sol para que yo pudiera tomarles una fotografía. Dijo que su esposo estaba muy orgulloso de sus panes, especialmente de la *fougasse*.

FOUGASSE
Pan esculpido

(Número variable)

Una *fougasse* es una pieza plana de *pain ordinaire* por lo que respecta a su masa, cortado y estirado para darle varias e inhabituales formas. En realidad no hay límite al número de formas que puede adoptar cuando el horneador casero haya perdido su inicial reluctancia a cortar sin temor con cuchillo y espátula.

Las formas más comunes son escaleras y árboles. A mi modo de ver la escalera es lo que, en plan casero, puede uno tener más facilidad de hacer y más éxito. La masa es aplanada hasta conseguir un rectángulo de algo más de

1 centímetro de grueso, que es cortado y luego estirado desde los extremos opuestos para abrir los cortes. Su aspecto realmente informal lo convierte en una elección divertida y en un tema de conversación para una barbacoa, unos spaghetti o algo parecido. Para servir, simplemente vaya partiendo los peldaños a medida que los necesite.

INGREDIENTES

>   Una cochura, aproximadamente 1 kilo 200 gramos, de masa de *pain ordinaire* (página 272).

PLANCHA DE HORNEAR

>   Una plancha de hornear, engrasada o de teflón.

PASOS PREVIOS

>   Estos son los pasos y tiempos para la masa antes de que las piezas sean moldeadas:
>
>   Preparar la masa: 18 minutos.
>   Primera subida: 2 horas.

MOLDEADO. — 15 minutos

>   Retire el plástico y aplaste la masa. Colóquela sobre la superficie de trabajo ligeramente enharinada y amase brevemente para extraer las burbujas. La masa será ligera, elástica y agradable de trabajar.
>   Esta cochura de 1 kilo 200 gramos de masa dará para dos grandes *fougasses*, una escalera y un árbol. Divida la masa en dos partes. Moldéelas hasta convertirlas en bolas y deje a un lado durante 3 o 4 minutos para relajar la masa.
>   Con un rodillo en las manos, aplane y estire una pieza de masa en un rectángulo largo y estrecho. Si la masa es obstinada y vuelve a encogerse, no luche con ella... déjela durante 5 minutos (lo suficiente para empezar a trabajar con la otra pieza). Cuando la pieza esté aplanada a un grosor entre 1 ½ y 2 centímetros, haga 4 o 5 cortes diagonales atravesando la

Madame Vevey muestra las *fougasses* hechas por su esposo en forma de árbol y escalera, dos especialidades de su panadería provenzal.

masa, separados por una misma distancia, a todo lo largo de la pieza. Una espátula puede apretarse contra la masa hasta atravesarla, o ésta puede ser cortada con un cuchillo afilado, una hoja de afeitar o una rueda de pastelero. Yo prefiero la espátula. Sujetando los extremos, tire de la masa hasta que los cortes se hayan abierto para formar una escalera.

Un estilizado árbol enmarcado en un círculo empieza con una porción oblonga de masa aplanada delgada. Tres cortes diagonales de abajo a arriba son efectuados a un lado de una línea central imaginaria. Otros tres cortes opuestos son hechos al otro lado. Abra los cortes tirando suavemente. No corte los extremos o desgarre la pieza de masa que circunda el árbol.

Segunda subida. — 60 minutos

Cubra las piezas con papel parafinado y deje sin tocar a temperatura ambiente (21°-23°) durante 1 hora.

Horneado. — 230° - 205° - 45 minutos

Veinte minutos antes de hornear, precaliente el horno a 230°. Cinco minutos antes de hornear eche una taza de agua en una parrilla colocada en la parte baja del horno. Tenga cuidado con la repentina vaharada de vapor.

Coloque la plancha de hornear en la parte media del horno. El horno debe estar húmedo con el vapor generado por el alto calor. Reduzca el calor del horno a 205°. A la mitad del período de horneado gire la plancha de hornear para que las *fougasses* se vean expuestas por igual a las variaciones de temperatura del horno.

Cuando estén cocidas, las piezas se verán de un color marrón dorado, con una corteza crujiente tanto en la parte superior como debajo. Gire una pieza y golpéela con el índice. Si es dura y suena a hueco, ya está hecha.

PASO FINAL

    Retire del horno. Coloque en una parrilla metálica para que se enfríe antes de cortar o romper las piezas.

PAIN DE SEIGLE SISTERON
Pan de centeno Sisteron

(Dos piezas)

    La mayor parte de los mejores panes de centeno empiezan con un burbujeante batido de un arranque todo centeno dejado fermentar durante un día o dos, o incluso más. Este pan de centeno, sin embargo, empieza con una porción de 400 gramos de masa, llamada el *chef*, apartada de una cochura previa de pan blanco.

    El *chef* proporciona algo del sabor y aroma fermentados deseados en la mayor parte de los panes de centeno; contiene algo del fermento, y proporciona toda la harina blanca requerida para una hogaza de pan de centeno no demasiado densa.

    Las rebanadas son húmedas, aunque no tan compactas como otros panes de centeno franceses. No contiene azúcar ni tampoco grasa de pastelería, excepto los que pueda haber en el *chef*.

    El pan Sisteron es una hogaza redonda con un círculo inscrito en la parte superior con una hoja de afeitar, el cual permite a la masa expandirse en el horno hasta ofrecer una atractiva banda de corteza ligera.

INGREDIENTES

    Chef:

        400 gramos de masa reservada de una hornada anterior de pan blanco

    Masa:

        2 tazas de agua caliente (40°-46°)
        1 cucharadita de sal

1 sobre de levadura en polvo
4 tazas de harina de centeno
1/4 de taza de harina todo uso, aproximadamente

PLANCHA DE HORNEAR

Una plancha de hornear engrasada o de teflón.

PREPARACIÓN

Chef:

Una porción de masa blanca puede ser reservada, tapada, en la nevera durante una semana o incluso 10 días. No hay ningún problema.

12 minutos

Masa:

Coloque el *chef* en un bol grande y eche sobre él el agua caliente. Disuelva la sal y la levadura en el agua que rodea el *chef*. Añada 2 tazas de harina de centeno y mezcle con la otra masa mediante 25 fuertes golpes de cuchara de madera o espátula. Eche removiendo el resto de la harina de centeno, ½ taza cada vez. Obtendrá una masa pegajosa, así que espolvoréela con harina blanca y trasládela a la superficie de trabajo.

MOLDEADO

Utilice una espátula para doblar y apretar la masa hasta que pierda algo de su pegajosidad. Espolvoree liberalmente con harina blanca mientras amasa con las manos. Mantenga la superficie de trabajo limpia de pegotes de masa de centeno utilizando la espátula. Adelantado ya el amasado, la masa responderá y puede ser trabajada libremente sin que se pegue. Paciencia.

PRIMERA SUBIDA. — 1 hora

Coloque la masa en un bol grande, cubra con un plástico y deje a temperatura ambiente (21°-23°) hasta que haya doblado su volumen.

MOLDEADO. — 5 minutos

La masa será ligera e hinchada cuando la saque del bol y la coloque sobre la superficie de trabajo. Al contrario de la masa blanca, que es muy cohesiva, ésta tendrá tendencia a partirse en trozos tan pronto como empiece usted a extraerle las burbujas de gas.

Divida la masa en 2 piezas y redondee ambas a una bola con las manos en copa, apretando suavemente cuando le dé la vuelta a la masa para mantener la superficie tensa. Aplaste ligeramente la parte superior de las bolas y coloque en la plancha de hornear.

SEGUNDA SUBIDA. — 45 minutos

Coloque papel parafinado sobre las piezas y déjelas a temperatura ambiente (21°-23°) hasta que haya subido doblando al menos su volumen... alrededor de unos 45 minutos.

HORNEADO. — 195° - 45 minutos

Precaliente el horno 20 minutos antes de hornear.
Descubra las piezas. Justo antes de meterlas en el horno, trace un preciso círculo con una hoja de afeitar en la parte superior de cada pieza. Empiece el corte con una profundidad de algo más de 1 centímetro, mantenga la hoja firme, y haga girar la masa (y la plancha de hornear) bajo ella. Una bandeja giratoria de las utilizadas para entremeses puede ser ideal para esta tarea.

Coloque en la parte media del horno. A la mitad del período de horneado gire la plancha de hornear lado por lado.

El pan estará hecho cuando adopte un color marrón claro y la corteza del fondo suene dura y hueca cuando la golpee con un dedo.

Paso final

Retire del horno y coloque sobre una parrilla metálica para que se enfríe. Si la corteza es demasiado dura para su gusto, coloque la hogaza en una bolsa de plástico durante toda una noche. Se congela perfectamente.

Receta de Beaucaire

Si hubiera sabido acerca de la poco usual pieza de pan que durante generaciones ha sido la *spécialité* de los *boulangers* de la pequeña ciudad de Beaucaire, en el sur de Francia, seguramente hubiéramos ido allá una tarde desde Avignon, a tan sólo 35 kilómetros de distancia. No fue hasta después de regresar a mi cocina de Indiana que me llegaron del otro lado del charco no menos de tres referencias del *pain de Beaucaire*. Todo parecía reprocharme no haberlo sabido cuando estuve allí.

Pero a través de una deliciosa correspondencia con M. Fernand Moureau, *ancien boulanger*, un panadero retirado que había nacido en una panadería de Beaucaire setenta y ocho años antes, conseguí corregir aquel olvido. El vivaz M. Moureau me echó una mano, vía intercambio epistolar, y me enseñó las poco habituales técnicas empleadas por los horneadores de Beaucaire para fabricar esta pieza.

Merci, M. Moureau.

PAIN DE BEAUCAIRE
Pan de Beaucaire

(De seis a ocho piezas pequeñas)

Este pan ha ganado una considerable fama a través de toda Francia, no por sus ingredientes sino por el poco usual tratamiento de la pasta tras el amasado.

El apreciado profesor Raymond Calvel, de la escuela de panaderos francesa en París, dice que este proceso produce uno de los mejores panes de Francia.

La masa es aplanada hasta convertirla en un rectángulo, luego es cortada en dos largas tiras, una de las cuales es colocada sobre la otra. La doble tira es entonces cortada en pequeños rectángulos, cada uno de los cuales será una pieza. La pieza sube, ¡pero en el momento en que se coloca en el horno es colocada de lado para hornear!

El *ancien boulanger* M. Moureau teme que el tratamiento químico de la harina actual cambie la naturaleza del arranque y la masa, y en sus cartas urge que se utilice una harina sin blanquear.

Las piezas del pan de Beaucaire son horneadas de lado.

INGREDIENTES

Arranque:

1 taza de harina sin blanquear o todo uso
1 sobre de levadura en polvo
1 taza de agua caliente (40°-46°)

Masa:

Todo lo del arranque
1 ½ tazas de agua caliente (40°-46°)
1 cucharada sopera de sal
5 tazas de harina sin blanquear o todo uso, aproximadamente
1 cucharada sopera de mantequilla o margarina derretidas, para untar

Plancha de hornear

>Una plancha de hornear espolvoreada con harina de maíz.

Preparaciones. — 10 minutos - toda una noche

Arranque:

>Doce horas antes de hornear (o más, para una fermentación más fuerte) mezcle la harina, la levadura y el agua en un bol pequeño. Cubra con un plástico y deje a temperatura ambiente (21º-23º).

20 minutos

Masa:

>Eche todo lo del arranque en un bol grande y añada el agua y la sal. Agite con una cuchara de madera o una espátula. Añada la harina, de 1 en 1 taza, y mezcle primero con la cuchara o espátula y luego, cuando la masa se ponga áspera, trabaje con las manos.

Amasado. — 15 minutos

>Este es un período de amasado más largo de lo habitual, así que tenga a un compañero amasador cerca suyo o simplemente descanse un poco de tanto en tanto cuando empiece a sentirse cansado. Coloque la masa sobre la superficie de trabajo y amase con un rítmico movimiento de aplaste-gire-doble.
>Obtendrá una masa firme, tanto o más que otras masas de harina blanca, así que evite echarle demasiada harina, que absorberá sin ningún problema durante los primeros 5 minutos.

Descanso. — 15 minutos

>Deje a la masa descansar en la superficie de trabajo bajo un bol invertido.

Moldeado. — 15 minutos

La tradicional pieza de *Beaucaire* es grande, pero yo la he escalado en tamaño para hacerla más manejable al horneador casero.

Con un rodillo (y estirándola suavemente con las manos) trabaje la masa hasta convertirla en un rectángulo de unos 45 centímetros de largo por 25 de ancho. La masa tendrá aproximadamente de 1 a 1½ centímetros de grueso. Deje que la masa descanse antes de cortar la pieza a lo largo en dos partes con una rueda de pastelero o una hoja de afeitar. En este punto la masa aún no está afirmada y puede seguirle si la corta con un cuchillo no muy afilado.

Salpique agua sobre la superficie de una de las partes. (El *ancien boulanger* desprecia este paso, pero mis *Beaucaires* obtienen un mejor éxito cuando lo aplico.) Coloque luego la tira seca encima de la primera.

Subida. — 2 horas

Elija un lugar donde dejar la masa para que suba a temperatura ambiente (21°-23°) durante 2 horas: una mesa o un tablero o una bandeja larga o una tabla de cortar. Espolvoree su superficie con harina de maíz para que la masa no se pegue y pueda moverse cuando se expanda. Deposite la masa y cúbrala con papel parafinado durante la subida.

Horneado. — 205° - 30-35 minutos

Coloque la plancha de hornear vacía en el horno 20 minutos antes del período de horneado para que se precaliente. La plancha debe estar caliente cuando coloque las piezas sobre ella.

La masa estará hinchada. Con una regla, marque la tira en piezas de 6 a 7½ centímetros de ancho. La masa no se hundirá si la corta cuidadosamente con un cuchillo afilado... moviendo suavemente la hoja arriba y abajo antes que forzarla a través de la masa, cosa que puede aplastar los extremos. La superficie cortada mostrará una red abierta de burbujas.

Retire la caliente plancha de hornear del horno y colóquela sobre una superficie protectora cerca de las piezas recién cortadas. Espolvoree la plancha con harina de maíz.

Con la ayuda de una espátula, levante cuidadosamente cada pieza y colóquela sobre su lado recién cortado en la plancha de hornear. Si la línea de demarcación entre las capas superior e inferior de la masa ha quedado sellada y no es pronunciada, moje un cuchillo afilado en agua y haga un corte de algo más de 1 centímetro a lo largo de la línea donde se unieron. Durante el horneado la pieza se abrirá a lo largo de esta línea.

Coloque en el horno. A la mitad del período de horneado gire la plancha de hornear para que todos los panes se vean igualmente expuestos al calor del horno. Diez minutos antes de que los panes estén hechos, saque la plancha del horno y unte las piezas con la mantequilla derretida. Vuelva a colocar en el horno.

Las piezas estarán hechas cuando su corteza presente un color marrón claro y suene dura cuando la golpee con el índice.

PASO FINAL

Retire del horno y coloque sobre una parrilla metálica para que se enfríen. Son deliciosos consumidos en cualquier momento, pero mejor lo más pronto posible puesto que se secan en un día o dos. Corte a rebanadas para hacer grandes tostadas con ellas. Partidos por la mitad son excelentes para bocadillos.

Recetas de Grenoble

Durante varios meses había estado deseando que llegara el momento de visitar Record II, debido a que no podía creer los elogios formulados por algunos amigos conocedores respecto al pan francés horneado en este enorme supermercado en las afueras de Grenoble.

Así como la mayoría de los centros comerciales de los Estados Unidos son habitualmente un racimo de tiendas y almacenes individuales, Record II es un solo almacén al otro lado de una hilera de cuarenta jóvenes dependientas elegantemente uniformadas sentadas tras otras tantas cajas. Y si bien hay un poco de todo, desde alfombras y neumáticos hasta vestidos, lo más importante es la comida y, al estilo francés, hay una sección completa de pescado, otra de cerdo, buey, embutidos, volatería, despojos, carne caballar, y así. Los compradores llevan sus botellas de vino vacías al almacén y las llenan allí de una línea de espitas que surgen de una pared de baldosas. Vino blanco o tinto.

Uno espera nuevas y excitantes cosas en Grenoble, la sede de los Juegos Olímpicos de Invierno de 1968 y una de las más vibrantes ciudades francesas. Con uno de los índices de crecimiento de población más altos del país, esta ciudad del sudeste a orillas del río Isère se ha quintuplicado en el último siglo y se ha esparcido por la llanura desde su posición establecida en la base de las montañas. Posee multitud de atractivos, incluidas las Universidades de Grenoble I, II y III, una estación de investigación nuclear, un montón de museos y un *téléferique* hasta la cima de las montañas que dominan la ciudad.

El rincón más concurrido del Record II era la panadería. Tres dependientas estaban de pie frente a unas estanterías metálicas de tubo donde eran colocados los panes aún calientes del horno para que se terminaran de enfriar. Cada compartimento llevaba un letrero: *baguette, couronne* (corona), *campagne* (pan de payés), *seigle* (centeno) y *complet* (integral). El tamaño de las piezas variaba de 200 gramos para la *baguette* tradicional hasta 1 kilo para las cortezudas hogazas de pan de payés.

Una señora en la cola le contó expontáneamente a mi esposa que era una neoyorquina expatriada que, con su marido francés, que era chef, había regentado un restaurante en Manhattan hasta el año pasado, en que las cosas se habían puesto un poco mal y habían regresado a Grenoble.

—Creemos que este es el mejor pan de toda Francia... no hay ninguna duda al respecto —dijo—. Y ciertamente es mejor que cualquiera que puedan servirle nunca en Nueva York.

La panadería propiamente dicha formaba parte integrante de Record II, y estaba separada de los compradores tan sólo por un gran ventanal. Me quedé mirando junto con media docena de compradores que aguardaban mientras un operario cargaba un gran horno de ladrillo con el *campagne*, del que se producen aproximadamente unas 600 piezas en un día de mercado tan importante como el sábado. El horno era alimentado con leña, preferiblemente de árboles frutales, que los franceses consideran excelente como fuente de calor para el pan de payés. La masa estaba hecha con *levain*, una importante distinción para los franceses, ya que significa que era preparada en la antigua forma con un fermento de masa activa reservado del día anterior, y horneado lentamente hasta que las hogazas presentaran una corteza gruesa y un color marrón profundo, a menudo hasta el punto de descortezarse en algunos lados. El otro horno (un monstruo metálico eléctrico de seis hileras) era utilizado para aquellos panes que son fermentados con levadura. Allí se producían alrededor de 2.000 *baguettes* al día.

El panadero había tenido una inspiración. Cuando Record II abrió, cinco años antes, los propietarios deseaban una atracción superlativa que fuera un imán para la tienda. El pan francés horneado a la antigua usanza podía ser esa atracción, razonaron, pero ¿podía fabricarse en cantidad? Sí, dijo Monsieur Pierre Morel, uno de los más respetados *boulangers* de la ciudad, y se ofreció a hacerlo. Lo hizo, y la panadería fue un éxito sin precedentes.

A dieciséis kilómetros más al sur, muy por encima del presidencial Château de Vizille francés, retrocedí casi un siglo mientras escuchaba sentado la débil y vacilante voz de Madame Doz, de noventa y nueve años de edad, que estaba sentada junto a una mesa de cocina y que durante la mayor parte de su vida había estado fabricando el mismo tipo de pan que había visto en Record II hacía menos de una hora. Su horno accionado con madera, no utilizado desde hacía tiempo, estaba en un cobertizo detrás de la casa, y una gallina marrón, que había anidado en uno de los viejos cestos de mimbre forrados interiormente de tela utilizados para los panes, cloqueó su desaprobación cuando Madame Doz y yo entramos por la puerta. La cámara interior del horno, que albergaba el fuego y donde era horneado el pan, tenía unos dos metros y medio de largo por metro veinte de ancho, un espacio suficiente, dijo Madame Doz, para hornear a un tiempo la provisión de pan de la familia para dos semanas. Cuando el horno estaba lo suficientemente caliente, las ardientes brasas y las cenizas eran sacadas fuera con una pala de largo mango y echadas a un pequeño pozo debajo. No había chimenea, así que la puerta era entreabierta para permitir la salida del humo. Cuando el fuego era empujado, la puerta permanecía cerrada para retener el calor.

—Si hubiéramos vivido abajo en el valle —continuó—, probablemente hubiéramos ido a Vizille a hornear nuestro pan en el horno comunitario, o quizás incluso hubiéramos comprado nuestro pan; pero éramos gente de arriba la montaña, y bajábamos solamente cuando era necesario. Teníamos seis acres de tierras de labor aquí. Cultivábamos todo lo que necesitábamos. Cada año cosechábamos aproximadamente siete toneladas de trigo que transportábamos abajo a la ciudad para ser molido. Pero todo esto ha cambiado ahora con las buenas carreteras. Incluso compramos nuestro pan en Vizille.

Justo en la parte de afuera de la cocina, el agua de una fuente que mana arriba en la montaña brincaba sobre una larga artesa de piedra en la cual, durante años, habían sido puestos a enfriar los bidones de leche y los caballos habían acudido a abrevar. Cuando ya nos íbamos, llené un vaso que tomé del coche en el claro y frío chorro. Se lo ofrecí a Madame Doz.

Sus ojos destellaron cuando habló.

—Joven, en esta casa solamente bebemos vino.

PAIN ORDINAIRE CARÊME
Pan ordinario Carême

(Cuatro baguettes, boules o couronnes de 300 gramos)

Pan fresco cada día para el señor —esté en la parte que esté del mundo— es la promesa de esta receta, de 175 años de antigüedad, de Carême, el gran cocinero y autor

francés (1784-1833). El hombre que fue llamado el cocinero de los reyes y el rey de los cocineros escribió:
"Los cocineros que viajan con sus gastronómicos señores pueden, a partir de ahora, y siguiendo este método, proporcionarles pan fresco cada día."

Casi idéntica a la sencilla receta de Carême es la masa hecha en Record II por M. Morel para *baguettes*, *ficelles* y *couronnes*.

M. Morel difiere de M. Carême tan sólo en cuando es tiempo de meter el pan en el horno. M. Carême dice que las piezas deben ir directamente al horno en el momento en que estén formadas, mientras que M. Morell las deja subir durante 1 hora, y luego las mete en el horno.

El pan es hecho con harina de trigo duro para proporcionar a la masa la habilidad de resistir a la expansión que experimenta de más de tres veces su volumen original. Hornear con un fuerte calor proporciona el florecimiento que hace posible la formación de la amplia estructura celular, la característica distintiva del *pain ordinaire*.

Ingredientes

>2 sobres de levadura en polvo
>2½ tazas de agua fría (21°-24°)
>6 tazas de harina de trigo duro, aproximadamente
>2 cucharaditas de sal
>2 cucharaditas de agua

Plancha de hornear

>Una plancha de hornear, engrasada o de teflón, o moldes largos para *baguette*, engrasados, si es posible.

Preparación

>Deje que una batidora eléctrica tome a su cargo la primera parte de la preparación batiendo la mezcla durante 10 minutos. No sobrecargue una batidora ligera con una pasta demasiado densa.
>Si la mezcla a mano, agite vigorosamente durante igual período de tiempo.

10 minutos

En un bol tipo batidora, espolvoree la levadura sobre el agua, y agite con la mano para que se disuelva. Deje que se vuelva cremosa, aproximadamente 3 minutos. Añada la harina (aproximadamente 4 tazas para una máquina potente, del tipo robot de cocina) para conseguir un batido en el cual las paletas giren sin esfuerzo La pasta se volverá uniforme y dejará de pegarse a los lados a medida que el gluten se desarrolla. ¡Incluso puede intentar trepar por el eje de la batidora y penetrar por el motor! Empújela hacia abajo con una espátula.

Cuando esté a punto de finalizar, disuelva la sal en 2 cucharaditas de agua y añádalo a la pasta. Bata durante otros 30 segundos.

AMASADO. — A máquina 5 minutos

Si la máquina es potente y tiene un brazo para amasar, continúe con ella y añada el resto de la harina, 1/4 de taza cada vez, hasta que la masa esté formada bajo el accesorio y los lados del bol estén limpios. Si continúa pegajosa y se adhiere al bol, añada harina espolvoreándola. Amase durante 5 minutos.

A mano 8 minutos

Si amasa a mano, añada el resto de la harina a la pasta, de ½ en ½ taza, agitando primero con un utensilio y trabajando luego con las manos. Cuando la masa sea una masa áspera pero sólida, coloque sobre la superficie de trabajo y empiece a amasar con un agresivo movimiento de aplaste-gire-doble. Si la masa es pegajosa, espolvoréela con harina hasta que deje de serlo. Rompa ocasionalmente el ritmo de amasado golpeando duramente la masa contra el sobre de la mesa... una excelente forma de ayudar al desarrollo de la masa.

Primera subida. — 2 horas

> Coloque la masa en un bol grande engrasado, cubra con un plástico y deje a temperatura ambiente (21°-23°) durante 2 horas. La masa superará el triple de su volumen... e incluso puede que empuje desde abajo el plástico que la cubre.

Aplastado. — 3 minutos

> Retire el plástico y vuelque la masa sobre la superficie de trabajo para amasarla brevemente, 2 o 3 minutos. Devuélvala al bol y tápelo de nuevo.

Segunda subida. — 1½ horas

> La masa volverá a subir hasta superar el triple de su volumen en aproximadamente 1½ horas.

Moldeado. — 10 minutos

> Vuelva a colocar la masa, que será ligera e hinchada, sobre la superficie de trabajo. Aplástela otra vez. No se sorprenda si al hacerlo descubre que es elástica. Divídala en tantas partes como piezas desee. 300 gramos de esta receta darán una *baguette* de 56 centímetros de largo por 8 a 10 centímetros de diámetro. Permita que las piezas de masa descansen unos 5 minutos antes de moldearlas.
>
> Para *boules* o piezas redondas, moldee en bola. Coloque en un cesto forrado interiormente de tela (*banneton*) o deposite directamente sobre la plancha de hornear. Para *baguettes*, arrolle la masa hasta una longitud de 40 a 56 centímetros y un grosor de 8 a 10 centímetros. Coloque en molde o plancha de hornear, o en los pliegues de una tela larga (*couche*).
>
> La *couronne* puede hacerse de varias maneras. Una de ellas es aplastar la pieza de masa, presionar en su centro con el dedo pulgar hasta formar un agujero, y ensancharlo con los dedos. Otra es enrollar una larga tira de masa de 45 a 60 centímetros y formar un

círculo con ella, colocando uno de los extremos sobre el otro y apretando las puntas. Una tercera es tomar 2 o 3 tiras de masa más cortas y juntarlas formando un círculo, no superponiendo los extremos sino apretándolos juntos lado contra lado hasta formar una pieza uniforme.

TERCERA SUBIDA. — 1 hora

Cubra las piezas con un paño, preferiblemente de lana, para permitir que el aire llegue a la masa y forme una ligera costra. Deje a temperatura ambiente hasta que la masa haya subido a más del doble de su volumen.

HORNEADO. — 230° - 25-30 minutos

Se necesita un horno *muy caliente*. Precaliéntelo 20 minutos antes de hornear y coloque una parrilla en el fondo para recibir una taza de agua que será añadida más tarde.

Cinco minutos antes de hornear, eche una taza de agua en la caliente parrilla. Vaya con cuidado con el repentino vapor. Puede quemarle. Coloque cuidadosamente las piezas albergadas en cestos y en *couches* en la plancha de hornear. Haga cortes diagonales a lo largo de las barras largas y el emparrillado del tres en raya en las *boules*.

Coloque a media altura en el horno.

Las piezas estarán hechas cuando adquieran un color marrón dorado. Gire una de ellas, y si la corteza del fondo suena dura y hueca cuando la golpee, el pan está hecho.

PASO FINAL

Coloque en una parrilla para enfriar. Uno de los sonidos más excitantes de una cocina es el crujir del pan francés cuando se enfría. ¡Déjelo crujir! Unte con mantequilla y disfrútelo con cualquier plato.

PAIN DE CAMPAGNE MADAME DOZ
Pan de payés de Madame Doz

(Dos piezas de 800 gramos)

El pan de payés horneado por Madame Doz en el gran horno de leña de su granja y por Monsieur Pierre Morel en Record II estaban hechos con *levain*, una porción de masa reservada de la anterior hornada. La familia Doz guardaba esta *levain* durante una e incluso a veces dos semanas en un rincón de la gaveta para masa, bajo el sobre de la gran mesa de nogal en la cocina. En Record II, la producción es más rápida y la *levain* se mueve de una hornada de masa a la siguiente en cuestión de horas.

Aunque es difícil duplicar la harina de los Doz molida en el valle a partir del trigo cultivado en sus pocos acres montañosos, la mezcla en esta receta de harina sin blanquear, trigo entero molido grueso y germen de trigo —todos tres fermentados— produce un pan cortezudo y delicioso. Tiene la misma calidad y carácter que las piezas de Record II.

M. Morel utiliza un pellizco escaso de ácido ascórbico en su masa. Ayuda a la formación celular de las piezas, dice. Es el único aditivo químico aceptado por el *boulanger* francés.

Una *levain* puede ser guardada por el horneador casero en la nevera durante varios días, como hacía Madame Doz en su fría cocina de la montaña, pero debe ser masa sin azúcar o grasa de pastelería o puede estropearse. Guarde la *levain* en un contenedor que permita a la masa expandirse durante sus primeras horas en la nevera.

INGREDIENTES

Arranque:

1 sobre de levadura en polvo
2/3 de taza de agua fría (21°-24°)
1/3 de taza de crema de leche, a temperatura ambiente
1 cucharadita de vinagre
1½ tazas de harina sin blanquear o todo uso

Levain:

Todo lo del arranque
1 taza de agua fría (21°-24°)
2 tazas de harina de trigo entero, molida gruesa o corriente
½ taza de germen de trigo
1 taza de harina sin blanquear o todo uso, aproximadamente

Masa:

Todo lo del *levain*
2 tazas de agua fría (21°-24°)
1 pulgarada escasa de ácido ascórbico, opcional
4½ tazas de harina sin blanquear o todo uso, aproximadamente
4 cucharaditas de sal
4 cucharaditas de agua

PLANCHAS DE HORNEAR Y MOLDES

Una plancha de hornear, engrasada o de teflon, para las *boules* redondas; o moldes para *baguettes* o *ficelles*, engrasadas.

PREPARACIÓN. — 8 minutos 12-24 horas

Arranque:

En un bol grande, disuelva la levadura en agua. Añada la crema de leche cuando la levadura esté espumosa (pero no antes debido a que la grasa cubrirá las partículas de levadura) y el vinagre. Eche agitando la harina hasta formar un batido espeso. Cubra apretadamente con un plástico y déjelo reposar a temperatura ambiente (21°-23°) durante un mínimo de 12 horas o hasta que suba y se hunda por sí misma. Puede mantenerla así durante 24 horas si lo considera conveniente.

Levain:

Un auténtico *levain* es tomado de la masa de una hornada anterior, pero para una primera cochura el proceso empieza aquí.

5 minutos, 6-12 horas

Destape el bol que contiene el arranque. Eche en él, agitando, el agua, la harina de trigo entero y el germen de trigo.

El *levain* debe ser una suave bola de masa, no un batido, así que añada suficiente harina blanca, aproximadamente 1 taza, para convertirlo en una masa sólida. Coloque sobre la superficie de trabajo y amase el *levain* durante 3 o 4 minutos antes de volver a depositarlo en el bol. Recubra y deje a temperatura ambiente (21°-23°) durante un mínimo de 6 horas. Puede ser dejado más tiempo si es conveniente. La bola de masa subirá y se expandirá bajo el plástico y tomará entonces la apariencia de un batido espeso.

15 minutos, 2 horas

Masa:

Dos cosas son diferentes en esta receta. La harina blanca es convertida en una masa blanda y luego mezclada con la bola de *levain*. La sal no es añadida sino hasta más tarde en el amasado. No lo olvide. Apártela ahora para recordarlo.

Destape el *levain*, deshínchelo con un raspador o con la mano y colóquelo sobre la superficie de trabajo. Conviértalo en una bola y déjelo a un lado.

Eche en el bol agua, el ácido ascórbico opcional, y ½ taza de harina no blanqueada o todo uso. Agite para mezclar hasta convertirlo en un batido espeso. Añada harina, aproximadamente ½ taza, para hacer una suave bola de masa que pueda ser sacada del bol. Colóquela sobre la superficie de trabajo y amásela hasta que sea uniforme, añadiendo espolvoreados de harina si se muestra pegajosa.

Aplaste el *levain* hasta convertirlo en un óvalo plano y cúbralo con la bola de masa blanca. Doble las dos juntas y continúe el proceso de doblado y amasado hasta que ambas masas se hayan mezclado completamente. Las masas combinadas deberán ser elásticas pero firmes, así que añada al menos 1 taza adicional de harina blanca al empezar el amasado. Una comprobación es moldear la masa en una bola y ver si retiene su forma cuando usted retira sus manos. Si la masa se desmorona blandamente, necesita una cantidad considerable de harina adicional. Si mantiene su forma pero es elástica y responde a los dedos encogiéndose de nuevo, entonces puede que tenga suficiente harina. Otra comprobación: golpee la bola de masa con la mano extendida. Deje la mano sobre la masa mientras cuenta hasta 15. Si retira su mano sin que nada de masa se haya pegado a ella, probablemente la masa tenga ya suficiente harina.

Amasado. — 7 minutos

Las masas combinadas se mezclarán formando una masa de color amarronado claro, salpicada con pequeños copos de un color marrón más oscuro. Utilice un fuerte movimiento aplaste-gire-doble... golpeando dura y agresivamente la bola de masa contra la mesa de tanto en tanto.

Sal

Detenga por un momento el amasado para disolver la sal en 4 cucharaditas de agua. Aplaste la masa y haga una depresión en el centro para recoger la solución salina. Doble la masa sobre el líquido y vuelva al amasado.

Amasado. — 3 minutos

La masa puede volverse pegajosa y húmeda cuando haya absorbido el líquido; si es así, espolvoréele harina. Amase durante 3 minutos adicionales.

PRIMERA SUBIDA. — 2 horas

Coloque la masa en el bol lavado y engrasado y deje a temperatura ambiente (21°-23°) hasta que haya más que doblado su volumen. Puede que presione contra la cubierta de plástico del bol.

MOLDEADO. — 10 minutos

Retire el plástico y aplaste la masa con los dedos extendidos. Vuelque sobre la superficie de trabajo y divídala en tantas partes como piezas desee. La masa pesará aproximadamente 1½ kilos.

Según quiera moldear la masa en hogazas redondas o en *baguettes* o *ficelles,* puede ser colocada para subir directamente sobre la plancha o planchas de hornear o en moldes o en *bannetons,* o *sur couche.*

SEGUNDA SUBIDA. — 1½ horas

Cubra con un trozo de tela o con papel parafinado y deje a temperatura ambiente (21°-23°) para que suba hasta *triplicar* su tamaño original, aproximadamente 1½ horas.

HORNEADO. — 230° - 35-40 minutos

Coloque una parrilla en la parte inferior del horno y precaliente éste 20 minutos antes de hornear. Cinco minutos antes de meter los panes eche 1 taza de agua en la parrilla. Puede producirse una brusca nube de vapor cuando el agua toque la caliente parrilla, así que vaya con cuidado. Utilice un recipiente de mango largo para echar el agua.

Destape las piezas. Las moldeadas en *bannetons* son volcadas sobre la plancha de hornear. Las de los dobleces de tela (*couches*) son sostenidas en un trozo de cartón y llevadas hasta la plancha de hornear. Aquellas situadas en moldes o en las propias planchas de hornear se dejan por supuesto tal cual.

Corte la parte superior con una hoja de afeitar (vea *coups de lame,* pág. 41).

Sitúe las piezas en la parte media del horno, o, si utiliza también la superior, tenga en cuenta que los panes se hornearán más aprisa ahí y deberá intercambiarlos con los otros mediado el período de cocción.

Las piezas estarán hechas cuando presenten un color marrón dorado y sean crujientes. Gire una de ellas y golpee la corteza inferior con un dedo. Si suena dura y hueca, está hecha.

PASO FINAL

Coloque las piezas en una parrilla metálica para que se enfríen, apílelas en un lugar donde el aire circule libremente. Crujirán fuertemente a medida que las cortezas se enfrían y cuartean. Intente aguardar hasta que estén casi frías antes de partirlas o cortarlas a rebanadas para servir.

PETITES GALETTES SALÉES
Galletitas saladas

(Aproximadamente cuarenta y cinco piezas)

Se trata de unas deliciosas galletitas planas ricas en mantequilla, cortadas a partir de una delgada capa de masa sin fermentar. Poseen un ligero toque salado que las hace ideales para aperitivos... servidas solas o untadas con algo. La sal está en ellas... no esparcida sobre ellas.

Aunque yo corto las mías en cuadrados de 5 centímetros de lado con una rueda de pastelero, puede hacerlas usted de cualquier tamaño que desee.

INGREDIENTES

½ taza de mantequilla, a temperatura ambiente
½ taza de agua caliente (52°)
2 1/4 tazas de harina todo uso, aproximadamente
1/4 de taza de leche en polvo descremada
4 cucharaditas de azúcar
2 cucharaditas de sal

La pasta para las galletitas saladas es cortada con una rueda de pastelero.

PLANCHA DE HORNEAR

Una plancha de hornear, que no necesita ser engrasada debido al alto contenido en mantequilla de las *galettes*.

PREPARACIÓN

Corte la mantequilla en varias piezas y coloque en un bol de tamaño mediano. Eche el agua caliente, que ablandará aún más la mantequilla. Deje reposar durante 5 minutos o hasta que el líquido esté tibio pero no caliente. Eche agitando 3/4 de taza de harina, la leche en polvo descremada, el azúcar y la sal. Se convertirá en un batido suave. Agite para mezclar concienzudamente. Añada el resto de la harina, 1/4 de taza cada vez, hasta formar una bola de masa.

AMASADO. — 3 minutos

Coloque la masa sobre la superficie de trabajo previamente enharinada y amase hasta que sea uniforme. Es probable que necesite espolvoreados adicionales de harina para proporcionarle cuerpo a la masa. No hay levadura en esta masa, así que no es necesario desarrollar el gluten como con los productos fermentados con levadura. El amasado es para mezclar los ingredientes y conseguir una masa uniforme.

DESCANSO. — 1 hora

Coloque la masa en un bol, cúbrala con un plástico, y deje a un lado a temperatura ambiente (21°-23°) durante una hora.

MOLDEADO. — 10 minutos

Precaliente el horno a 205°.
Coloque la masa sobre la superficie de trabajo y aplánela hasta un rectángulo de unos 25 × 45 centímetros... y no más de 3 milímetros de grueso. No se precipite. Tire suavemente con las manos para ayudar a formar el rectángulo. Yo utilizo una regla normal para medir la superficie, marcar los cuadrados de 5 centímetros y guiar la rueda de pastelero.
Una rueda de pastelero, especialmente la de borde dentado, que corta formando un borde ondulado, produce una *galette* de agradable aspecto y no aplasta ni tira de la masa como lo haría un cuchillo.
Antes de trasladar las *galettes*, pinche cada una de ellas con la punta afilada de un tenedor 3 o 4 veces.
Tome cuidadosamente cada *galette* y deposítela en la plancha de hornear. Si esta no puede albergar-

las todas, tape las sobrantes con papel parafinado y déjelas en la superficie de trabajo.

HORNEADO. — 205° - 15-20 minutos

Coloque en el precalentado horno pero no se marche lejos porque se hornean muy rápido. Observe las *galettes* a los 8 minutos. Las *galettes* se verán de un color marrón claro, algo más oscuro en los bordes, y oscuro en la parte inferior. No tema revolverlas un poco para acabar un horneado uniforme. Si algunas son más planas que otras y parecen blandas cuando se las aprieta por su parte superior, devuélvalas al horno. ¡Pero vigílelas!

PASO FINAL

Cuando las saque del horno, colóquelas sobre una parrilla metálica para que se enfríen. Son deliciosas calientes. Se mantienen frescas durante días en una lata bien cerrada, y se congelan perfectamente.

Recetas del Valle del Rhòne

Cuando un autor de libros de cocina investiga nuevas recetas, deja a los demás los carmesís atardeceres y los cielos azules. En un hermoso día de junio (puedo recordar esto) conduje los 152 kilómetros que separan Nice de Toulon —del este al oste a través de toda la Riviera francesa—, y una semana más tarde apenas podía recordar el haber estado allí, aunque recordaba vívidamente el haberme parado ante un semáforo y haber visto una especialmente atractiva hogaza de pan exhibida en un escaparate de una *boulangerie* en St. Tropez (¿o era St. Raphael?). Era imposible aparcar allí, así que nunca pude volver para preguntar por aquella receta, aunque mi mente no dejó de pensar en ella. Durante largos tramos de encantador paisaje costero (según Marje), tracé hipótesis acerca de cómo hacía el *boulanger* aquel pan.

Con toda imparcialidad debo confesar que mientras conducía en aquella ocasión estaba preocupado también con referencia a dos amigos. Uno de ellos era Richard Olney, a quien iba a ver aquella noche en el pueblecito de Solliès-Toucas, en las colinas del interior. Estaba ansioso por felicitarle por su nuevo libro de cocina francesa, que había recibido un premio nacional en los Estados Unidos como el mejor de todos los libros de cocina del año.

El otro amigo, Wendell Phillipi, un editor de periódico de Indiana, era el responsable de que hubiéramos elegido aquella carretera en particular subiendo el valle del Rhône. Me había armado con mapas de batalla de la Segunda Guerra Mundial, y había insistido en que debía ir a visitar los lugares donde él había luchado contra los alemanes en esa guerra. Más importante aún, debíamos visitar al conde y a la condesa en cuyo *château* había matenido un puesto de observación durante varios días bajo el fuego de la artillería germana.

El autor de libros de cocina se había trasladado al sur de Francia después de una estancia en París, donde había estado escribiendo para algunas revistas francesas de vinos y alimentación y, haciéndolo, había obtenido una considerable reputación. El sería el primero en decir que había sido como una revancha a la dieta de carne-y-patatas de la granja de Iowa donde había sido uno de ocho hermanos.

Olney trasladó su máquina de escribir, sus telas y sus pinturas a una casa abandonada del sur, en medio de un viejo campo de olivos al borde de Solliès-Toucas, y escribió dos excepcionales libros de cocina francesa.

No tenía teléfono, así que no pudimos llamarle para decirle que llegaríamos dentro de poco. Antes le había escrito desde los Estados Unidos diciéndole tan sólo que iría por allí en el verano. Primero debíamos encontrar el campo de olivos. Una irregular hilera de escolares pueblerinos suele ser entusiasta, atenta, curiosa (sobre todo hacia los americanos), pero esencialmente poco informativa. Tras dar dos veces la vuelta al pueblo detuve el coche frente a una especie de cabaña excavada en la roca. Un hombre viejo permanecía entre las profundas sombras.

¿Estábamos cerca?, le pregunté. No pueden estar más cerca, respondió el viejo, y señaló hacia los escalones tallados en la ladera de la colina tras él.

—No pueden perderse. Es la única persona que hay ahí arriba —dijo el viejo, haciendo un gesto con su mano hacia la colina.

—Tendré que añadir el escalar montañas a todas las demás habilidades de Richard —dijo mi esposa, mientras trepábamos por el estrecho sendero marcado en la roca. Años antes cuatro hombres habían empujado y tirado durante seis horas a lo largo de aquel camino para entregarle una cocina mientras Olney la emprendía con el vino blanco para mantener alto su espíritu.

De pie en su traje rojo de jogging al final del camino, avanzando hacia nosotros a través de una jungla de hierbas, estaba Olney, que se nos quedó mirando sorprendido mientras nosotros jadeábamos por nuestra ascensión.

—Esto hay que celebrarlo —dijo, metiendo una botella de champagne en un cubo lleno de hielo.

Era la magnífica chimenea que dominaba la zona de la cocina-living lo que yo deseaba ver antes que nada de la casa. Le había escrito hacia ya varios años pidiéndole detalles del diseño de la chimenea, que aparecía fotografiada en su primer libro. Era en el humero de la chimenea donde él colgaba a menudo el vientre de jabalí enrollado y escabechado u otras delicias para que se ahumaran durante varios días en el tibio calor de las brasas de madera de olivo y haces de romero.

El enfoque de Richard con respecto a la comida era franco y directo.

—Una cocina buena y honesta y una cocina francesa buena y honesta son la misma cosa. Los principios de la buena cocina no cambian cuando uno cruza fronteras u océanos. El éxito de la preparación depende tan sólo del conocimiento de esos principios y de la sensibilidad personal.
No sabía nada acerca de la mayoría de los panes franceses. No le gustaba.
—En este pueblo no se hornea buen pan excepto el que me horneo yo mismo.
En su excelente *French Menu Cookbook* daba una receta de su versión del pan de payés.

No había actividad ni en el horno ni en la chimenea aquel cálido día, así que renuncié a una lección acerca de ahumar la carne. Le pedí instrucciones acerca de cómo liar el vientre de jabalí para ahumarlo para el poco probable caso de que deseara intentar hacerlo en mi propia chimenea.

Dijimos adiós a Olney, descendimos por el sendero lleno de escalones, le dimos las gracias al viejo (que seguía aún en su sombra) por sus informaciones, y enfilamos el coche valle del Rhône arriba.

Cuando mi amigo de Indiana estuvo aquí formaba parte de la 36.ª División de Infantería persiguiendo (y derrotando) al 17.º Cuerpo de Ejército germano. Cuando giramos hacia el norte en Aix-en-Provence estábamos persiguiendo y confiando en capturar una o dos recetas especiales, e intentando reunirnos con el Conde y la Condesa Charles d'Andigne. El Conde no había tenido ningún papel en la aventura de mi amigo en el Château Condillac debido a que a principios de la guerra había sido embarcado hacia las minas de carbón para ayudar a la causa de la Resistencia francesa.

Conduciendo por la amplia *autoroute* A7 no era posible relacionar todo aquello con la guerra en la que mi amigo había luchado hacía treinta años. A lo largo de la costa del Atlántico y en el Marne y el Meuse, nombre como Dieppe, Saint-Lô, Arromanches, Soissons, Verdun y Château-Thierry seguían vivos, pero aquí el combate se había movido tan rápidamente que habían alcanzado a las ciudades y pueblos tan sólo con un ligero plumazo de guerra. Había sido algo infernal, por supuesto, pero no se había detenido lo suficiente como para dejar grabado ningún nombre.

El camino hacia el *château* empezaba cerca del río y progresaba por entre los pies de las colinas en sucesivas carreteras cada vez más estrechas hasta girar finalmente para cruzar una puerta en un alto muro de piedra y penetrar en un patio más allá del cual se extendía una impresionante vista de los distantes Hautes Alpes. (Era en aquella dirección que un par de granadas de la artillería germana habían interrumpido la comida que la Condesa estaba ofreciendo a mi amigo y a sus compañeros oficiales celebrando la liberación del *château* y de París el mismo día.)

Caía una fina lluvia cuando conduje nuestro coche hasta la elegantemente labrada puerta delantera. El suelo de guijarros del patio había sido rastrillado recientemente, y los surcos de piedra corrían rectos y precisos de una pared a otra. Nuestro coche chirriaba sobre el perfecto dibujo.

Cuando estuvimos sentados con el Conde y la Condesa en la encantadora habitación decorada estilo siglo XI, con su gran techo abovedado, hablamos de muchas cosas... de cómo los americanos habían ocupado el *château* echándola hasta que mi amigo había ordenado a los guardias dejarla a ella al cargo y de cómo la guerra había retrocedido en sus memorias hasta el punto de que aquellos incidentes antes tan vívidos estaban ahora como empañados hasta tal punto que parecían haberle ocurrido a alguna otra persona. Finalmente, hablamos acerca de un famoso pan, la *pogne de Romans* (que adquiere todo su delicado y delicioso sabor en Romans-sur-Isère).

—Cuando lo haga —dijo la Condesa—, recuerde que el agua de azahar es el ingrediente especial. Es un aroma delicado: úselo ligeramente.

Había estado tras el rastro de la *pogne de Romans* desde hacía algún tiempo, y antes de ascender a la colina hasta el *château* había estado vagando por la antigua ciudad amurallada de Montélimar, que había sido una escala de Napoleón en su camino a Elba el 24 de abril de 1814.

Montélimar es famoso por su confección del nougat, pero sus *boulangeries* y *pâtisseries* a todo lo largo de la ciudad han tomado el famoso pan de Romans como propio. Cada tienda proclamaba que su *pogne* estaba hecha con la mantequilla más fresca. Pese a este entusiasmo, decidí que obtendría mi *pogne* en Romans.

Pero fue en Montélimar, en una pequeña *boulangerie* cerca de la puerta norte de la ciudad, donde encontré *les muffins* y *les buns*.

LE MUFFIN DE MONTÉLIMAR
El muffin de Montélimar

(Dieciocho piezas)

¡Este no es su muffin habitual! El batido fermentado con levadura es dejado subir durante 1 hora, el azúcar y la mantequilla son mezclados en él, y las latas de muffin llenadas en sus dos tercios. Van directamente a un horno muy caliente (220°), donde suben hasta convertirse en pequeños promontorios dorados. Cerca del final de su estancia en el horno, se les da la vuelta de arriba a abajo en sus latas y son vueltos a girar para tostarse.

Es un muffin muy especial. ¡Es *le muffin de Montélimar!*

INGREDIENTES

> 1 sobre de levadura en polvo
> 1½ tazas de agua caliente (40ª-46°)
> ½ taza de leche en polvo descremada
> 2½ tazas de harina todo uso
> 1 huevo, a temperatura ambiente
> ½ cucharadita de sal
> 1/4 de taza de azúcar
> 60 gramos de mantequilla, fundida

LATAS DE MUFFIN

Latas de muffin con un total de 18 a 20 cuencos, untados con mantequilla o de teflón.

PREPARACIÓN. — 10 minutos

Mezcle la levadura en el agua caliente para que se disuelva en un bol grande. Eche agitando la leche. Añada la harina, de ½ en ½ taza. El batido será espeso, uniforme. Rompa y eche el huevo. Bata sólo lo suficiente como para mezclar bien todos los ingredientes. La sal, el azúcar y la mantequilla serán añadidos más tarde.

Los muffins, fermentados con levadura, una receta poco usual del Valle del Rhône.

SUBIDA. — 1 hora

>Cubra el bol apretadamente con un plástico y deje a un lado a temperatura ambiente (21°-23°) para permitir al batido fermentar y subir.

FORMADO. — 5 minutos

>Precaliente el horno a 220° antes de introducir las latas de muffin.
>Retire el plástico y añada la sal y el azúcar. Agite para mezclar antes de añadir la mantequilla derretida. Cuando la mantequilla haya sido absorbida, utilice una cuchara grande para llenar los cuencos de muffin hasta sus 2/3 con el batido, que será pegajoso y elástico. Puede ayudar a empujar el batido fuera de la cuchara y en el cuenco con una espátula.
>Si no es utilizado todo el batido, guarde el so-

brante en un frasco de plástico lo suficientemente grande como para permitirle expandirse un poco y métalo en la nevera para un horneado posterior.

HORNEADO. — 220° - 25 minutos, 10 minutos

Coloque las latas de muffin en la parte media del horno. Cuando los muffins hayan subido formando pequeños promontorios y tengan un color marrón dorado ligero -aproximadamente unos 25 minutos- retire las latas del horno, saque los muffins y déles la vuelta a todos en sus cuencos. Devuelva al horno para que se doren durante otros 10 minutos adicionales.

PASO FINAL

Coloque en una parrilla para enfriarlos algo, pero sírvalos calientes... ¡Son deliciosos! Guarde el batido no utilizado, como he sugerido más arriba, antes que intentar congelar y guardar los muffins. Son mejores recién salidos del horno.

LE BUN DE MONTÉLIMAR
El bollo de Montélimar

(Ocho piezas)

Como *le muffin, le bun de Montélimar* es diferente. No espere que abarque una hamburguesa. No es un tipo común de bollo. Es un panecillo pequeño, adornado con pasas de Corinto o de Málaga, que será bien recibido en cualquier mesa ... familiar y/o con invitados. Me recuerda uno de los famosos bollos bañados ingleses ... sin el macís.

INGREDIENTES

1 taza de pasas de Corinto o de Málaga
1 sobre de levadura en polvo
½ taza de agua caliente (40°-46°)
3-3 ½ tazas de harina todo uso, aproximadamente

1/4 de taza de leche en polvo descremada
1 cucharadita de sal
1 pellizco de jengibre
½ taza de azúcar
120 gramos de mantequilla, a temperatura ambiente
1 huevo.

Glaseado:

1 cucharada sopera de leche
1 huevo.

PLANCHA DE HORNEAR

    Una plancha de hornear, engrasada o de teflón.

PREPARACIÓN. — 12 minutos

    Deje caer las pasas en agua en un bol pequeño y manténgalas durante media hora. Escurra y seque con una toalla de papel. Resérvelas.
    En un bol grande espolvoree la levadura sobre el agua caliente, agite para disolver, y déjela hasta que se vuelva cremosa, aproximadamente 4 minutos. Añada 1 taza de harina, la leche en polvo, la sal, el jengibre y el azúcar. Agite vivamente para mezclar. Eche batiendo la mantequilla bien ablandada y cuando esté mezclada en la pasta añádale el huevo. La pasta debe ser espesa. Esparza en ella las pasas y continúe añadiendo harina hasta que la masa sea suave y aterciopelada.

AMASADO. — 3-4 minutos

    La masa será suave y delicada, sólo un poco más allá del estado pegajoso. Espolvoree harina en la superficie de trabajo durante el amasado. Una espátula es una gran ayuda para trabajar y girar esa blanda masa.

Primera subida

    Devuelva la pasta al bol lavado y engrasado, cubra con un plástico, y deje a temperatura ambiente (21°-23°) durante unos 45 minutos.

Moldeado. — 8 minutos

    Devuelva la masa a la superficie de trabajo. Amase brevemente para extraer las burbujas, y divida la masa en 8 porciones iguales. Moldee cada una de ellas bajo la mano en copa para formar una bola uniforme. Coloque en la plancha de hornear. Aplaste ligeramente la parte superior de cada una de ellas para darles una forma algo más aplanada.

Segunda subida. — 40 minutos

    Cubra los bollos con un plástico y deje sin tocarlos a temperatura ambiente (21°-23°).

Horneado. — 205° - 30 minutos

    Precaliente el horno 20 minutos antes de hornear los bollos.
    Unte cada uno de ellos con el glaseado de huevo y leche y coloque la plancha a media altura en el horno. A la mitad del período de horneado dé la vuelta a la plancha lado por lado... y unte de nuevo los bollos.
    Cinco minutos antes de retirar los bollos del horno úntelos por tercera vez con la mezcla de huevo y leche.
    Les buns estarán hechos cuando tengan un intenso color marrón dorado en la parte superior y una corteza marrón profundo en la inferior.

Paso final

    Coloque en una parrilla metálica para enfriar. Son deliciosos servidos calientes. En mi casa nadie me deja nunca congelarlos, pero son igualmente deliciosos.

SCHNECKES
Panecillos con pasas

(Dos docenas)

Un *schnecke* es algo mucho más atractivo que su nombre. Es una versión no demasiado dulce de un panecillo de canela, sin la canela. Ideal para el desayuno o el tentempié. En una plancha de hornear las espirales de *schnecke* trepan hacia arriba y hacia el centro para relevar el brillante amarillo de su interior con las pequeñas manchas negras de las pasas.

Los *schneckes* están hechos con la masa de *qualité supérieure* que es la masa básica para los *petits pains au lait*, los panecillos de leche, con adición de pasas de Corinto o de Málaga, azúcar, y mantequilla derretida, y un glaseado de huevo y leche para untar.

INGREDIENTES

1 cochura de masa para *petits pains au lait* (pág. 163).
3 cucharadas soperas de mantequilla, fundida, para untar.
1 taza de azúcar granulado, para espolvorear.
1 taza de pasas de Corinto o de Málaga.

Glaseado:

1 huevo, ligeramente batido
1 cucharada sopera de leche

(El azúcar moreno puede ser sustituido por el blanco, y pueden también mezclarse nueces trituradas con las pasas.)

PLANCHA DE HORNEAR

Una plancha de hornear, engrasada o de teflón.

Pasos previos

Estos son los pasos y los tiempos para la masa (pág. 164) antes de que los panecillos sean moldeados:

Preparar la masa: 12 minutos.
Amasado: 7 minutos.
Primera subida: 4 horas o toda una noche.
Segunda subida: 1½ horas.

Moldeado. — 25 minutos

Divida la masa en 2 porciones. Con el rodillo, moldee una pieza en un rectángulo de 20 centímetros de ancho y unos 45 a 50 centímetros de largo. La masa debe tener unos 6 milímetros de grosor. Deje al rectángulo descansar durante 1 o 2 minutos y así no volverá a encogerse cuando lo aplane. Unte con la mitad de la mantequilla derretida. Espolvoree 1/3 de taza de azúcar granulado sobre su superficie. Esparza ½ taza de pasas sobre la masa azucarada. Enrrolle cuidadosamente la masa (partiendo del lado más corto) para formar un rollo (como un brazo de gitano) de aproximadamente 6 a 7½ centímetros de grueso. Con un cuchillo afilado, corte rodajas del ancho del dedo índice (aproximadamente 1 centímetro) y colóquelas sobre la plancha de hornear de modo que las piezas queden casi tocándose. (Ya se expandirán llenando los espacios libres.) Repita con la segunda porción de masa.

Tercera subida. — 1 hora

Cubra con papel parafinado y deje subir a temperatura ambiente (21°-23°) durante aproximadamente 1 hora. La masa será ligera, hinchada y a punto de tocar las piezas cercanas.

Horneado. — 190° - 50-60 minutos

Precaliente el horno a 190°. Retire el papel. Unte con la mezcla de huevo batido y leche. Espolvoree con el resto del azúcar granulado. Coloque en el horno y hornee hasta que los *schneckes* tengan un color marrón claro y su parte central haya subido en espiral hacia arriba. Saque uno o dos y déles la vuelta para asegurarse de que su parte inferior es marrón y está hecha. Si desea una corteza de un color más oscuro, vuélvalos a colocar en el horno por otros 10 minutos adicionales.

Paso final

Saque los *schneckes* de la plancha, sepárelos entre sí y colóquelos en una parrilla metálica para que se enfrien (si los deja en la plancha de hornear se ablandarán). Sírvalos calientes, o congélelos.

Recetas de Romans-sur-Isère

Para este viajero, hay tres cosas que están por encima de todas las demás en la pequeña ciudad de Romans-sur-Isère. Casi un centenar de años antes de que Colón iniciara su navegación hacia el Nuevo Mundo, los ciudadanos de Romans encargaron un reloj para ser instalado en una torre de piedra, al fondo de la cual se hallaban las mazmorras de la antigua ciudad fortificada. Lo inhabitual del reloj era un *jacquemart* o maniquí de tamaño natural de pie sobre una plataforma encima del reloj, que golpeaba la gran campana con un gran martillo para dar las horas. La figura no ha cambiado a lo largo de los años, pero ha sido vestida de nuevo numerosas veces para adecuarla a las corrientes políticas al uso. Ha sido un ciudadano de la ciudad, un lancero polaco, un centinela y un trovador. Hoy está pintado con el abigarrado uniforme militar de un *gendarme* del pasado siglo XVIII.

El *jacquemart* y la Iglesia de Saint Barnard, del siglo XII, en la orilla del río Isère, dominan la silueta de esta ciudad de unos 30.000 habitantes, y son dos de sus más celebradas atracciones.

La tercera es un pan, la *pogne de Romans*, una hogaza redonda cuya fotografía en una postal es probablemente la mejor propaganda de la ciudad. La lustrosa y dorada *pogne*, su uniforme corteza superior cuarteada por el calor del horno para mostrar una profunda grieta, está rodeada en las postales con fotografías más pequeñas de la iglesia, el *jacquemart* y otras escenas. La leyenda no deja dudas acerca de prioridades: *"Romans et ses pognes fameuses."*

Otros han intentado capitalizar la mística *pogne*, y ahora podemos encontrarla en las *boulangeries* de ciudades en kilómetros a la redonda. El crédito, sin embargo, es siempre de aquí. Nunca se trata de *pogne de Grenoble* o *pogne de Montélimar*. Siempre es *pogne de Romans*. Si hay algún subterfugio no es acerca de su origen, sino acerca de si esas *pognes* contienen realmente la mejor y la más fresca mantequilla.

Nos hallábamos en una típica calle comercial que bordeaba el Isère cuando cruzamos el puente y penetramos en la parte vieja de la ciudad. Su sección más baja no era un lugar alegre ya que tenía el aspecto vacío y abandonado de sus mejores días de siglos pasados.

Me habían dicho que los mejores *boulangers* de Romans

podían ser encontrados en los bloques de casas que rodeaban el *jacquemart*. El *gendarme* acababa de martillear las 2 cuando salimos del distrito antiguo y penetramos en la profunda penumbra de los árboles que rodeaban la plaza. Marje anduvo en una dirección y yo en otra, buscando *pognes* en los escaparates. Marje dijo: 4 rue Jacquemart parecía prometedora.

El cartel decía: "Boulangerie-Coquet-Pognes". Era una tienda estrecha con otra entrada en la Place Earnest Gailly para permitir a los compradores entrar a la tienda desde cualquiera de las dos direcciones. La panadería era pequeña, no más de 3 por 6 metros, y copia en tamaño de la cocina familiar al otro lado del local desde donde Madame Coquet podía mantener al mismo tiempo su vigilancia sobre la tienda y su hijo. El horno, estrecho y alto, había sido hecho a la medida para encajarlo en la pequeña estancia.

M. Georges Coquet tenía unos treinta y cinco años y una amplia sonrisa, una hilera de dientes perfectos, los hombros de un futbolista, y se movía con la gracia de un atleta. M. Coquet era el *boulanger*, el *pâtissier*, todo en aquella empresa de un solo hombre (y esposa). Aunque no podía permitirse el lujo de hacer todas las cosas que un panadero hace habitualmente en su trabajo diario antes del amanecer, M. Coquet efectuaba la mayor parte de su preparación la noche anterior. Esto significaba que mezclaba y amasaba la pasta y la moldeaba en una docena de tipos de panes, incluida la *pogne*, pero en lugar de dejar a los panes subir y ponerlos inmediatamente en los hornos, almacenaba las planchas y moldes en una gran nevera que los conservaba hasta la mañana siguiente. Encendía entonces sus hornos, sacaba las piezas ya subidas de la nevera, y tenía panes calientes y recién hechos para sus compradores más madrugadores.

—Sin el *réfrigérateur* me sería imposible hacer todo lo que hago. Creo también que el tiempo extra proporciona a los panes más sabor. De esta forma las piezas suben muy lentamente, y están perfectamente a punto para el horno a la mañana siguiente, cuando las saco.

Aunque la *pogne de Romans* es su producto más famoso, M. Coquet ha creado con sus talentudas manos una adaptación trenzada de la *ficelle* o tira, que es la larga y delgada barra conocida por todos lados en Francia. Aunque no se trata de una nueva receta, M. Coquet es el único *boulanger* que haya visto trabajar con tanta facilidad transformando la simple tira larga de masa en un pan trenzado, *une tresse*.

Cuando le pedí que me mostrase el proceso, primero lo intentó con un trozo de cuerda, pero se reveló inmanejable. Entonces hizo una pequeña bola de masa sobre la mesa y la estiró en una larga tira para la demostración.

La he incluido aquí no como un nuevo pan, sino como una forma única de pan, la *ficelle de Romans*.

POGNE DE ROMANS
Pogne de Romans

(Dos piezas redondas)

El ingrediente no común en la *pogne de Romans* es la *eau de fleur d'oranger*, el agua de azahar, una destilación de los brotes del naranjo amargo. Es utilizada en Francia y en otros países del Continente para dar sabor a bebidas, pastas y dulces. Es un ingrediente de una fragancia sutil que es utilizado frecuentemente.

Puede ser sustituido por extracto de naranja, pero ya no es el mismo tipo de pan.

La *pogne* es un pan suculento: mantequilla, huevos y azúcar. Un vasito de ron o coñac, dice Monsieur Coquet, es un toque necesario.

Una bola de arranque es dejada crecer y gana fuerza antes de ser mezclada con el cuerpo principal de la suculenta masa.

INGREDIENTES

Arranque:

2 sobres de levadura en polvo
½ taza de agua caliente (40°-46°)
1 taza de harina sin blanquear o todo uso, aproximadamente

Masa:

- 6 tazas de harina sin blanquear o todo uso, aproximadamente
- 6 huevos, a temperatura ambiente
- 1/4 de taza de ron o coñac (o agua, si se prefiere)
- 1 taza de azúcar
- 2 cucharadas soperas de agua, aproximadamente
- 2 cucharaditas de sal
- 1/4 de taza de agua de azahar (o 4 cucharaditas de extracto de naranja)
- 200 gramos de mantequilla o margarina, a temperatura ambiente

Glaseado:

- 1 huevo
- 1 cucharada sopera de leche

PLANCHA DE HORNEAR

Una plancha de hornear grande o dos pequeñas. Corte discos de papel de embalar marrón para colocar debajo de cada *pogne* cuando las sitúe en la plancha de hornear. Unte los papeles con mantequilla antes de utilizarlos.

PREPARACIÓN — 10 minutos

Arranque:

En un bol pequeño, disuelva la levadura en el agua caliente (40°-46°). Añada aproximadamente 1 taza de harina no blanqueada o todo uso para hacer una masa sólida de pasta que pueda ser sacada del bol y amasada durante 2 o 3 minutos en la superficie de trabajo previamente enharinada. Añada espolvoreándola más harina si mantiene aún su pegajosidad.

1½ horas

Devuelva la bola de masa del arranque al bol pequeño (lavado y engrasado), cúbrala con un plástico, y déjela a un lado a temperatura ambiente (21°-23°) durante aproximadamente 1½ horas para desarrollarse y doblar su volumen.

Masa:

La masa puede prepararse en cualquier momento durante el período en que el arranque está subiendo, guardándola en un bol cubierto con un plástico.

15 minutos

En un bol grande, eche 1½ tazas de harina sin blanquear o todo uso y forme un hueco en el centro empujando la harina hacia los lados. Eche allí 4 huevos, uno a uno, empujando de los lados tras cada huevo la suficiente harina como para formar una espesa pero fluida pasta. Añada el ron o coñac (o agua, si lo prefiere) y bata en la mezcla huevo-harina. Eche el azúcar. Si la mezcla es espesa y cuesta remover añada 2 o más cucharadas soperas de agua para aclarar.

Ese trabajo de batir y mezclar puede hacerlo con la batidora eléctrica. Bata durante 2 a 3 minutos a velocidad media. La pasta deberá quedar uniforme y de un color amarillo dorado claro. Añada la sal y el agua de azahar y mezcle.

Elimine la forma angular de la mantequilla (pastilla o trozo de bloque) aplastándola con una espátula. Cuando esté blanda y elástica, eche aproximadamente una cuarta parte en la pasta y mezcle. Cuando la pasta haya absorbido la mantequilla, añada otra porción. Repita con el resto.

Cuando toda la mantequilla haya sido mezclada, eche los 2 huevos restantes, uno a uno, y bata bien a velocidad media.

Cuando la mezcla sea pareja, añada el resto de la harina, de ½ en ½ taza, para formar una bola de masa que pueda ser sacada del bol y colocada sobre la superficie de trabajo previamente enharinada.

PRIMER AMASADO. — 4 minutos

> Amase con un fuerte movimiento de aplaste-gire-doble, añadiendo espolvoreados de harina si la masa es pegajosa. La masa debe ser suave, elástica y fácil de trabajar debido a su alto contenido en grasa.

DESCANSO. — Hasta que el arranque esté listo

> Dé a la masa la forma de una bola y vuelva a colocarla en el bol grande para que descanse hasta que el arranque se haya desarrollado. Cubra con un plástico.

MEZCLA-AMASADO. — 8 minutos

> Cuando el arranque se haya desarrollado, es añadido a la gran bola de masa amarilla. Coloque la gran bola sobre la superficie de trabajo y aplástela. Esparza la masa del arranque sobre ella. Doble la masa amarilla para envolver la masa blanca del arranque y trabaje y amase juntas. Cuando la masa blanca haya sido completamente absorbida en la masa amarilla, y no queden estrías de color, la masa estará suficientemente amasada.

PRIMERA SUBIDA. — 2½ horas

> Coloque la masa en un bol limpio, cubra con un plástico, y deje a temperatura ambiente (21°-23°) hasta que casi haya doblado su volumen, aproximadamente 2½ horas.

AMASADO. — 15 minutos

> Prepare los discos de papel donde se apoyarán las *pognes* durante la segunda subida y en el horno.
> Devuelva la masa a la superficie de trabajo. Amase durante 2 minutos y divida en 2 porciones. Forme cada una de ellas en bola. Aplaste la bola hasta que la *pogne* tenga unos 20 centímetros de diámetro. Apriete con el pulgar en el centro, fuertemente. Con

los dedos, abra un agujero; con ambas manos ensanche el agujero hasta que tenga unos 10 centímetros. Trabaje cuidadosamente la masa para que la superficie de la *pogne* quede uniforme. Coloque la *pogne* sobre el disco de papel untado con mantequilla en la plancha de hornear. Repita con la segunda pieza.

SEGUNDA SUBIDA. — 2½-3 horas

Coloque la plancha de hornear y las *pognes* en un lugar tranquilo a temperatura ambiente (21°-23°) durante de 2½ a 3 horas. Cubra con un paño o con **papel parafinado** durante la primera hora, pero luego destápelas y úntelas con el glaseado. Deje sin cubrir durante el resto del tiempo.

HORNEADO. — 180° - 40 minutos

Precaliente el horno 20 minutos antes de hornear las *pognes*.
Unte de nuevo las piezas con el glaseado. Con una hoja de afeitar, marque 3 cortes que se toquen en la parte superior de cada *pogne*, formando un triángulo Cada línea debe ser curvada para permitir que los extremos de los cortes se superpongan. Si algún punto delicado se abre demasiado al cortarlo, arréglelo cuidadosamente con la punta de la hoja de afeitar.
Coloque a media altura en el horno.
Las *pognes* estarán hechas cuando las cortezas presenten un color marrón profundo resplandeciente.

PASO FINAL

Coloque en una parrilla metálica para que se enfríen. Cuando las *pognes* estén frías, métalas en bolsas de plástico y déjelas que envejezcan un día antes de servirlas.

PETITS PAINS AU BEURRE
Panecillos de mantequilla

(Dieciséis panecillos pequeños)

Los *petits pains au beurre* (mantequilla) son de lo mejor que hay en Francia con respecto a panecillos, una pequeña maravilla... leche, mantequilla y crema. Son el sueño de un granjero y la delicia de un horneador casero.

Pueden convertirse rápidamente en *petits pains aux oeufs* (huevos) sustituyendo los 2/3 de taza de crema por 4 yemas de huevo. Las yemas, por supuesto, les proporcionan un fino color dorado, y el sabor es igualmente bueno.

INGREDIENTES

Arranque:

1 1/3 tazas de leche, hervida y enfriada (40°-46°)
2 tazas de harina todo uso
2 sobres de levadura en polvo

Masa:

Todo lo del arranque
2/3 de taza de crema ligera (o yemas de huevos, ver más arriba), a temperatura ambiente
1 cucharadita de sal
120 gramos de mantequilla, a temperatura ambiente
3 tazas de harina todo uso, aproximadamente

PLANCHA DE HORNEAR

Una plancha de hornear grande o dos pequeñas, engrasadas o de teflón.

PREPARACIÓN. — 10 minutos, 1½-8 horas

Arranque:

Hierva la leche y déjela enfriar hasta los 40°-46°. Echela en un bol y añada removiendo la harina y la levadura hasta formar un batido espeso. Cubra con un plástico y deje a temperatura ambiente (21°-23°) hasta que fermente y haga burbujas, aproximadamente 1½ horas. Si es más conveniente, el arranque puede ser dejado toda una noche para que desarrolle aún más sabor.

8 minutos

Masa:

Retire el plástico del arranque y mezcle en él la crema (o las yemas de huevo). Añada la sal. Añada tan sólo la harina necesaria para hacer que el batido sea de nuevo espeso... y eche removiendo la mantequilla cortada a trozos pequeños. Cuando la mantequilla haya sido absorbida por la pasta, añada la harina, de ½ en ½ taza, trabajando la masa con las manos. Cuando la masa sea áspera, sáquela del bol.

AMASADO. — 7 minutos

Coloque la masa en la superficie de trabajo y amase con un fuerte movimiento de aplaste-gire-doble. Si la masa es pegajosa, añádale ligeros espolvoreados de harina. Es una masa fina y delicada agradable de trabajar debido a su alto contenido en grasa. Ocasionalmente golpee duramente la masa contra la superficie de trabajo... para aliviar el tedio del amasado pero también para apresurar el desarrollo del contenido en gluten de la masa.

PRIMERA SUBIDA. — 3 horas

Devuelva la masa al bol, lavado y engrasado, cúbralo con un plástico, y déjelo sin tocarlo a temperatura ambiente (21°-23°) hasta que la masa haya doblado su volumen.

MOLDEADO. — 20 minutos

Devuelva la bola de masa a la superficie de trabajo y amase brevemente para extraer las burbujas.

Quizá la forma más sencilla de hacer todos los *petits pains* de un tamaño uniforme sea aplastar la masa hasta convertirla en un óvalo plano, y cortarlo en 4 partes. Haga un óvalo aplastado de cada una de esas piezas más pequeñas y córtelas también en 4... obteniendo así en total 16. (Si desea usted 32, por ejemplo, repita la operación, y así sucesivamente.) Es una forma sorprendentemente exacta de conseguirlo.

Haga una apretada bola con cada una de las 16 piezas moldeándola bajo la mano en forma de copa, y déjela a un lado. Empiece con la primera bola y enróllela hasta convertirla en un cilindro tan largo como ancha sea su mano. Con el canto de la palma, golpee la masa a lo largo en el centro, dóblela, y continúe. Los *petits pains* deberán tener de 15 a 18 centímetros de largo. Coloque la costura en la parte de abajo al ponerlos en la plancha de hornear. Deje 4 centímetros libres entre cada pieza.

SEGUNDA SUBIDA. — 35 minutos

Una tela colocada sobre los *petits pains* es lo mejor, ya que permite que se forme una pequeña costra durante la subida. Yo utilizo un trozo de manta de lana. Una alternativa es cubrir los panecillos con papel parafinado durante los primeros 20 minutos, y luego dejarlos destapados. Déjelos subir a temperatura ambiente (21°-23°).

HORNEADO. — 210° - 30-35 minutos

Precaliente el horno 20 minutos antes de hornear (¡un período más largo desperdicia combustible!).

Destape los *petits pains* y con una hoja de afeitar o un cuchillo muy afilado haga un corte de 6 milímetros de profundidad a lo largo de cada panecillo.

Si piensa utilizar la parte media y superior del horno, recuerde que la parte superior es considerablemente más caliente que la media, así que durante el período de horneado cambie las planchas, colocando la de arriba en medio y la de en medio arriba.

Los *petits pains* estarán hechos cuando presenten un color marrón atractivo y sean firmes cuando los apriete con el dedo.

PASO FINAL

Coloque en una parrilla metálica para enfriar. Son tan buenos que yo los he comido no sólo durante la comida sino también como postre. Algo excepcional.

LA FICELLE DE ROMANS
Panecillos trenzados de Romans

(Número variable)

La pequeña *ficelle* trenzada o en tira es una forma utilizada por otros *boulangers* franceses, pero nadie puede ejecutarla mejor que M. Coquet de Romans.

La trenza o *tresse* es una forma común en panadería, pero M. Coquet trenza sus piezas de tal modo y sujeta los extremos de tal manera que cuanto más se expanden estas, más unida queda la trenza y más ligados sus extremos. En otros tipos de trenzas los extremos tienen a menudo tendencia a soltarse, arruinando una pieza que de otro modo sería preciosa.

Practique este sistema en una o dos cochuras de masa para perfeccionar un pan de su preferencia. La primera media docena de veces no va a ganar ningún premio. Destrence e inténtelo de nuevo, si quiere. El truco, si hay alguno, es visualizar los dos lados del lazo y el extremo libre como tres tiras paralelas aguardando ser entrelazadas.

INGREDIENTES

1 kilo de masa aproximadamente para *petits pains au beurre* o *aux oeufs* (pág. 309), *pain ordinaire* (página 272) o *pain de campagne* (pág. 123).

Glaseado:

1 yema de huevo
1 cucharada sopera de leche

PLANCHA DE HORNEAR

Una plancha de hornear, engrasada o de teflón.

PASOS PREVIOS

Estos son los pasos y tiempos para la masa para *petits pains au beurre* o *aux oeufs* (pág. 309) antes de moldear las trenzas.
Preparar el arranque: 10 minutos.
Fermentación: 1½-8 horas.
Preparar la masa: 8 minutos.
Amasado: 7 minutos.
Primera subida: 3 horas.

MOLDEADO. — 25 minutos

Retire el plástico y aplaste la masa. Coloque sobre la superficie de trabajo ligeramente enharinada y amase por uno o dos momentos para extraer las burbujas. La masa será ligera y elástica.

La receta de los *petits pains au beurre* o *aux oeufs* proporciona entre 1 kilo y 1 kilo 200 gramos de masa. Divídala en porciones de 120 gramos cada una y moldéelas en bolas del tamaño de una naranja mediana. Deje a un lado. Cada una de ellas dará un *petit pain* trenzado de unos 15 centímetros de largo.

Para hacer una trenza, arrolle la bola de masa bajo las palmas de las manos hasta formar una larga y delgada tira de 60 centímetros de largo y algo más de 1 centímetro de diámetro. La masa responderá mejor si, una o dos veces durante el arrollado, aplasta la masa a lo largo con una palmada del canto de la mano o del puño cerrado. Doble la aplastada masa a lo largo y continúe formando la tira bajo las palmas.

Para las primeras trenzas, coloque una regla sobre la mesa para que pueda juzgar uniformemente dos medidas críticas... 60 centímetros en total y 40 centímetros una vez señalado el lazo.

Con la masa extendida a todo lo largo frente a usted, doble un extremo sobre la longitud de la masa a unos 40 centímetros o 2/3 de la longitud total.

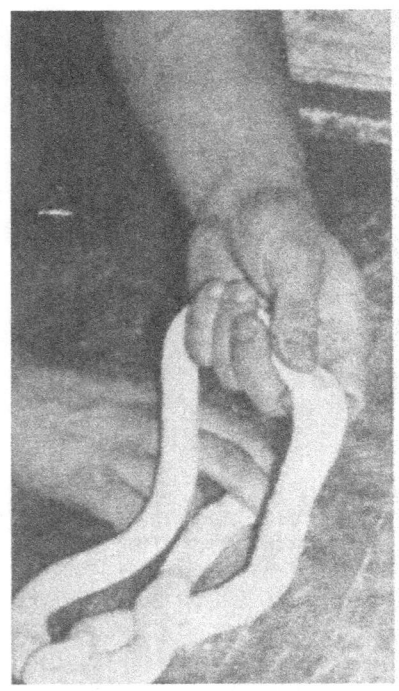 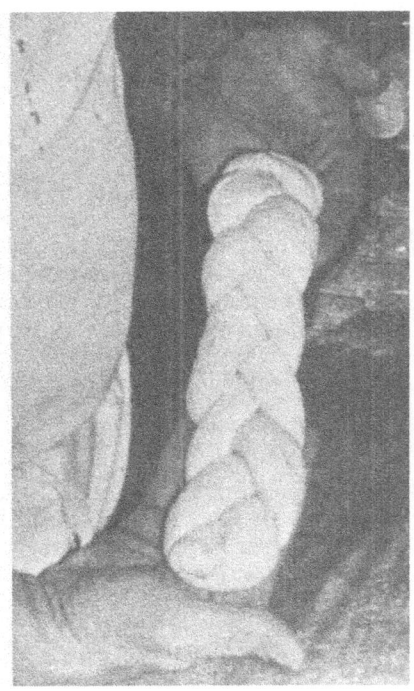

Con la mano izquierda, Monsieur Coquet gira el lazo para aceptar la tira de masa, mientras trenza *la ficelle de Romans*. *Voilà!*

Deje un par de centímetros de masa para sobreponer. Pellizque la juntura para asegurarase. Gire suavemente el lazo y la larga cola hacia usted, con la parte superior del lazo mirando a las 12 del reloj.

Levante el extremo libre y métalo por el lazo. Tire a través de él, por debajo. Retuerza el lazo en el sentido contrario al de las agujas del reloj, levante el extremo libre y métalo a través del lazo. Gire el lazo en el sentido de las agujas del reloj, vuelva a meter el extremo libre a través del lazo. Esto será suficiente para una trenza de 15 centímetros. El número de vueltas del lazo variará de acuerdo con al longitud de la tira. El extremo libre deberá sobresalir siempre, mientras que el otro puede quedar arriba o abajo, dependiendo del número de vueltas que se le dé al lazo.

Coloque la trenza en la plancha de hornear y repita el trenzado con las otras piezas.

SEGUNDA SUBIDA. — 40 minutos

Un paño sobre los *petits pains* es lo mejor debido a que permite que se forme una pequeña costra durante la subida. Los panecillos pueden ser también cubiertos con papel parafinado durante los primeros 20 minutos, y luego dejados descubiertos. Todo ello a temperatura ambiente (21°-23°).

HORNEADO. — 205° - 25 minutos

Precaliente el horno 20 minutos antes de hornear.
Unte los panes con el glaseado de leche y yema de huevo.
Coloque en el horno. Los *petits pains* estarán hechos cuando presenten un agradable color marrón oscuro y se noten firmes al tacto, aproximadamente unos 25 minutos. A la mitad del período de horneado gire la plancha de hornear.

PASO FINAL

Coloque en una parrilla metálica para que se enfríen. Mientras contempla los resultados de su primer intento, recuerde, que la tercera, quinta o séptima vez podrá producir unos panecillos más agradables a la vista, pero no necesariamente más deliciosos.

Recetas de Gannat

Gannat era nuestro destino. Durante años yo había estado horneando una encantadora, suculenta, dorada y húmeda hogaza de pan hecha con mantequilla, huevos, queso suizo cortado a dados y coñac. La conocía sólo como *gannat*, nombre tomado del pueblo de donde era una especialidad regional. La receta me había sido proporcionada por un amigo que no conocía nada de sus orígenes, así que me sentí tremendamente complacido de llegarme hasta allí para descubrir cuán cerca estaba mi receta de la original de Gannat.

Decidir a cuál hotel ir en Gannat no presenta ninguna dificultad. Sólo hay uno, el Agriculture, y la *Guide Michelin* lo censa como "bueno, corriente". Aunque no teníamos elección, me hubiera sentido más tranquilo si algún residente me confirmaba que el Agriculture era efectivamente "bueno, corriente".

Hice mi pregunta a un hombre bajito y grueso que estaba barriendo la acera frente a su tienda. Me respondió inmediatamente, y en inglés.

—Es un hotel pequeño pero bueno. Comercial, sí, pero una pareja inglesa amiga nuestra, que estuvieron aquí la semana pasada, lo encontraron muy agradable. La comida, especialmente el pescado, es *muy* buena. Tiene una buena bodega. El chef, Roger Lallemand, es conocido en toda la región como uno de los mejores, y ha escrito un libro muy bueno acerca de nuestra cocina.

Vaciló.

—Pero ha ido a París por motivos de trabajo y no estará aquí para darles la bienvenida.

Aquel flujo de agradable información me animó a preguntarle si podía sugerirme algún *boulanger* en la ciudad con quien pudiera hablar. Yo era autor de libros de cocina, expliqué, y deseaba saber cómo se hacía el auténtico pan Gannat.

—Oh, yo soy Louis Malleret —dijo—. Déjeme dejar la escoba y hablaremos un rato de este interesante tema dentro de mi tienda. —Dio una última barrida a la acera.

La tienda era un refugio lleno de libros alineados en estanterías, donde el hombre vendía no sólo libros sino también periódicos, revistas y artículos de escritorio. El interior era oscuro, con sólo una pequeña bombilla, pero desprendía una sensación cálida y confortable que emanaba igualmente de la cálida personalidad de M. Malleret.

M. Malleret había sido chef en Gannat y en el Hotel Ritz de Londres hasta que una lesión le obligó a abandonar el hotel y establecer aquella librería. Era secretario de la Société Culturelle de la región gannatesa y editor de sus publicaciones. Para mí era un descubrimiento.

—El pan de Gannat del que habla lo llamamos *gâteau de Gannat*. Tiene una larga historia que se remonta al siglo XVI. Sólo muy recientemente mi amigo y yo rebuscamos en la cocina rural gannatesa y descubrimos lo que creemos es la receta más antigua del *gâteau*. Mi amigo Monsieur Brun y yo recordamos a su abuela preparándolo del mismo modo, así que pensamos que debe remontarse a más de trescientos años.

"Pero hoy —dijo M. Malleret tristemente— el *gâteau de Gannat* no está hecho de la forma en que debería ser hecho. —Agitó melancólicamente su cabeza.

"Para ser auténtico, y para conseguir su sabor especial, debe ser hecho con *fromage blanc*, con queso blanco. Hoy, los panaderos lo hacen con queso suizo o gruyère. ¡Pero no es lo mismo!

El *fromage blanc*, nos dijo, podía hacerse en casa, y no se necesita más que dejar cuajar la leche durante dos o tres días para que madure.

M. Malleret no mencionó el añadirle un vasito de coñac cuando relacionó los ingredientes de la vieja receta. ¿Por qué?

—*Mon Dieu!* —estalló violentamente M. Malleret, con las gafas tambaleándose en lo alto de su nariz—. ¡El coñac es bueno para el *boulanger*, pero no para su pan!

—Debo decirle honradamente que aún no he probado la vieja receta —dijo M. Malleret—. La descubrimos hace aún muy poco. Por favor escriba y háganos saber si es tan buena como la que mi amigo y yo recordamos de la cocina de su *grandmère*.

Así que este es mi informe a M. Malleret y su amigo: la *recette ancienne* es un tesoro, y esta manera antigua de prepararla, aunque la fabricación del queso comporta más tiempo, es mejor para mi paladar que la preparada con los otros quesos y aromatizada con coñac.

Es también un informe a mis otros amigos gannateses:

las demás *recettes anciennes* que me proporcionaron han sido desarrolladas en mi cocina. Son otros tantos tesoros, y tendrían que ser inmediatamente puestas en práctica por las nuevas generaciones de *boulangers* de Gannat.

GATEAU DE GANNAT
Pan de cuajada de Gannat

(Tres piezas de 800 gramos)

—Un antiguo plato noble —lo llamó M. Mallaret, explicando cómo desde el siglo XVI había sido una especialidad de la región gannatesa, donde era conocido tanto como *gâteau de Gannat* que como *pompe au fromage*.

Es una encantadora hogaza de color marrón, ligera de peso y abierta de textura, que sube mucho y puede ser servida en cualquier ocasión, especialmente festiva. Este auténtico *gâteau de Gannat* difiere de los que pueden encontrarse en las *boulangeries* en que renuncia a los quesos comerciales y está hecho sin coñac. Tampoco lleva azúcar.

Su más curioso ingrediente es el *fromage blanc*, cuajada hecha en la cocina a partir de leche completa tratada con cuajo. El requesón batido puede sustituirla, pero la cuajada es fácil de hacer y el suero de la leche, el líquido claro que se escurre de la cuajada, está lleno de vitaminas, y puede ser utilizado en lugar de leche o agua en otras recetas de pan.

Esta es una receta abundante. Las tres piezas de 800 gramos justifican el perder el tiempo haciendo la cuajada o batiendo el requesón. Las tabletas de cuajo pueden obtenerse en muchos supermercados.

INGREDIENTES

Cuajada:

2 litros de leche completa, a temperatura ambiente
1/4 de tableta de cuajo
(La cuajada puede ser sustituida por 400 gramos de requesón muy cuajado.)

Masa:

8 tazas de harina todo uso, aproximadamente
1 sobre de levadura en polvo
1 cucharada sopera de sal
10 huevos, a temperatura ambiente
2 tazas de cuajada o de requesón batido
200 gramos de mantequilla o margarina, a temperatura ambiente

Glaseado:

1 huevo
1 cucharada sopera de leche

MOLDES REDONDOS O PLANCHA DE HORNEAR

Estas hogazas pueden ser horneadas en moldes redondos para tartas (lados de 2½ centímetros) o colocadas en una plancha de hornear. Los resultados son igualmente buenos. Engrase los moldes si no son de teflón.

PREPARACIÓN. — 10 minutos, 12 horas

Cuajada:

Al menos 24 horas antes de preparar la masa, vierta la leche, calentada a 21°, en un tarro de cerámica de tamaño mediano. Desmenuce 1/4 de tableta de cuajo, disuélvala en una cucharada de leche y agite en el tarro de leche. Cubra con un plástico o tela y deje durante al menos 12 horas a temperatura ambiente. Cuando la leche se haya cuajado coloque los cuajos en una estopilla y cuélguela sobre un bol para que vaya drenando. Yo utilizo un amplio cuadrado de estopilla, de doble espesor, colocado sobre un gran bol mientras lo lleno con los cuajos. Ato los extremos juntos, levanto la bolsa del bol, la cuelgo de un estante con el bol debajo, y la dejo drenar durante 6 horas.

Vacíe la cuajada en otro bol y manténgala en la

nevera hasta que sea el momento de proceder con el *gâteau*. Embotelle y meta en la nevera el suero para utilizarlo en otros panes.

Para una cuajada de sabor más fuerte, déjela durante 24 a 36 horas antes de drenarla.

Requesón:

Como sustituto de la cuajada, bata 400 gramos de requesón muy cuajado a máquina, o cháfelo y bátalo con un tenedor.

15 minutos

Masa:

En un bol grande, mezcle 2 tazas de harina todo uso, la levadura y la sal. Forme un hueco en el fondo del bol y eche los huevos. Agite con una cuchara de madera o una espátula y empuje gradualmente la harina de los lados. Añada la cuajada y trabájela en la mezcla huevo-harina. Corte la mantequilla a trozos y échela en el bol. Añada harina adicional, de 1 a 1 taza, batiendo los trozos de mantequilla, primero con la cuchara y luego con las manos. La masa empezará a emparejarse debido al *fromage blanc* y a la mantequilla.

AMASADO. — 7 minutos

Coloque la masa sobre la superficie de trabajo previamente enharinada y amase con fuertes movimientos 1-2-3 de aplaste-gire-doble. Ocasionalmente golpee la masa contra la superficie de trabajo para aliviar el ritmo del amasado. Añada espolvoreando harina para absorber la grasa de la mantequilla en la superficie de la masa y en la superficie de trabajo. La masa debe ser firme pero elástica, y no pegajosa.

PRIMERA SUBIDA. — 1½ 3 horas

No apresure a la masa, dijo M. Malleret. Déjela madurar y desarrollar su sabor, insistió.

Colóquela en el bol, limpio y engrasado, y cubra con un plástico. Deje a temperatura ambiente (21°-23°) durante al menos 1½ horas, preferiblemente más, hasta que doble su tamaño.

Moldeado. — 15 minutos

Aplaste la masa y divida en 3 porciones. Forme bolas con ellas y déjelas relajarse durante 5 minutos. Mientras tanto, prepare los moldes o la plancha de hornear.

Para los moldes: coloque la masa en el centro de cada molde y con la palma de las manos y los dedos allánela y métala por los lados. Puede que vuelva a encogerse; si lo hace, déjela descansar fuera del molde unos instantes y repita.

Para la plancha de hornear: redondee las porciones de masa entre las manos en forma de copa, coloque sobre la plancha de hornear y aplaste la masa hasta la mitad de su altura original.

Segunda subida. — 1½ horas

Cubra los moldes o la plancha con papel parafinado y deje a temperatura ambiente (21°-23°) hasta que la masa haya doblado su volumen.

Horneado. — 205° - 35 minutos

Veinte minutos antes de hornear, precaliente el horno.

Unte las piezas con el glaseado de huevo y leche y coloque en el horno. (Si el horno sólo puede recibir 2 piezas, guarde 1/3 de la masa en la Primera Subida durante una hora adicional y luego siga el esquema al igual que las otras.) Observe las piezas. Si se doran demasiado pronto, cúbralas con papel de aluminio o papel de embalar marrón los últimos 15 minutos del período de horneado. Dé la vuelta a las piezas; si la corteza del fondo suena dura y hueca cuando la golpee con el dedo índice, el pan está hecho.

Paso final

Coloque en una parrilla metálica para enfriar. Es un excelente regalo para las vacaciones. Inimitable tostado. (Los que siguen dieta lo adoran debido a que una rebanada pesa menos de 30 gramos... y no tiene azúcar.)

PIQUENCHAGNE
Pan de pera

(Dos piezas moldeadas o coronas medianas)

Raras veces un pan de frutas es fermentado. La mayor parte de ellos son panes rápidos, fermentados con levadura química o bicarbonato de sosa. No este. El olor invade la cocina... delicado, dulce, y definitivamente pera. *Très bon.*

Sin embargo, debo confesar que al principio había decidido *no* incluir este pan, pero fui persuadido de lo contrario por un horticultor que dijo que una tal receta sería de mucha utilidad para aquellos que tenían perales en su patio o podían regalarse con los jugosos frutos de los perales de sus vecinos condescendientes. Así que decidí incluirla.

Mientras la vieja receta gannatesa sugiere peras frescas maduras, peladas y troceadas, es más fácil hervir los trozos durante unos breves minutos y hacer un puré con ayuda de un tenedor o, mejor aún, pasarlos por un pasapurés. Un poco de pimienta en las peras le da un toque indefinible.

Ingredientes

Peras:

2 peras frescas de tamaño mediano
½ taza de agua
½ cucharadita de pimienta molida

Masa:

1 sobre de levadura en polvo
2 cucharadas soperas de miel

2 cucharaditas de sal
2 huevos, a temperatura ambiente
4 a 5 tazas de harina todo uso, aproximadamente

Glaseado:

1 cucharada sopera de leche
1 huevo

MOLDES DE HORNEAR O PLANCHA DE HORNEAR

Dos moldes de tamaño mediano (21½ × 11½) o una plancha de hornear, engrasada o de teflon. Puede intentar moldear la masa en *couronnes*, utilizando la plancha de hornear.

PREPARACIÓN. — 25 minutos

Peras:

Pele, quite el corazón y corte 2 peras en trozos pequeños. Coloque en una cacerola con ½ taza de agua y lleve al punto de ebullición. Cocine durante 10 a 15 minutos o hasta que las frutas sean blandas. Retire del fuego, separe el agua, y deje enfriar antes de triturarlas con un tenedor o pasarlas por un pasapurés. Espolvoree la pimienta.

15 minutos

Masa:

Eche el puré de pera ya enfriado en un bol grande, añada la levadura, la miel, la sal y 2 huevos. Agite para mezclar. Añada 2 tazas de harina y bata en la mezcla mediante 50 golpes. Añada agitando el resto de la harina hasta que la masa sea pegajosa. Saque del bol y traslade a la superficie de trabajo.

AMASADO. — 5 minutos

Añada liberales espolvoreados de harina si la masa se pega a las manos o a la superficie de trabajo. Amase con un fuerte movimiento de aplaste-gire-doble. Si continúa siendo húmeda o pegajosa, añada pequeñas cantidades adicionales de harina. La masa debe ser uniforme y blanda al tacto.

PRIMERA SUBIDA. — 1 hora

Coloque en un bol engrasado y cubra apretadamente con un plástico. Deje a temperatura ambiente (21°-23°) hasta que la masa doble su volumen.

MOLDEADO. — 8 minutos

Retire el plástico y aplaste la masa. Amase durante 30 segundos para extraer las burbujas. Divida la masa en 2 porciones iguales. Deles forma de bolas y déjelas reposar en la superficie de trabajo durante 3 minutos. Forme la pieza aplanando la bola hasta convertirla en un óvalo de aproximadamente el largo del molde preparado. Doble el óvalo por la mitad, pellizque la juntura para unirla, doble hacia abajo los extremos y meta en el molde, con la costura hacia abajo. Repita la operación con la segunda pieza.

La antigua hogaza gannatesa era una *couronne* o corona. Para moldearla de esta forma, aplaste una bola de masa apretando hacia abajo, luego perfore el centro con uno o dos dedos. Lentamente ensanche el agujero tirando cuidadosamente hacia los lados con las dos manos, mientras mantiene la corona sobre la superficie de trabajo. Deje que la corona ruede lentamente mientras las manos ensanchan gradualmente el agujero hasta que tenga unos 8 centímetros de diámetro para una corona pequeña o 13 para una grande. Coloque en la plancha de hornear. Repita con la segunda *couronne*.

SEGUNDA SUBIDA. — 45 minutos

Cubra el pan con papel parafinado. Deje a temperatura ambiente (21°-23°) hasta que la masa en los moldes haya subido unos 2½ centímetros por encima del borde de los moldes. Las coronas deben haber

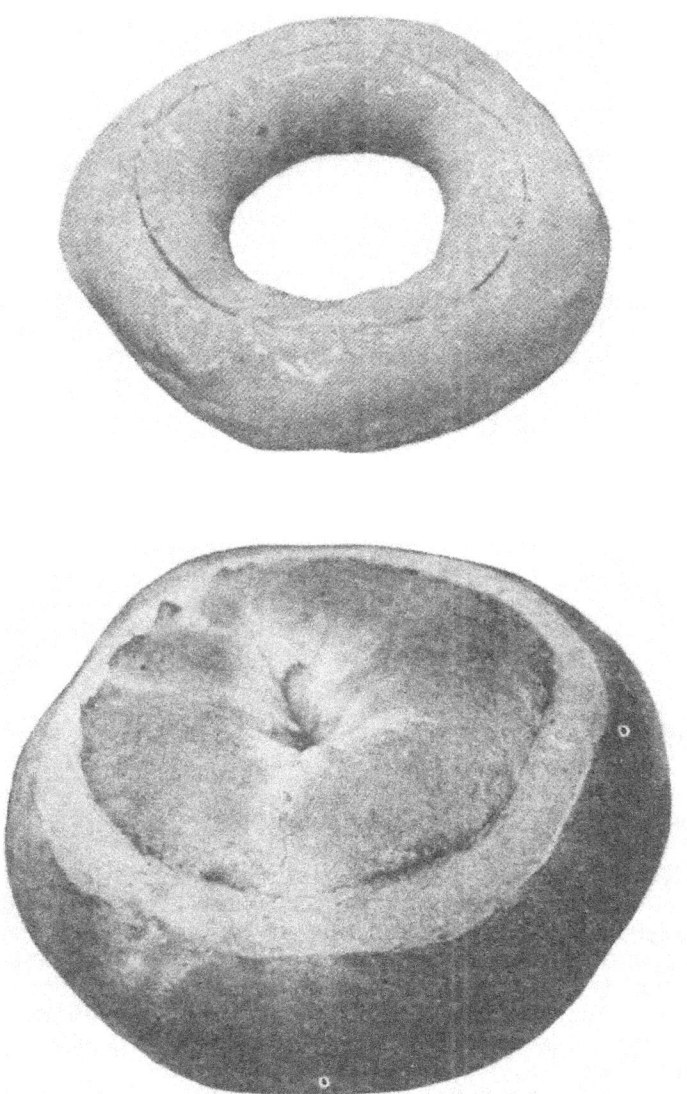

El *piquenchagne* antes y después de ser horneado... un poco usual pan de pera con una pizca de pimienta.

doblado su tamaño. Precaliente el horno 20 minutos antes de que esté dispuesto a hornear.

Horneado. — 175° - 40 minutos

Unte las piezas con el glaseado de huevo y leche. Para una atractiva decoración de la *couronne*, rodee la parte superior con un corte hecho con una hoja de afeitar, de algo más de 1 centímetro de profundidad. Meta en el horno. Treinta minutos más tarde, cambie las piezas para compensar las variaciones de temperatura en el horno. El pan estará horneado cuando las cortezas tanto superior como inferior hayan adquirido un atractivo color amarronado y el fondo suene duro y hueco cuando lo golpee con un dedo.

Paso final

Retire del horno. Saque los panes de los moldes y colóquelos en una parrilla metálica para que se enfríen. Lo mismo con las *couronnes*. Es delicioso tostado. Se congela bien. Los vecinos que le obsequiaron las peras disfrutarán con *su* pan.

POMPE AUX GRATONS
Pan crujiente

(Dos piezas medianas o tres pequeñas)

No hay engaño entre esta fina pieza de pan del corazón de la Francia rural y el pan crujiente americano que se hace principalmente con harina de maíz. Este es la *pompe aux gratons*, reservada para ser ofrecida como un desayuno especial o un tentempié para un príncipe de visita, un nabab o un viejo amigo de la familia. Es sorprendentemente suculento, casi como un pastel, y contiene no sólo chicharrones sino también mantequilla y huevos.

Con respecto a los chicharrones: son los trozos tostados de la grasa que ha quedado después de despiezar al cerdo en la matanza y una vez derretida la manteca. Los mejores chicharrones provienen de la grasa de la espalda, la sólida capa de grasa que cubre los cuartos traseros del animal. No han de llevar mezclados trozos de carne o tiras de piel.

Dos kilos de grasa de la espalda pueden meterse lentamente en una olla grande sobre una llama baja para producir ligeros chicarrones bien tostados que empezarán a flotar en la superficie de la caliente grasa. Presionados contra un cedazo proporcionarán 2 tazas o aproximadamente 200 gramos de chicharrones de primera calidad. Déjelos al menos 2 horas para convertir la grasa en manteca. ¡No los deje tostarse demasiado! Tras haber sacado los chicharrones, meta la manteca en tarros y guarde en la nevera. Será de utilidad para otras recetas.

Si compra usted los chicharrones en una tienda especializada o en un supermercado, una carnicería o una tienda de congelados, asegúrese de su calidad: vigile que no sean nunca mezcla de trozos de carne y pellejo imposibles de masticar.

INGREDIENTES

> 2 sobres de levadura en polvo
> 1½ tazas de agua caliente (40°-46°)
> 5 tazas de harina todo uso, aproximadamente
> 1 cucharadita de sal
> 1/3 de taza de leche en polvo descremada
> 4 huevos, a temperatura ambiente
> 100 gramos de mantequilla, a temperatura ambiente
> 2 tazas (200 gramos) de chicharrones, ver más arriba.

Glaseado:

> 1 huevo
> 1 cucharada sopera de leche

MOLDES DE HORNEAR

> Dos moldes de tamaño mediano (21½ × 11½) o tres pequeños (19 × 9), engrasados o de teflón.

PREPARACIÓN. — 15 minutos

En un bol pequeño, disuelva la levadura en el agua caliente. Eche 2 tazas de harina en un bol grande y añada la sal y la leche en polvo. Con una cuchara de madera o una espátula, agite la mezcla de la levadura en los ingredientes secos para formar un batido claro. Añada los huevos, uno a uno, y agite para mezclar tras cada adición. Eche 1 taza de harina y bata. Corte la mantequilla en 6 u 8 trozos y échelos al batido. Mezcle cuidadosamente la mantequilla en la pasta y añada el resto de la harina, de ½ en ½ taza, para formar una áspera bola de masa que pueda ser sacada del bol.

Aplaste la masa hasta convertirla en un disco plano. Esparza una taza de chicharrones sobre la masa y dóblela. Amase por un momento o dos hasta que los chicharrones desaparezcan. Aplaste la masa y añada el resto de los chicharrones. Doble. Si los chicharrones han introducido humedad adicional (grasa), será necesario amasar 1/4 de taza o más de harina en la masa para darle de nuevo firmeza.

AMASADO. — 6 minutos

Amase la bola de pasta en la superficie de trabajo ligeramente enharinada con un rítmico movimiento 1-2-3 de aplaste-gire-doble. Debido al alto contenido en grasa de la combinación de chicharrones y mantequilla, la masa será suave, y en absoluto pegajosa.

PRIMERA SUBIDA. — 1-1 1/4 horas

Coloque la masa en un bol, cubra con un plástico, y deje a temperatura ambiente (21°-23°) hasta que doble su volumen, aproximadamente 1 hora.

MOLDEADO. — 10 minutos

Divida la masa en tantas piezas como desee. Prepare los moldes. Moldee cada pieza de masa en una bola y déjala descansar durante 2 a 3 minutos antes de aplastarla en un círculo, aproximadamente de la longitud del molde. Doble la masa por al mitad, pellizcando la larga juntura para cerrarla. Meta los extremos hacia abajo y coloque en el molde, con la costura en la parte inferior. Repita con las otras piezas.

SEGUNDA SUBIDA. — 1 hora

Cubra con papel parafinado y deje sin tocar a temperatura ambiente (21°-23°) para permitir que la masa supere el borde de los moldes. (Esta masa es algo más lenta en subir que la masa blanca habitual.)

HORNEADO. — 195° - 35-40 minutos

Precaliente el horno 20 minutos antes de hornear.

Retire el papel parafinado y unte la masa con el glaseado de huevo y leche. Si lo desea, corte un dibujo en la parte superior antes de introducir en la parte media del horno.

Las piezas adquirirán un color amarillo dorado claro cuando estén horneadas. Saque una pieza del molde para determinar si la corteza del fondo tiene un color marrón oscuro, y suena dura y hueca cuando la golpea con el dedo índice. Si la corteza del fondo es blanda, devuelva la pieza al horno por otros 5 minutos adicionales.

PASO FINAL

Coloque las piezas en una parrilla metálica para que se enfríen. La *pompe aux gratons* es un pan delicioso tanto frío como recalentado. El suyo es un aroma maravilloso de cocina de pueblo.

GALETTE DE GANNAT
Galleta de queso de Gannat

(Dos piezas redondas)

Este hermoso pan moreno moteado surgido de una receta gannatesa de 200 años de antigüedad, llena la casa con el delicioso aroma del pan y el queso. Una soberbia combinación.

Mientras que la antigua receta no exige fermentación esta adaptación con levadura produce una textura más abierta y un pan más ligero que el original.

Si desea usted probarla al uso antiguo, retire la levadura y 2 cucharadas soperas de agua. Deje la masa a un lado para que descanse durante 1 o 2 horas antes del moldeado. No subirá, desde luego, pero la masa madurará de todos modos. En verdad, hay gente que prefiere la densa formación de la masa sin levadura.

Aunque la receta original recurre al queso gruyère, que es caro y a veces difícil de encontrar, yo lo sustituyo en ocasiones por otros tipos similares de quesos suizos con también buenos resultados. Es excelente para el desayuno, el tentempié o un aperitivo especial o té.

INGREDIENTES

1 sobre de levadura en polvo
2 cucharadas soperas de agua caliente (40°-46°)
4½ tazas de harina todo uso, aproximadamente
1 cucharadita de sal
6 huevos, a temperatura ambiente
200 gramos de mantequilla o margarina, a temperatura ambiente
200 gramos de queso gruyère o tipo similar suizo, rallados

PLANCHA DE HORNEAR

Una plancha de hornear, engrasada o de teflón.

PREPARACIÓN. — 15 minutos

En una taza, disuelva la levadura en 2 cucharadas soperas de agua caliente y deje a un lado.
En un bol grande, mezcle juntas 1 taza de harina y 1 cucharada sopera de sal. Con una cuchara de madera o una espátula, forme un hueco en la harina y eche la mezcla de la levadura. Rompa los huevos, uno a uno, y vaya echándolos en el bol. Empuje la harina de los lados para mezclar con la levadura y y los huevos. Cuando haya echado todos los huevos y estén bien batidos, la masa será una pasta densa. Corte la mantequilla en trozos pequeños y échela en el bol. Agite para mezclar la mantequilla con los demás ingredientes. Cuando la mantequilla esté bien trabajada en la pasta, añada el resto de la harina, de ½ en ½ taza, removiendo primero con la cuchara y utilizando luego la mano. La masa será rica en grasa y en absoluto pegajosa. Añada la harina suficiente para formar una bola de masa que sea elástica pero no se desmorone cuando la deje descansar un momento o dos.

AMASADO. — 5 minutos

Coloque la masa en la superficie de trabajo previamente enharinada y amase con un fuerte movimiento de aplaste-gire-doble, añadiendo harina espolvoreando si un exceso de grasa asoma a la superficie. Amase durante 5 minutos.

3 minutos

Aplaste la masa hasta formar un círculo plano. Esparza el queso rallado sobre la masa, y doble esta sobre el queso. Amase durante 3 minutos adicionales para distribuir el queso uniformemente por la masa.

PRIMERA SUBIDA. — 1½ horas

Devuelva la masa al bol, cubra con un plástico, y deje a temperatura ambiente (21°-23°) hasta que casi haya doblado su volumen.

Moldeado. — 5 minutos

    Saque la masa del bol y divídala en 2 porciones, cada una de las cuales pesará aproximadamente ½ kilo. Con las manos, moldéelas en una pieza redonda o *galette*... 25 centímetros de diámetro y algo más de 1 centímetro de grueso.
Coloque en la plancha de hornear.

Segunda subida. — ½ hora

    Cubra las *galettes* con papel parafinado. Deje a temperatura ambiente (21°-23°) durante una ½ hora.

Horneado. — 190° - 40 minutos

    Ponga en marcha el horno 20 minutos antes de empezar a hornear el pan.
    Coloque las piezas en el horno a media altura. A la mitad del período de horneado inspeccione las *galettes* y dé la vuelta a la plancha de hornear.
    Las *galettes* estarán hechas cuando tengan un color marrón claro y presenten un aspecto fuertemente moteado (gracias a los trozos de queso). Gire cuidadosamente una pieza con un espátula para asegurarse de que la corteza del fondo tiene un color marrón oscuro y se ve sólida al toque de los dedos.

Paso final

    Coloque las *galettes* en una parrilla metálica para que se enfríen. Corte las *galette* en caliente en tajadas para servir. Puede ser congelada y recalentada con excelentes resultados.

Recetas de Rochefort-Montagne

—Desvíese de la nueva carretera que atraviesa Rochefort-Montagne (población, 1.272 habitantes) y penetre en la ciudad vieja para descubrir una pieza excepcional de la panadería local, *la tourte* —nos había dicho aquella mañana el propietario del hotel de Gannat, por encima de nuestra taza de café del desayuno.

Así que nos desviamos de la nueva carretera, como se nos había indicado, y nos encontramos ante nuestra sorpresa en los acogedores brazos de un comité de festejos de la *fête* anual de la ciudad. Aunque aún no era mediodía, los tiovivos y las norias giraban alegre y ruidosamente, vacíos de pasajeros. El encargado de los festejos nos acompañó hasta una calle lateral y luego se giró hacia la media docena de ancianos veteranos de guerra que estaban de pie con las banderas aún sin desplegar. Los empujó en orden de marcha tras un Rolls-Royce con chófer decorado con largas guirnaldas de flores. Una agraciada mujer joven y un hombre ya mayor estaban sentados tras los cristales oscuros en el discreto aislamiento del asiento trasero. La aristocracia local, sugirió mi esposa.

Mientras el coche y los viejos torcían lentamente hacia una calle, anduvimos en la otra dirección hacia la *boulangerie* para enfrentarnos con *la tourte*.

El cartel metálico en la fachada decía: "*pain cuit au bois*", pan horneado con fuego de leña. Lo mejor de lo mejor. Las hogazas, tanto de harina blanca como de centeno, eran grandes, casi dos kilos. Mientras algunos compradores adquirían una hogaza entera, la mayoría, como nosotros, comprábamos tajadas, a peso. Aquel iba a ser el plato fuerte de nuestra comida de tarrina de paté de cerdo cortada a rebanadas, varios quesos, y una botella de vino... todo ello esparcido sobre el capó de nuestro pequeño coche tan pronto como encontráramos un lugar tranquilo por el camino.

Era evidente que el *boulanger* y su esposa estaban demasiado ocupados con las ventas del día festivo para perder tiempo explicándonos cómo era preparada la poco usual *tourte*. Más tarde obtendría la receta con instrucciones precisas del presidente del Sindicato de Panaderos de Limoges, Monsieur Charamnac. Sus magníficas hogazas que han ocupado a menudo las portadas de algunas revistas francesas para gourmets.

Allier-Magazine, una publicación regional, describe así la *tourte*: "Pacientemente amasado, horneado tanto tiempo como es necesario, este pan es el primer tesoro gastronómico de la Francia rural."

LA TOURTE
Pan redondo de payés

(Tres hogazas de ½ kilo)

Hace un tiempo, en las granjas de la región bourbonesa, en el corazón de Francia, el ganado era alimentado con *tourteaux*, fardos de girasoles y otras semillas oleosas prensados y colocados en amplios cestos de mimbre. Las matronas de la casa solían encargar tales cestos y forrarlos con tela para dejar subir en ellos las grandes hogazas de *pain de campagne* que horneaban una vez a la semana. Aunque la *tourte* granjera puede llegar a medir de 30 a 40 centímetros de uno a otro lado, cualquier cesto redondo u oblongo de 20 a 25 centímetros formado con un trozo de lana espesa, fuertemente enharinado, puede hacer una excelente *tourtière* para recibir la masa.

Hay varios pasos poco habituales que confieren a la *tourte* una estructura celular distinta de cualquier otro pan fermentado con levadura. En primer lugar, la levadura es disuelta en agua *fría*. La pasta es amasada durante 15 minutos *antes* de añadirle la sal, y luego durante 3 minutos más. La masa permanece tan sólo 10 minutos antes de ser metida en los cestos para subir durante *5 horas*.

Mis notas de cocina dicen: "cortezudo, denso y satisfactorio". Es todo eso, más el dividendo adicional de ser un pan que se conserva fresco durante días.

INGREDIENTES

Arranque:

½ taza de harina de flor o todo uso
1/3 de taza de agua caliente (37°-49°)
Una pizca de sal
1 cucharadita de levadura en polvo (guarde el resto del sobre para la masa)

Masa:

Todo lo del arranque (aproximadamente 200 gramos)
2 1/3 tazas de agua fría (unos 10°)
El resto del sobre de levadura (unas 2 cucharaditas)
6½ tazas de harina de flor o todo uso, aproximadamente
1 cucharada sopera de sal
2 cucharaditas de agua

Plancha de hornear

Cestos

Una plancha de hornear, engrasada o de teflón. Tres cestos forrados con tela. Cualquier receptáculo de forma similar, como puede ser un bol ancho, puede sustituirlos.

Preparación. — 5 minutos, 12 horas

Arranque:

Al menos 12 horas antes, mezcle ½ taza de harina y 1/3 de taza de agua caliente en un bol pequeño. Añada la sal y la levadura en polvo. Cubra con un plástico y coloque en un sitio cálido (27°-29°) hasta que burbujee alegremente.

5 minutos

Masa:

El mismo día de hornear eche todo lo del arranque en un bol grande y añada el *agua fría*. Espolvoree en ella el resto de la levadura. Agite hasta que se disuelva. Añada 3 tazas de harina. Bata fuertemente hasta que la mezcla sea pareja... alrededor de 100 veces con una cuchara de madera o una espátula. Añada más harina, de ½ en ½ taza, mezclando primero con la cuchara y luego con la mano, hasta que la masa sea una pasta áspera que haya abandonado su pegajosidad.

AMASADO. — 15 minutos

Coloque sobre la superficie de trabajo ligeramente enharinada y amase con el movimiento 1-2-3 de aplaste-gire-doble. Si la masa es pegajosa, espolvoree ligeramente con harina la superficie de trabajo. Ocasionalmente levante la masa por encima de la superficie y golpéela duramente contra ella. Esto no sólo ayuda a crear la red de gluten en la masa sino que es también un alivio para el amasado. Amase durante 15 minutos para desarrollar una masa elástica y uniforme.

SAL. — 2 minutos

Aplane la masa. Disuelva la sal en el agua, haga una depresión en la masa y échela allí. Doble la masa sobre la solución salina.

AMASADO. — 3 minutos

Siga amasando. Añada harina espolvoreándola si la solución hace que la masa se vuelva pegajosa.

DESCANSO. — 5 minutos

Divida la masa en 3 bolas y déjelas descansar mientras prepara los cestos. (Ver *bannetons*, pág. 36.) Idealmente, la densa tela (algodón, muselina o dril) deberá estar cosida al fondo de los cestos y así no se saldrá cuando la masa sea volcada en la plancha de hornear.

SUBIDA. — 4-5 horas

Redondee cada una de las 3 piezas de masa en bolas y colóquelas en los cestos preparados, con las uniones o las superficies rugosas hacia arriba. Deje los cestos en un lugar tranquilo a temperatura ambiente (21°-23°). Cubra con papel parafinado untado con grasa de pastelero, y así el papel no se pegará. La masa superará el doble de su volumen.

Horneado. — 260° - 45 minutos

Ponga en marcha el horno 40 minutos antes de hornear. La masa requerirá el vapor de una parrilla colocada en el fondo del horno. La parrilla puede ser colocada antes en el horno y echarle encima 1 taza de agua para que se produzca la vaharada de vapor exactamente antes de meter las piezas en el horno. El vapor puede brotar inofensivamente por los bordes de la puerta del horno.

Vuelque suavemente las piezas en la plancha de hornear, con las uniones o la superficie rugosa hacia abajo.

Coloque la masa en el horno. A la mitad del período de horneado dé la vuelta a las hogazas. Si éstas se están tostando demasiado aprisa, cúbralas con papel de aluminio o papel de envolver marrón.

Saque y gire una hogaza. Si su fondo es de color marrón oscuro y deja oír un sonido duro y hueco cuando la golpee con el dedo, ya está hecha. Si no, devuélvala al horno por otros 5 minutos adicionales.

Paso final

Retire del horno y coloque en una parrilla metálica para que se enfríe. Aunque estas hogazas se mantienen tiernas y deliciosas durante varios días, congele aquéllas que tenga que guardar por más de 5 o 6 días. Son excelentes con queso, sopas y todo tipo de carnes. El tostado enfatiza su sabor a trigo.

LA TOURTE DE SEIGLE
Pan de payés de centeno

(Dos hogazas)

Una exquisita compañera de la *tourte* de harina de trigo es la *tourte* de centeno, que es con mucho uno de los principales artículos presentes en las cocinas de las granjas de la región del Macizo Central de Francia, donde el pobre suelo sólo puede producir en abundancia el centeno.

Los pocos *boulangers* que aún hornean esta hogaza hablan de su inigualable sabor, su fácil digestión, de que tiene la especial propiedad de conservarse durante dos o tres semanas... y muchas otras ventajas. Hasta tal punto que está empezando a ser redescubierta y relanzada entre las *boulangeries* que fabrican *la tourte de seigle*.

Si bien pocos horneadores caseros tienen el horno ideal para *tourte* —un viejo horno de ladrillos accionado con madera de manzano—, una pesada plancha de hornear precalentada o una piedra de hornear en el horno pueden conducir a *la tourte* hasta su preciso acabado.

INGREDIENTES

Arranque:

1 taza de harina de centeno
3/4 de taza de agua caliente (40°-46°)
Una pizca de sal
1 cucharadita de levadura en polvo

Masa:

Todo lo del arranque (aproximadamente 1 taza)
1½ tazas de agua caliente (40°-46°)
2 cucharaditas de levadura en polvo
1 cucharada sopera de sal
1½ tazas de harina todo uso
3 tazas de harina de centeno, aproximadamente

PLANCHA DE HORNEAR

CESTOS

Una plancha de hornear pesada que deberá ser precalentada y espolvoreada con harina de maíz. Dos cestos trenzados, de aproximadamente 20 centímetros de diámetro y unos 9 centímetros de profundidad.

PREPARACIÓN. — 6 minutos, 1-3 días

Arranque:

El arranque puede hacerse dos o tres días antes para permitir que madure.

En un bol grande, mezcle juntas la harina, el agua, la sal y 1 cucharadita de levadura (reserve las restantes 2 cucharaditas en el sobre para la masa). Cubra con un plástico y deje sin tocarlo a temperatura ambiente (21°-23°) durante 1, 2 o 3 días. Cuanto más tiempo se desarrolle, más tendrá el pan el genuino sabor de la *tourte*.

12 minutos

Masa:

Retire el plástico y agite el arranque. Añádale el agua, la levadura y la sal. Mezcle y deje disolverse la levadura durante 3 o 4 minutos. Añada la harina todo uso. Agite el batido mediante 25 fuertes golpes con una cuchara de madera o una espátula. Añada la harina de centeno, 1 taza cada vez, hasta que sea absorbida en el batido y éste empiece a convertirse en una masa. Continúe agitando con la cuchara hasta que la masa haya perdido la mayor parte de su pegajosidad y pueda ser sacada del bol.

AMASADO. — 6 minutos

Espolvoree la superficie de trabajo con harina y empiece a amasar. Probablemente la pasta sea pegajosa, de modo que trabájela con una espátula durante uno o dos minutos. Añada espolvoreándola harina *todo uso*, para controlar la pegajosidad. Amase con el ritmo 1-2-3 de aplaste-gire-doble. (Amase lentamente, dijo el *boulanger*.)

La masa de centeno no luchará por encogerse como hace la masa blanca, pero será elástica, suave, y responderá al tacto. Simplemente no tiene la elasticidad de las masas compuestas enteramente de harinas de trigo.

Descanso. — 15 minutos

Forme la masa en una bola y déjela descansar mientras son preparados los cestos o *bannetons* donde deberá subir. Forre interiormente los cestos con una tela densa que no permita al aire alcanzar la masa. Espolvoree liberalmente harina sobre la tela. Un bol de dimensiones similares puede ser un buen sustituto si es forrado interiormente con una tela.

Moldeado. — 2 minutos

Aplaste la masa y divídala en 2 porciones. Forme cada porción en una bola redonda y colóquela en el cesto o bol preparado.

Subida. — 2-3 horas

Cubra los cestos con una tela (yo utilizo un trozo de una vieja manta de lana) o papel parafinado. Deje sin tocarla durante 2 a 3 horas a temperatura ambiente (21°-23°) hasta que la masa haya más que doblado su volumen y la masa en expansión haya desgarrado abruptas grietas en la superficie.

Horneado. — 190° - 1-1½ horas

Precaliente el horno 20 minutos antes de hornear y coloque la plancha de hornear vacía a media altura en el horno. Tenga también un pulverizador lleno de agua a mano.
Destape las piezas. ¡Retire del horno la caliente plancha de hornear con cuidado! Espolvoree su caliente superficie con harina de maíz. Normalmente el cesto es volcado directamente sobre la plancha de hornear, de modo que lo que era antes la parte superior de la masa en su subida es ahora la inferior.
A mí personalmente me gusta conservar la desigual textura de la masa tal como se halla en el cesto, así que giro la masa sobre mi mano y de ahí a la plancha, con el lado correcto arriba, tal como estaba

antes. Inténtelo de las dos maneras para ver cuál le proporciona la corteza que a usted le gusta.

Coloque las *tourtes* en el horno y eche en el interior de éste 2 o 3 rociadas del pulverizador de agua. Cierre rápidamente la puerta para conservar dentro el vapor.

Cuando las piezas lleven en el horno 45 minutos, gire la plancha de hornear lado contra lado para equilibrar la temperatura del horno sobre las piezas.

Esta es una hogaza densa, y es difícil determinar cuándo está completamente horneada. Tras 1 hora saque una hogaza y examine la corteza del fondo. Si tiene un color marrón profundo y suena hueca cuando la golpee con el dedo índice, probablemente ya esté hecha. Verifique también con una aguja de metal o un pincho para probar pasteles clavándolo en la parte más gruesa de la hogaza. Si vuelve a salir limpio, sin partículas pegadas a él, la hogaza está cocida.

PASO FINAL

Retire las hogazas del horno. El pan es mejor cuando se lo ha dejado envejecer uno o dos días... o incluso más. La dura corteza se ablandará algo y el suave sabor del centeno se acentuará. Guarde el pan en una caja de pan o en una bolsa de papel.

También puede ser congelado durante un largo período. Es excelente para una comida informal... para servir con queso, carnes y untado con lo que se quiera.

Recetas de Wichtrach

El enorme ventanal era el rasgo dominante del blanco edificio de dos plantas, una de la media docena de casas a lo largo de una corta calle lateral en el pueblo de Wichtrach, en el cantón de Berna, en Suiza. Un modesto cartel: *Bäckerei*, identificaba el lugar.

Cuando miré por primera vez, el hombre que estaba dentro, de pie tras el ventanal, junto a un enharinada mesa, había hecho una pausa en lo que estaba haciendo y miraba fascinado algo que estaba detrás de mí. Moldes para panes y trozos de masa estaban esparcidos por la superficie de trabajo frente a él. Su concentración era tan completa que me giré para mirar.

Estaba contemplando una espectacular escena montañosa —*su* escena montañosa—, que en una sola mirada abarcaba todos los elementos mágicos de Suiza, una escena que a través de todas sus variaciones estacionales conservaba siempre para él el mismo encanto, me confesaría más tarde.

Inmediatamente ante él (y detrás mío), algunas vacas lecheras confinadas en un pequeño campo agitaban sus cabezas sobre la alta hierba. Cada movimiento sonaba claro y tintineante con el agitar de los cencerros colgados a sus cuellos. Una cerca electrificada las retenía de penetrar en los varios jardines que florecían cerca de allí. Tras los jardines, en un pequeño huerto, manzanos y perales brotaban con capullos blancos y rosados.

Pero la visión que cortaba el aliento en medio de aquel cuadro eran los agudos picos de los Alpes berneses que rodeaban el valle. Era a principios del verano. La línea de la nieve no había retrocedido aún demasiado hacia la cima de las montañas, de modo que la sábana blanca contrastaba dramáticamente con el verde claro de las lejanas praderas y el verde oscuro del pasto de las vacas y los huertos más cercanos. Arriba, una docena de golondrinas trazaban dibujos en el cielo azul sin nubes.

Cuando me giré de nuevo hacia la ventana, el hombre me estaba mirando y sonreía. Parecía contento de que yo hubiera compartido uno de sus momentos especiales con aquellas montañas.

Se llamaba Rolf Thomas, y había venido a Wichtrach hacía una docena de años. No siempre habían sido tiempos felices los de aquel amable hombre de cautivadora sonrisa. Nacido en Alemania cuatro años antes de la Segunda Guerra

Mundial, Rolf había perdido ambos padres en los últimos días del conflicto. Los tiempos eran desesperados. Un pariente aconsejó al muchacho que, si quería comer, era mejor que se colocara de aprendiz con un chef, un panadero, alguien cuyo negocio fuera la comida. En una pequeña panadería establecida en un sótano, encontró a un hombre y su esposa que aceptaron alojarle y alimentarle a cambio de su trabajo. Agradecido de poder comer cada día, no pudo sin embargo dejar de lamentar aquel sótano sin ventanas, desde el que no podía saber nunca si era de día o de noche, si estaba despejado o llovía. Le gustaba el oficio, de todos modos, y se prometió a sí mismo que algún día tendría su propia tienda, una *sobre* la superficie.

Cuando terminó la guerra, Rolf emigró a Suiza, donde trabajó en la panadería de un gran hotel de Lucerna. Aunque estaba en la planta baja, las ventanas, instaladas principalmente para proporcionr luz y ventilación, estaban a un metro ochenta por encima de la cabeza de uno. Seguía sintiéndose confinado.

Trabajando en el departamento de ventas del mismo hotel de Lucerna había una alta, hermosa y rubia chica suiza que acababa de regresar recientemente tras un año de aprendizaje de ventas en un hotel de Londres. Ella también deseaba su propio negocio, preferiblemente en algún lugar en el cantón de Berna, de donde era originaria. Cuando Verena y Rolf se casaron, pasaron la mayor parte de su luna de miel hablando con los vendedores de harinas y equipo para panaderías en busca de una pequeña panadería familiar que estuviera en venta.

Un vendedor dijo que conocía exactamente el lugar. Una *Bäckerei* de cien años de antigüedad en Wichtrach, a cuarenta kilómetros al sur de Berna, por la Autopista 6, que conduce al sur y al este hacia las concurridas zonas de Thun e Interlaken y hacia el gran glaciar de Grindelwald. El panadero, dijo el vendedor, había vivido allí toda una intensa vida, y ahora deseaba vender.

—¡El ventanal! —gritó Rolf cuando detuvieron su pequeño coche frente al edificio. Se giraron para observar la vista que ambos nunca hubieran creído que pudiera existir.

—Nos quedamos mirándola arrobados, sin apenas poder creer lo afortunados que éramos encontrando precisamente lo que ambos habíamos estado soñando siempre —dijo ella.

Hacía una docena de años que mi esposa y yo habíamos estado otra vez en Wichtrach, en la misma calle, y parados frente a la misma ventana. Habíamos ido allí después de volar desde Berna, la capital de la federación suiza, que se había vuelto caótica con las vacaciones de Pentecostés y el tráfico luchando por abrirse camino alrededor y a través de un enorme proyecto de remodelación viaria que había abierto montones de calles.

Un amigo nos había garantizado "uno de los mejores fines de semana" de nuestras vidas (si el tiempo no lo impedía, había añadido cautelosamente) si tan sólo queríamos quitarle unos pocos días a nuestro viaje a Francia para visitar Berna. Tenía que ser Berna, insistió, ningún sustituto.

—Berna no es una ciudad turística —había dicho—, y por alguna razón no atrae a muchos visitantes. Pero considero que es la más grande ciudad de Suiza.

Lo intentamos, viejo amigo, realmente lo intentamos, pero los embotellamientos, los coches y las calles bloqueadas nos disuadieron. Sin embargo, se reveló ser uno de los mejores fines de semana de nuestras vidas, gracias a Wichtrach.

La otra razón de acudir a Suiza era descubrir qué cruces polinizadores de panes se habían producido en un área tan fuertemente influenciada por varias culturas. El lenguaje de los berneses era predominantemente alemán, mientras que la ciudad de Neuchâtel, apenas a un centenar de kilómetros de distancia, era la capital del distrito protestante francofono.

No habíamos conocido aún a Rolf Thomas cuando Frau Steffen-Liechti trajo los panecillos de su horno a nuestra mesa para nuestro primer desayuno en el Hotel Kreuz. Yo sabía que no habíamos cometido ningún error cambiando Berna por un encantador *Gasthof* campesino que servía panecillos como aquellos. Había de dos clases en el cesto trenzado: *Weggliteig* (que más tarde llamamos panecillos botón) y *Gipfelteig*, una especie de croissant. Los botones o pequeños promontorios provenían de cortes hechos con tijera a lo largo de la parte superior del panecillo, justo antes de meterlo en el horno. El *Gipfelteig* era un croissant más pequeño y más apretadamente enrollado. No era tan mantecoso y hojaldrado como los franceses. Pero sí era sabroso.

Cuando subí calle arriba para encontrarme con Rolf Thomas un poco más tarde, sabía de primera mano (o de primer gusto) que era un excelente panadero, y uno cuyas recetas de al menos dos panes podían figurar en mi colección.

La reputación de Rolf como excelente panadero se había esparcido mucho más lejos de la inmediata vecindad y las 120 familias para las cuales horneaba. Había probablemente otra treintena de clientes, familias de las granjas esparcidas por toda la ladera, que acudían a la panadería dos veces por semana en su camino al cercano doctor o a la oficina de correos. La puerta de entrada a la panadería de Thomas era pequeña. Los carteles anunciadores al lado de la carretera están prohibidos en Suiza, de modo que ni siquiera podía poner una pequeña flecha en el cruce principal de carreteras señalando hacia la *Bäckerei*.

Pero esto no importaba, explicó.

—Mi negocio no es estacional. Cada día sé exactamente cuantas piezas debo hornear para vender. Nunca me queda pan de un día para otro.

Ajetreado como estaba seis días a la semana con sus clientes regulares, Rolf había encontrado pese a todo tiempo para desarrollar una especialidad que enviaba por vía aérea hasta tan lejos como California. Es el *Haselnusslebkuchen*, un bizcocho rico en mantequilla y frutos secos horneado con la figura del oso suizo. En aquel momento estaba trabajando en un encargo de treinta de los sólidos bizcochos de avellana de 400 gramos que debía enviar a los comerciantes encargados de una exposición de nuevos modelos de automóviles en Berna.

Había habido considerables cambios en la panadería desde que él la había comprado. El gran ventanal, por supuesto, permanecía sin ningún cambio, pero el viejo horno accionado a leña que era usado antiguamente había sido convertido para gas propano. No había dispositivo de vapor para el horno, y los panes obtenían su vapor cuando Rolf lanzaba un chorro de agua de una botella de plástico contra los calientes ladrillos del horno justo desde la embocadura de la puerta. Nuevas máquinas mezcladoras y moldeadoras habían sido instaladas para hacer posible que Rolf operara lo que él llamaba su tienda "de un hombre y medio". Estaba refiriéndose a sí mismo y a su aprendiz, un chico del lugar. No contaba Verena, que cortaba los botones en los panecillos y también arreglaba la tienda adjunta desde donde mantenía un ojo vigilante a la cocina familiar, justo detrás. La vivienda de la familia estaba en el segundo piso, y toda una pared estaba ocupada con estanterías expositoras llenas con una colección de moldes de mantequilla suizos.

Mi esposa le preguntó a Verena por qué no vivían en el encantador chalet de 500 años de antigüedad con techumbre de paja, justo al lado, y que habían comprado hacía unos pocos años.

—Son encantadores vistos desde aquí, es cierto, pero en el interior... —arrugó la nariz y agitó su delantal—. Son sucios. Huelen como vacas. El techo está agrietado. La única gente que vive en ellos son las familias extranjeras que vienen a Suiza a trabajar. Los aceptan porque el precio del alquiler es bueno.

"¡Pero vivir en ellos, nunca! Algún día lo echaremos abajo y edificaremos una casa moderna con algo de la hermosa línea de la vieja... el techo tan inclinado que parece colgante y los amplios balcones, llenos de plantas.

WEGGLITEIG
Panecillos botón

(Aproximadamente dos docenas)

El *Weggliteig* es un delicioso panecillo para el desayuno y una especialidad de la *Bäckerei* de Herr Thomas. Es un largo panecillo untado dos veces con huevo batido y cortado con tijeras en su parte superior para producir un efecto de aserrado. Mi nieto lo vio de otra manera:

—Parece como los botones de una mamá cerda.

La descripción no va desencaminada, si uno considera que algo de su buen sabor proviene de una porción de manteca de cerdo.

INGREDIENTES

    2 tazas de agua caliente (40°-46°)
    1 taza de leche en polvo descremada

2 cucharadas soperas de azúcar
1 cucharada sopera de sal
2 sobres de levadura en polvo
5 tazas de harina todo uso, aproximadamente
2 cucharadas soperas de *cada* de grasa vegetal y de manteca de cerdo

Glaseado:

1 huevo, batido
1 pellizco de sal

PLANCHA DE HORNEAR

Una plancha de hornear, engrasada o de teflón.

PREPARACIÓN. — 12 minutos

En un bol grande, eche las 2 tazas de agua y añada la leche, el azúcar, la sal y la levadura. Agite hasta que se disuelva. Deje reposar 3 minutos. Añada 2 tazas de harina todo uso, mezcle y añada la grasa. (Herr Thomas insiste en que la mitad de ella debe ser manteca de cerdo si uno desea duplicar el sabor de sus panecillos.) Cuando la grasa haya sido mezclada con el batido espeso, añada el resto de la harina, ½ taza cada vez, hasta que la masa sea una pasta áspera y pueda ser trabajada con las manos.

AMASADO. — 6 minutos

Saque la masa del bol y colóquela sobre la superficie de trabajo previamente enharinada. Amase con fuerte movimiento de aplaste-gire-doble. Añada liberales espolvoreados de harina para controlar la pegajosidad. La masa debe ser suave, elástica, y agradable de trabajar. No haga una masa excesivamente dura añadiendo demasiada harina. Equivóquese en el lado del menos mejor que en el del más.

Verena Thomas corta los *Weggliteig* en su panadería de Wichtrach.

PRIMERA SUBIDA. — 2 horas

Devuelva la masa al bol lavado y engrasado, cubra con un plástico, y deje a temperatura ambiente (21°-23°) hasta que doble su volumen.

MOLDEADO. — 20 minutos

Saque la masa del bol y aplástela. Divida la masa

en 24 porciones y haga una bola de cada una de ellas. Las bolas deben ser apretadas duramente bajo la palma en forma de copa para obligar a los ángulos cortantes y pliegues a mezclarse con el resto de la masa y desaparecer. (Observe una bola de masa que no ha sido propiamente moldeada. Muy a menudo se desplegará completamente siguiendo la forma que tenía cuando la separó del resto.) Cuando cada bola sea redonda y cohesiva, conviértala en un largo huso apretándola arriba y abajo bajo la palma plana de la mano con la misma presión que antes. El panecillo debe ser tan largo como ancha sea su mano... de 10 a 13 centímetros.

Coloque cada panecillo formando línea en la plancha de hornear. Repita con todas las piezas. Deje un espacio de unos 8 centímetros entre las hileras paralelas.

Si tiene masa para más panecillos de los que puede contener la plancha de hornear, reserve la masa y repita este paso cuando la plancha y el horno estén de nuevo disponibles.

S<small>EGUNDA</small> <small>SUBIDA</small>. — 1 hora

Cubra los panecillos con papel parafinado y deje sin tocarlos a temperatura ambiente (21°-23°) durante 40 minutos. Unte cada panecillo con la mezcla de huevo y sal. Deje sin cubrir por el resto del tiempo.

Al final de la hora vuelva a untar los panecillos con el glaseado de huevo y sal.

H<small>ORNEADO</small>. — 190° - 35 minutos

Precaliente el horno 20 minutos antes de hornear.
Cuando los panecillos hayan sido untados por segunda vez, colóquese frente al lado largo de los mismos. Tome unas tijeras y, en un ángulo de 45°, haga 5 cortes triangulares, aproximadamente de 2 ½ centímetros de largo, en el centro y hacia abajo de cada panecillo. Las puntas de los triángulos subirán, formando los botones. Moje las tijeras en agua cada vez

que corte para que las puntas no se peguen en el glaseado.

Cuando todos los panecillos hayan sido cortados, coloque la plancha de hornear en la parte central del horno.

A la mitad del período de horneado gire la plancha de hornear lado por lado para igualar el calor en todos los panecillos.

Los panecillos estarán hechos cuando presenten un aspecto marrón lustroso. Gire uno de los panecillos y golpee la corteza del fondo para asegurarse de que es firme.

Paso final

Coloque en una parrilla metálica para enfriar. Son igualmente deliciosos recalentados más tarde.

GIPFELTEIG
Croissants suizos

(Aproximadamente cuatro docenas de croissants)

El *Gipfelteig* es pequeño (unos 30 gramos), suculento, y ciertamente uno de los más loables bocados que pueden encontrarse en el cantón suizo de Berna. Cuatro de los delicados *Gipfelteigs* caben confortablemente en la palma de la mano, si los comparamos con uno de los croissants franceses con los que están cercanamente emparentados.

Si hay un ingrediente distinto en este panecillo que contribuye enormemente a su extraordinario sabor, éste es el *Schweinefett*, la manteca de cerdo, utilizada en la confección de la masa. Imparte un sabor que no puede ser duplicado por ninguna otra grasa de pastelería.

Aunque hay 55 capas de masa y margarina cuando se le han dado todas las vueltas, la masa es aplastada increíblemente delgada —3 milímetros o incluso menos— antes de cortar los triángulos de masa. Herr Thomas admite que no todas las capas quedan retenidas al aplanar, pero quedan las suficientes, cree, para impartir una textura especial que no se encuentra en otros croissants.

Ingredientes

    6 tazas de harina todo uso, aproximadamente
2 sobres de levadura en polvo
4 cucharaditas de sal
1/4 de taza de azúcar
2 tazas de agua caliente (40°-46°)
6 cucharadas soperas de manteca de cerdo, a temperatura ambiente
200 gramos de margarina, a temperatura ambiente

Glaseado:

1 huevo
1 cucharada sopera de leche

Plancha de hornear

    Las 4 docenas de *Gipfelteigs* requerirán o bien dos planchas de hornear o dos períodos de horneado con una sola plancha, engrasada o de teflón.

Preparación

    La preparación de la masa antes de cortarla en triángulos es mejor hecha la noche anterior al horneado, pero una vez hechas las capas la masa debe ser cuidadosamente enfriada antes de los pasos finales.

20 minutos

    En un bol grande, mezcle juntas 2 tazas de harina, la levadura, la sal y el azúcar. Eche las 2 tazas de agua caliente en el bol y agite hasta hacer un batido uniforme. Déjelo reposar durante 15 minutos. La manteca de cerdo, a temperatura ambiente, es añadida al batido y mezclada enérgicamente 25 veces con una cuchara de madera grande o una espátula. Eche el resto de la harina, de ½ en ½ taza, y agite primero con un utensilio y luego con las manos para hacer una masa áspera que limpie los lados del bol. Rasque las partículas del bol e incorpórelas a la masa.

Amasado. — 7 minutos

Coloque la masa sobre la superficie de trabajo previamente enharinada y amase con un fuerte ritmo de aplaste-gire-doble para desarrollar la pasta hasta una suave, elástica masa. Añádale ligeros espolvoreados de harina para controlar la pegajosidad si ésta se desarrolla.

Capas

Al contrario de un *boulanger* francés preparando los croissants hojaldrados, Herr Thomas no enfría la margarina antes de extenderla con sus dedos por todo el rectángulo de masa. Coloca la masa en la nevera para enfriar más tarde, por supuesto.

20 minutos

Amase la margarina con una espátula para hacerla blanda y cremosa. Déjela a un lado.

Con un rodillo y los dedos, aplane y estire la masa en un rectángulo de 45 por 35 centímetros. Déjelo reposar durante 3 o 4 minutos para que retenga su forma. Con los dedos o una espátula esparza la margarina sobre la masa, dejando un borde de 2 ½ centímetros de masa en todos los lados. Eso permitirá a la masa sellarse a sí misma y contener la grasa en su interior al ser aplanada.

Vuelta 1

Doble la masa sobre sí misma a lo largo en tres secciones... como uno doblaría una carta. El rectángulo medirá ahora unos 15 × 35 centímetros... y 3 capas de profundidad.

Vuelta 2

Espolvoree ligeramente con harina la masa y la superficie de la mesa. Gire la masa de modo que el lado que mide 15 centímetros, o sea el más corto, esté marcando las 6 y las 12 del reloj, y aplane en un nuevo rectángulo... 30 × 45 centímetros. Doble de nuevo en tres veces.

VUELTA 3

Espolvoree la superficie. Gire los lados cortos para que señalen las 6 y las 12 y aplane en un rectángulo de 30 × 45 centímetros. Doble en tres.

REFRIGERACIÓN. — 3 horas o toda una noche

Envuelva la masa en un doble grueso de toalla mojada para que no se seque. Coloque la masa envuelta en la plancha de hornear y meta en la nevera.

VUELTA 4. — 4 minutos

Desenvuelva la masa y colóquela en la superficie de trabajo previamente enharinada. Aplane cuidadosamente la masa en un rectángulo de 30 × 45 centímetros. Doble en tres. Esta es la última vuelta antes de aplanar la masa en una capa fina.

MOLDEADO. — 20 minutos

Mantenga la superficie de trabajo espolvoreada con harina para que la masa pueda moverse libremente bajo el rodillo.

Aplane la masa en un rectángulo largo —unos 90 × 45 centímetros— y muy delgado, 8 milímetros o menos. Deje descansar la masa antes de cortarla con una rueda de pastelero o la masa se encogerá cuando la corte.

Con una regla como guía, marque la masa y córtela en tres secciones a lo largo de 15 centímetros de ancho. Los triángulos de *Gipfelteig* son de 10 × 15 centímetros. Marque cada sección a intervalos de 10 centímetros, alternando a derecha e izquierda, para producir una serie de largos triángulos.

Vaya depositando los triángulos a un lado. Si hay demasiados para hornearlos de una vez, reserve el sobrante en la nevera, separados por pequeños trozos de papel parafinado.

Con el rodillo, aplane el triángulo una sola vez de abajo a arriba para hacerlo aún más delgado. Sujete la punta con un dedo. Con la otra mano, enrolle la masa hacia la punta. Coloque en la plancha de hornear a una distancia de 4 centímetros apartado el uno del otro, con la punta bajo el cuerpo del *Gipfelteig* para evitar que se desenrolle en el horno. Déle la forma de un creciente de luna. Repita con los demás.

SUBIDA. — 1 hora

Unte cada pieza con el glaseado de huevo y leche y deje sin cubrir a temperatura ambiente (21°-23°) durante 1 hora.

HORNEADO. — 190° - 25 minutos

Precaliente el horno 20 minutos antes de hornear.

Unte de nuevo las piezas con el glaseado de huevo y leche antes de colocar la plancha a media altura en el horno. Veinte minutos más tarde, saque la plancha de hornear e inspeccione rápidamente los *Gipfelteigs*. Son pequeños, y adquieren rápidamente una tonalidad marrón en los últimos pocos minutos del período de horneado. Si su horno está más caliente de lo necesario, esté preparado para sacar las piezas unos minutos antes.

PASO FINAL

Saque del horno y enfríe en una parrilla metálica. Sírvalos calientes si es posible. Para congelar, enfríe primero en la parrilla y empaquete herméticamente. Descongele antes de meterlos de nuevo en el horno a 190° durante 10 minutos.

NUSSGIPFEL
Croissants rellenos de avellanas

(Dos docenas de croissants)

Aunque estos *Gipfelteig* rellenos de avellanas son sólo una variación del fino croissant de Herr Thomas, merece especial atención por su excepcionalmente fino sabor. *Noisette, Haselnuss* o avellanas es quizás el principal fruto seco en todos los dulces en Francia y, ciertamente, en el vecino cantón suizo de Berna. En aquella pequeña tienda, y especialmente en esta receta, Herr Thomas ha elevado la avellana a la posición eminente que merece.

INGREDIENTES

Masa:

Media cochura de pasta hojaldrada de *Gipfelteig* (página 354)

Relleno:

1 taza de avellanas picadas
1 huevo
1/4 de taza de azúcar
2 cucharadas soperas de mantequilla derretida
½ cucharadita de vainilla
½ cucharadita de cáscara de naranja rallada, opcional

Glaseado:

1 cucharada sopera de glaseado de albaricoque o cereza

PLANCHA DE HORNEAR

Una plancha de hornear, ligeramente engrasada o de teflón.

PREPARACIÓN

Estos son los tiempos y pasos para la masa (página 355) antes de que las piezas sean rellenadas:

Preparar la masa: 20 minutos.
Amasado: 7 minutos.
Vueltas: 20 minutos.
Refrigeración: 3 horas o toda una noche.
4.ª vuelta: 4 minutos.
Moldeado: 20 minutos.

RELLENADO. — 5 minutos

Con anterioridad, pase las avellanas (yo lo hago con piel incluida para dar color) por un triturador. Mezcle los frutos secos en un bol pequeño con el huevo, el azúcar, la mantequilla derretida, la vainilla y la piel de naranja rallada. Mezcle todos los ingredientes pero no los ponga al fuego.

15 minutos

Cuando los triángulos hayan sido cortados y cada uno de ellos aplanado fino, esparza 2 cucharaditas del relleno de avellana cerca de la base de cada triángulo. Enrolle sin apretar. No tense la pasta. Las piezas pueden ser moldeadas en forma de croissants al colocarlas en la plancha de hornear, o dejadas con su forma alargada. Herr Thomas lo hace de las dos maneras.

Coloque el relleno no utilizado, si le sobra, en un contenedor de plástico y congele para futuro uso.

SUBIDA. — 1 hora

Cubra con papel parafinado y deje a temperatura ambiente (21º-23º) durante 1 hora.

Prepare el glaseado sacando el albaricoque o las cerezas en conserva del líquido o escurriendo éste. Coloque el espeso líquido en un pote pequeño y hágalo hervir. Retire del fuego o manténgalo a calor moderado.

HORNEADO. — 190° - 25 minutos

Precaliente el horno 20 minutos antes de hornear. Unte las piezas con el glaseado antes de meter la plancha en la parte media del horno. Quince minutos más tarde unte de nuevo las piezas, y compruebe su grado de cocción. Son pequeñas y se hornean rápidamente.

PASO FINAL

Retire del horno y enfríe en una parrilla metálica. Sirva cuando están calientes, si es posible. Para congelar, enfríelos primero en la parrilla y empaquételos herméticamente en una bolsa de plástico. Descongele en la bolsa antes de volver a meterlos en el horno (a 190°) para calentar. Un excepcional placer para el desayuno.

STOLLE
Pan dulce

(Dos piezas de 800 gramos)

Uno de los más finos panes festivos que pueden salir de cualquier cocina —y en cualquier ocasión— es el *Stolle*, un encantador pan hecho con una suculenta masa amarilla rica en mantequilla y huevo, abriéndose primorosamente para mostrar sus frutas confitadas y frutos secos. La masa es aplanada, doblada aproximadamente por la mitad y horneada. Luego, antes de servir, es espolvoreada con azúcar de pastelería para crear un efecto como de encaje.

Es una receta más amplia de lo habitual, apropiada para un festejo especial o para una reunión de invitados en unas vacaciones. Por supuesto, siempre hay la opción de reducirla a la mitad.

INGREDIENTES

    6 ½ tazas de harina todo uso, aproximadamente
    ½ taza de leche en polvo descremada
    1 sobre de levadura en polvo
    2 cucharaditas de sal
    1 ½ tazas de agua caliente (40°-46°)
    1 taza de almendras picadas
    1 ½ tazas de pasas de Corinto o de Málaga
    1 taza de piel de naranja o de limón o fruta confitada
    400 gramos de mantequilla o margarina, a temperatura ambiente
    2 tazas de azúcar
    1/8 de cucharadita de vainilla
    2 cucharadas soperas de ron o coñac, opcional
    3 huevos, a temperatura ambiente
    1 cucharada sopera de mantequilla derretida, para untar
    1 cucharada sopera de azúcar de pastelería, para espolvorear

PLANCHA DE HORNEAR

    Una plancha de hornear, engrasada o de teflón.

PREPARACIÓN. — 20 minutos

    Coloque 2 tazas de harina en un bol de tamaño mediano y mezcle la leche en polvo, la levadura y la sal. Añada el agua, agite hasta conseguir un batido suave. Deje a un lado, para que descanse.
    En un bol separado, mezcle juntas las almendras, las pasas y las frutas confitadas y deje a un lado.
    En un bol grande, haga cremosa la mantequilla con una cuchara de madera o una espátula. Añada el azúcar, de ½ en ½ taza, agitando para mezclar bien. Añada la vainilla (y si lo desea, el ron o coñac). Eche los huevos de 1 en 1... batiendo para mezclar con la combinación mantequilla-azúcar. Añada 2 tazas de harina y agite para mezclar cuidadosamente los ingredientes. Eche el batido de levadura en el bol grande y combine. Añada el resto de la harina, de ½ en

½ taza, hasta que la pasta sea una masa sólida y pueda ser trabajada con las manos sin que se pegue. La masa será como aceitosa debido a la gran cantidad de mantequilla.

Amasado. — 8 minutos

Saque del bol. Si hay demasiada pasta para amasar confortablemente, divídala en 2 porciones. Amase con un fuerte movimiento de aplaste-gire-doble, levantando y golpeando ocasionalmente la masa con dureza contra la superficie de trabajo para aliviar **el** tedio del amasado.

Cuando el amasado esté completado, apriete y aplaste la masa hasta convertirla en un óvalo aplanado. Eche la mitad de la mezcla de frutas sobre la masa y dóblela. Amase hasta que éstas hayan desaparecido. Continúe amasando hasta que los frutos secos y confitados se hayan distribuido equitativamente por toda la masa.

Primera subida

Devuelva la masa al bol, cubra con una plástico y deje a temperatura ambiente (21°-23°) hasta que doble su volumen, aproximadamente 2 ½ horas. Es una masa rica y pesada que es lenta en subir.

Moldeado. — 10 minutos

Devuelva la masa a la superficie de trabajo previamente enharinada y divídala en 2 porciones, o en más si prefiere usted piezas más pequeñas. Apriete y aplane la masa hasta un óvalo. Para una pieza grande éste debe tener unos 25 centímetros de diámetro. Doble la masa como si fuera un sobre... la parte superior a unos 4 centímetros del borde de la inferior. Apriete y pellizque el borde superior para asegurarse de que la masa inferior no saltará y se abrirá durante el horneado. Repita la operación con las otras piezas. Coloque en la plancha de hornear.

Descanso. — 15 minutos

Deje las piezas sin cubrir mientras el horno se está precalentando.

Horneado. — 175° - 1 hora

Unte las piezas con la mantequilla fundida antes de colocar en la parte media del horno. A la mitad del período de horneado gire la plancha lado por lado para compensar las variaciones de temperatura en el horno.

El *Stolle* está hecho cuando presenta un color marrón dorado y la corteza del fondo suena dura y hueca cuando es golpeada con el dedo índice.

Paso final

Unte de nuevo con la mantequilla fundida y coloque cuidadosamente en una parrilla de metal para que se enfríe. Un *Stolle* grande es frágil cuando está caliente, así que levántelo con ayuda de una espátula. Espolvoree con azúcar de pastelería antes de servir. El *Stolle* es mejor si se deja un día o dos antes de cortar. Se congela bien.

Recetas de Strasbourg

Strasbourg es una ciudad francesa que ama sus croissants y *petits pains* pero aprecia con igual fervor sus *stolle* y *kugelhupf*. Es una de las ciudades francesas más sibaritas, aunque está tan sólo a cuatro kilómetros del Rin, a través del cual la influencia alemana en la alimentación (y en otras muchas cosas buenas también) ha fluido con facilidad durante siglos.

Hace casi un centenar de años que un físico germano llegó a Strasbourg siguiendo la ocupación de la ciudad en la Guerra Francoprusiana (1870-71), y se convirtió en cliente y amigo de un joven panadero, Monsieur Jacques Zimpfer, en el número 10 de la Place Broglie, en la ciudad vieja, cerca del impresionante Théâtre Municipal. Su selección de panes era pequeña, y el doctor animó al joven a experimentar con harina de trigo entero, molido grueso, tal como venían haciendo los panaderos germanos desde hacía años con considerable éxito. El pan era más oscuro, las rebanadas tenían una cierta aspereza y quizá no tenía el status social del blanco, explicó el doctor, pero era bueno de comer y bueno para la salud.

El tatarabuelo Zimpfer, que aceptó probar con unas pocas piezas de pan de trigo entero, no podía saber que estaba a punto de impulsar a los negocios familiares a una carrera que los llevaría a través de un centenar de años de tradición panadera hasta el agradable hombre de treinta y cinco años que estaba ahora de pie en el umbral de la más popular *boulangerie* de Strasbourg. No era un pequeño tributo a Monsieur Jean Pierre Scholler el que la panadería familiar (que llegó a él vía su abuela) siga siendo hoy una de las más apreciadas en una ciudad que tiene 240 *boulangeries*, una por cada 1.200 almas.

Si hay que culpar de algo a la operación de Jean Pierre, quizá sea de que hace difícil la elección presentando un increíble número de panes distintos. En los estantes del escaparate se amontonan sus productos. Hice inventario: dieciocho clases diferentes de panes, panecillos, bizcochos, pasteles y tartas. Los panes se alinean desde el *kugelhupf* de trigo entero hasta la habitual pieza de pan blanco, con una delicada trenza pegada a un lado de la corteza.

Sucesivas familias de *boulangers* nunca abandonaron el sendero trazado por el viejo Zimpfer. Con el nuevo pan de trigo entero convertido rápidamente en una especialidad popular, la *boulangerie* empezó a especializarse en otros panes hechos con harinas de trigo entero y otros ingredientes nutricios. La tienda utiliza actualmente tres toneladas de harina de trigo entero *(farine complète)* cada semana.

Decir simplemente que la *boulangerie* Scholler se especializa en panes de régimen e integrales sería engañoso y podría desorientar a mucha gente. Pero cuando Jean Pierre la llama la *boulangerie de régime* —panadería de régimen—, la gente se empuja para entrar.

En una funda para pan se halla la descripción de la hogaza de trigo entero tal como fue transmitida por su tatarabuelo. Es llamado, simplemente, *pain complet*. Completo.

"Este pan ha sido hecho con el trigo entero cultivado sin fertilizantes pero vitalizado con abono orgánico consistente en una mezcla de plantas medicinales tales como la camomila, valeriana, ortiga, diente de león y cola de caballo. La harina es molida gruesa."

Jean Pierre, su encantadora mujer, Hélène, y yo, estuvimos hablando hasta bien entrada una noche (justo antes de la hora de irnos a dormir) en una pequeña habitación que separa la tienda en la parte delantera de la panadería propiamente dicha en la parte trasera. Las luces estaban apagadas en la panadería, y yo hubiera deseado aguardar hasta primera hora de la mañana siguiente para ver cómo se hacían todos aquellos maravillosos panes. Hablamos acerca de la tendencia en algunas ciudades francesas hacia las grandes *boulangeries* comerciales, y del pan blando envasado en plástico. Aquello nunca había ocurrido en Strasbourg, dijo, porque él y los demás panaderos estaban dedicados a mantener alta su calidad. Un horneador americano podría considerarlo a él demasiado diversificado, le dije, produciendo tantas clases de pan. Jean Pierre se echó a reír y señaló a una docena de compradores de pie ante las estanterías mientras cuatro dependientas con bata blanca les servían sus pedidos.

—¡Les proporcionamos lo que ellos desean!

Los Scholler viven en un confortable apartamento sobre la *boulangerie*, desde donde puede verse, además de la parada del autobús (donde todos los pasajeros parecen llevar un pan de Scholler) el ayuntamiento de la ciudad, al otro lado de la amplia Place Broglie. Durante nuestra conversación pude oír ocasionalmente arriba el taconeo de Matthew, de ocho años de edad, que según dijo su madre iba a continuar algún día la tradición Zimpfer-Scholler.

Al día siguiente, a la temprana luz de un claro día de primavera, crucé la Place Broglie, vacía ahora de gente y coches y autobuses, y me deslicé por una puerta lateral dejada entreabierta para mí. Habiendo admirado antes la variedad de panes producidos bajo el techo de Scholler, había esperado encontrarme con una docena de hombres trabajando cuando penetré en la tienda. Me sentí asombrado de encontrar sólo a Jean Pierre, otros dos panaderos y un ayudante. Un total de cuatro. Lo que les faltaba en número les sobraba en destreza y energía. Ningún movimiento era inútil. Mientras Jean Pierre, con una mano, esparcía un puñado de pasas en un ligero cedazo metálico para escuchar el duro toc-toc de alguna piedra irregular, agitaba con la otra una lata de glaseado de albaricoque. Cuando un hombre cruzaba la habitación con un molde lleno, regresaba con una pila de moldes vacíos.

Un *boulanger* estaba de pie en una especie de foso hondo hasta la cadera frente al gran horno de tres puertas de carga, una encima de la otra. En aquel momento estaba sacando docenas de moldes de panes de trigo entero del horno inferior. No seguía ninguna formalidad para apilar las calientes latas. Deslizaba su pala fuera y dejaba caer su contenido al suelo en un confuso montón, a veces inclinando la pala para ello, a veces no. Cuando hubo terminado, las barras y los moldes formaban en el suelo un montón que le llegaba hasta los hombros.

Eran casi las siete cuando dije adiós. La tienda iba a abrir dentro de una hora, y el largo trabajo nocturno de los *boulangers* estaba a punto de terminar. Los panes estaban apilados por todas partes. La mesa donde había estado hablando con los Scholler el día anterior contenía enormes hogazas de *pain de campagne* apiladas como leños. Cestos de mimbre llenos con largas *baguettes* eran empujados hacia la puerta, formando como un tren de vagones de ferrocarril aguardando en la estación a ser recogidos por la máquina.

KUGELHUPF
Kugelhupf

(Una pieza grande)

Hay conflictivas historias acerca de quién elevó el *kugelhupf* a su presente altura gastronómica. ¿Fue María Antonieta a finales de los 1700 (le encantaba esta creación), o Carême, el gran chef, que popularizó la especialidad en París a principios de los 1800? ¿O fue debido a la destreza y habilidad de un hombre llamado Georges, que abrió una *pâtisserie-boulangerie* en la Rue de Coq de París en 1840? No importa. El *kugelhupf* es un triunfo lo suficientemente grande como para ser compartido por los tres.

Hay tantas maneras de denominar al *kugelhupf* como días hay en una semana. *Suglhupf, gugelhupf* y *kougloff* son sólo tres de ellas. Y como debe esperar usted, hay todavía más recetas para esta fina especialidad fermentada con levadura. Esta es una de las mejores.

El *kugelhupf* sube elegantemente en su propio molde especial para que parezca una corona adornada con almendras. Si no tiene a mano un molde de *kugelhupf*, cualquier otro molde en forma de corona puede impartir la misma *élégance*, especialmente si lo espolvorea con una delicada nevada de azúcar de pastelería.

INGREDIENTES

Arranque:

1 sobre de levadura en polvo
½ taza de agua caliente (40°-46°)
1 pizca de sal
1 1/4 tazas de harina todo uso

Masa:

½ taza de pasas de Corinto o de Málaga
1/4 de taza de vino blanco seco
3 ½ tazas de harina todo uso, aproximadamente
4 huevos, batidos, a temperatura ambiente
2 cucharadas soperas de agua caliente (40°-46°)

1/3 de taza de azúcar
2 cucharaditas de sal
100 gramos de mantequilla, a temperatura ambiente
Todo lo del arranque
1 cucharada sopera de mantequilla fría, para untar el molde
1/3 de taza de almendras enteras y/o trituradas, para decorar
1 cucharada sopera de azúcar de pastelería, para espolvorear

MOLDE DE HORNEAR

Lo mejor es un molde grande de 2 litros para *kugelhupf*, aunque cualquier otro molde para corona es un sustituto satisfactorio. En el caso de que haya mucha masa para el molde de *kugelhupf*, tenga preparado a mano como reserva un molde para brioche o *charlotte* largo.

PREPARACIÓN. — 5 minutos, 6 horas o toda una noche

Arranque:

En un bol de tamaño mediano, disuelva la levadura en agua. Añada la pizca de sal y 1 taza de harina todo uso para formar una bola áspera de masa. Añada harina si la bola es demasiado pegajosa al moldearla con las manos. Cubra apretadamente el bol con un plástico y deje a temperatura ambiente (21°-23°) durante un mínimo de 6 horas o toda una noche. La bola del arranque se extenderá por todo el bol a medida que fermenta y sube.

PREVIAMENTE

Masa:

Una hora aproximadamente antes de preparar la masa, remoje las pasas en el vino blanco. La receta original indica ron o kirsch, pero los encuentro ambos demasiado dominantes.

El famoso *kugelhupf*, caliente aún del horno, listo para ser saboreado.

15 minutos

En un bol grande, vierta 2 tazas de harina todo uso y haga un hueco en su centro. Eche allí los huevos batidos, el agua, el azúcar y la sal. Empuje lentamente la harina de los lados mientras agita con una cuchara de madera grande o una espátula. Corte la mantequilla en varias piezas y échelas en la mezcla huevo-harina. Bata con 75 fuertes golpes para mezclar completamente todos los ingredientes. Añada el resto de la harina hasta formar una masa blanda que pueda ser trabajada con las manos sin que se pegue.

Destape el arranque, aplástelo y vuélquelo sobre la superficie de trabajo previamente enharinada. Saque la masa y palméela y aplástela hasta formar un amplio óvalo plano. Coloque el arranque en el centro del óvalo, doble la masa sobre el arranque, y amase juntos.

AMASADO. — 6 minutos

El blanco arranque se irá mezclando gradualmente con la amarilla masa hasta que ambos se conviertan en una masa fina y elástica. Añada harina espolvoreándola si es necesario.

Deje reposar la masa mientras las pasas son escurridas y secadas con una toalla de papel. Aplaste la masa y eche las pasas en el centro. Doble la masa sobre las pasas y continúe amasando hasta que las frutas se hayan distribuido regularmente.

PRIMERA SUBIDA. — 2-3 horas

Coloque la masa en un bol grande, cubra con un plástico, y deje sin tocarla en un lugar tranquilo a temperatura ambiente (21°-23°) hasta que doble su volumen. El arranque es lento al principio en hacer subir la masa pero cumple admirablemente su misión en los últimos estadios.

Moldeado. — 15 minutos

Retire la cubierta de plástico y aplaste la masa. Antes de preparar el molde de *kugelhupf*, experimente con la cantidad de masa que necesita para llenar el molde hasta la mitad. Esto le indicará si necesita un molde adicional para el resto de la masa, si le sobra.

Coloque la masa a un lado. Con los dedos, cubra el molde con una película de mantequilla fría en donde se pegarán las almendras. Estas pueden ser enteras o trituradas. Si son enteras, colóquelas en el fondo, formando un dibujo siguiendo el contorno del molde. Si trituradas, espárzalas uniformemente por todo el fondo y lados del molde. Puede emplear ambos tipos a la vez. Reserve algunas almendras si va a utilizar un molde adicional.

Aplaste la bola de masa en un óvalo de aproximadamente el diámetro del molde de *kugelhupf*. Con los dedos, practique un agujero en el centro por donde deberá pasar el tubo de molde. Coloque la masa en su lugar en el molde y apriétela hasta el fondo con los dedos.

Si le queda masa, unte con mantequilla el otro molde, y eche las almendras que había reservado. Moldee la masa restante en una bola y métala en el molde. Distribúyala con los dedos como más arriba.

Segunda subida. — 1-1½ horas

Haga un agujero en un trozo de papel parafinado y colóquelo ensartado en el tubo del molde de *kugelhupf*. Deje a un lado para que la masa suba hasta el borde del molde a temperatura ambiente (21°-23°). Cubra el molde adicional, si lo ha utilizado.

Horneado. — 205° - 1 hora

Precaliente el horno 20 minutos antes de hornear.
Coloque el molde o moldes a media altura. A la mitad del período de horneado cambie las posicio-

nes de los moldes para que reciban ambos igual cantidad de calor.

La pieza más pequeña puede estar lista en 40 minutos. Verifique con una aguja metálica o de madera para determinar si ya está hecha.

Compruebe la pieza mayor para determinar cuándo está horneada. Si la aguja metálica clavada en la masa sale limpia y libre de partículas húmedas, ya está hecha.

Algunos moldes de *kugelhupf* son de metal brillante que dificulta el rematado de una corteza marrón oscuro. Retire la pieza del molde y vuelva a colocarla en el horno por 5 a 8 minutos para un color más intenso.

PASO FINAL

Retire del molde y coloque en una parrilla metálica para que se enfríe. Aunque el *kugelhupf* puede ser servido tan pronto como esté frío, los *boulangers* sugieren dejarlo que madure durante 1 o 2 días antes de cortarlo.

Espolvoree el *kugelhupf* con azúcar de pastelería. Es una pieza agradable para un desayuno especial, un tentempié o una reunión de amigos.

KUGELHUPF BLANC
Kugelhupf blanco

(Una pieza grande y una pequeña)

Dos *kugelhupfs* —éste, hecho con harina sin blanquear, y el que sigue, hecho con harina de trigo entero— son el orgullo de la *boulangerie* Scholler.

El *kugelhupf blanc* empieza con un arranque que se deja 3 horas para que se desarrolle antes de convertirse en la base de una masa que es rica en huevo, leche y mantequilla. Aunque la harina todo uso es satisfactoria para esta receta, se recomienda la sin blanquear debido a la dedicación de M. Scholler a los ingredientes orgánicos.

INGREDIENTES

Arranque:

½ taza de leche caliente (38°-43°)
1 sobre de levadura en polvo
1 taza de harina sin blanquear, aproximadamente

Masa:

Todo lo del arranque
1½ tazas de leche caliente (38°-43°)
1/3 de taza de azúcar
1 cucharadita de sal
1½ tazas de harina sin blanquear, aproximadamente
1 huevo, a temperatura ambiente
120 gramos de mantequilla, a temperatura ambiente
3/4 de taza de pasas, preferiblemente de una blanca
1 cucharada sopera de mantequilla fría, para engrasar los moldes
Almendras enteras y trituradas, para decorar
Azúcar de pastelería, para espolvorear

MOLDES DE HORNEAR

Evidentemente el molde para *kugelhupf* es el mejor. M. Scholler utiliza sólo los de barro, que dice proporcionan a las piezas una mejor corteza. Pero cualquier molde para coronas puede ser un sustituto satisfactorio para la pieza grande, y un molde alargado para brioche o *charlotte* para la pequeña.

Esta receta es para 1½ kilos de masa, que puede ser dividida en una porción de 1 kilo para un molde grande de *kugelhupf* de 23 centímetros y ½ kilo para el molde pequeño.

La mantequilla, dice M. Scholler, es muy importante para engrasar los moldes. "Proporciona un buen sabor."

Preparación. — 5 minutos, 3 horas o toda la noche

Arranque:

En un bol pequeño, mezcle la leche caliente y la levadura para que se disuelva. Eche agitando la harina para conseguir una masa suave que pueda ser amasada sin que sea pegajosa. Amase en la superficie de trabajo durante 3 minutos. Devuelva al bol y cubra con un plástico. Deje a temperatura ambiente (21°-23°) durante al menos 3 horas (o toda una noche, si es más conveniente).

Masa:

Coloque el arranque en un bol grande y añádale la leche caliente, el azúcar y la sal. Agite para mezclar la masa del arranque y disolver los ingredientes secos. Añada 1 taza de harina, el huevo y la mantequilla. Bata con 40 a 50 golpes de una cuchara de madera o raspador. Añada el resto de la harina para conseguir una masa blanda. Saque del bol.

Amasado. — 8 minutos

Coloque la masa sobre la superficie de trabajo previamente enharinada y amase con un rítmico movimiento 1-2-3 de aplaste-gire-doble. Si la masa es pegajosa, añada liberales espolvoreados de harina para darle mayor cuerpo. Cuando la masa esté bien amasada y sea elástica (y no pegajosa), aplástela hasta que quede plana. Esparza las pasas sobre la masa y doble ésta sobre ellas. Siga amasando hasta que las pasas estén uniformemente distribuidas.

Descanso. — 15 minutos

Cubra la masa con el bol invertido y déjelo descansar mientras prepara los moldes del *kugelhupf*. Unte cada molde con una película de mantequilla fría. Las almendras enteras pueden ser colocadas formando un dibujo en el fondo del molde de *ku-*

gelhupf, que será la parte superior cuando la pieza esté horneada y dada la vuelta. Las almendras trituradas pueden ser esparcidas por los lados, donde la mantequilla las mantendrá en su lugar. Repita la operación con el otro molde.

MOLDEADO. — 8 minutos

Los moldes de *kugelhupf* no deben ser llenados más allá de sus 3/4 partes. Aplane la masa en una tira larga y colóquela cuidadosamente en el fondo del molde —alrededor del tubo central— de forma que los extremos se superpongan. Apriete y distribuya con los dedos hasta que la masa sea uniforme.

Para moldes sin tubo central, simplemente coloque una bola de masa en el molde y déle la forma con los dedos.

SUBIDA. — 50-60 minutos

Cubra los moldes con papel parafinado y deje a temperatura ambiente (21º-23º) hasta que la masa alcance el borde del molde.

HORNEADO. — 180º - 50 minutos

Precaliente el horno 20 minutos antes de hornear.
Coloque los moldes a media altura en el horno. Tras 30 minutos, abra la puerta y cambie la posición de los moldes para equilibrar las variaciones de temperatura en el horno.

Cuando la parte superior de las piezas presenten un color marrón oscuro, retire los moldes del horno y compruebe si están hechas clavando una aguja metálica o de madera en el centro de cada uno. Si sale limpia, la pieza está hecha. Si hay partículas húmedas adheridas a la aguja, devuélvala al horno por otros 10 minutos adicionales. La pieza pequeña probablemente esté cocida en unos 40 minutos.

Saque las piezas de los moldes. Si los moldes son brillantes, puede que la corteza del *kugelhupf* no tenga el color marrón dorado que usted desea. Devuelva las piezas al horno —sin moldes— por otros 8 a 10 minutos.

Paso final

Coloque sobre una parrilla metálica para enfriar. Cuando estén completamente frías, espolvoree con azúcar de pastelería y sirva.

KUGELHUPF COMPLET BIOLOGIQUE
Kugelhupf de trigo entero

(Una pieza grande y otra pequeña)

La harina usada para los panes festivos ha sido tradicionalmente blanca. Afortunadamente, Monsieur Scholler ha roto con la tradición utilizando harina de trigo entero para hacer un delicioso *kugelhupf*. Aunque es difícil estar seguro de que uno está utilizando harina de trigo cultivado orgánicamente (sin fertilizantes químicos), como utiliza M. Scholler en su *kugelhupf complet biologique*, generalmente todas las harinas integrales contienen todos los elementos del grano de trigo... sin quitarle ni añadirle nada. Creo que el resultado es igualmente bueno.

El azúcar de caña sin refinar es uno de los elementos de la receta original de M. Scholler, pero lo he sustituido por el azúcar moreno, que es más fácil de obtener y no está completamente refinado.

Ingredientes

4 tazas de harina de trigo entero, aproximadamente
1/3 de taza de azúcar moreno
2 cucharaditas de sal
2 sobres de levadura en polvo
2 tazas de leche, calentadas (43°-49°)
1 huevo, a temperatura ambiente
3 cucharadas soperas de aceite vegetal
1/4 de taza de avellanas, trituradas gruesas
½ taza de pasas, remojadas
1 taza de harina todo uso

1 cucharada sopera de mantequilla fría, para untar los moldes
Almendras enteras y trituradas, para decorar
Azúcar de pastelería, para espolvorear

Moldes de hornear

Aunque lo mejor es un molde de *kugelhupf*, cualquier molde para coronar es un sustituto satisfactorio. Para la pieza pequeña, utilice un molde largo de brioche o *charlotte*. Ambos moldes deben ser untados con mantequilla fría.

Esta receta es aproximadamente para 1½ kilos de masa... 1 kilo para el molde grande de *kugelhupf* de 23 centímetros y ½ kilo para el molde pequeño.

Preparación. — 12 minutos

Con anterioridad, triture las avellanas, y remoje las pasas en un bol pequeño con agua durante 15 minutos. Seque las pasas con toallas de papel.
En un bol grande, eche 3 tazas de harina de trigo entero, y el azúcar, la sal y la levadura. Agite para mezclar bien, y añada la leche. Eche el huevo en el batido; añada el aceite y agite rápidamente con 40 a 50 golpes para mezclar a conciencia. Añada las avellanas y las pasas. Agite. Añada 1 taza de harina blanca; bata con una cuchara de madera o una espátula. Lentamente añada más harina de trigo entero, quizá la taza restante, mezclando bien para asegurarse de que la harina de trigo entero ha absorbido toda su cuota de humedad antes de añadir más harina para conseguir una sólida pero elástica masa que pueda ser sacada del bol.

Amasado. — 8 minutos

La masa, que en su mayor parte es de trigo entero, es más pegajosa que la masa totalmente blanca, y es de utilidad tener una espátula a mano para ayudarse a trabajar la masa y mantener la superficie de trabajo limpia. Espolvorear harina *blanca* ayudará a controlar más rápidamente la pegajosidad que hacerlo con harina de trigo entero. Una pequeña adición de harina blanca no afectará las proporciones.

Amase vigorosamente la masa y ésta se volverá pronto uniforme y elástica. Amase al menos durante 8 minutos.

PRIMERA SUBIDA. — 1½-2 horas

Devuelva la masa al bol limpio y engrasado, cubra apretadamente con un plástico, y deje sin tocar a temperatura ambiente (21°-23°) hasta que doble su volumen.

SEGUNDA SUBIDA

Retire la cubierta plástica. Aplaste la masa con los dedos extendidos; déle la vuelta. Vuelva a tapar el bol y deje que suba de nuevo.

Prepare los moldes de *kugelhupf*. Unte una película de mantequilla fría. Las almendras enteras pueden ser colocadas formando un dibujo en el fondo del molde de *kugelhupf*, mientras que las almendras trituradas pueden colocarse en los lados del molde, donde la mantequilla las mantendrá en su lugar. Repita la operación con el otro molde.

MOLDEADO. — 8 minutos

Llene el molde de *kugelhupf* hasta sus 3/4 partes. En lugar de enrollar una larga tira de masa alrededor del tubo central, M. Scholler aplana la masa hasta formar un óvalo aplastado, aprieta fuertemente en el centro de la pieza, y practica un agujero con los dedos. Lo abre lo suficiente como para que pase por el tubo central del molde. Mete cuidadosamente la masa en el molde.

Para el molde sin tubo central, simplemente coloque una bola de masa en el molde y moldee con los dedos hasta darle la forma.

Tercera subida. — 1 hora

Cubra los moldes con papel parafinado y deje a temperatura ambiente (21°-23°) hasta que la masa alcance el borde del molde.

Horneado. — 190° - 50 minutos

Veinte minutos antes de hornear, precaliente el horno.

Coloque los moldes a media altura. A la mitad del horneado, intercambie los moldes para exponerlos igualmente a las diferentes variaciones de temperatura.

Cuando la parte superior presente un color marrón oscuro, saque los moldes del horno y compruebe la cocción mediante una aguja metálica o de madera. Si hay partículas pegadas a la aguja cuando la saque de la masa, devuelva las piezas al horno por otros 10 minutos adicionales. La pieza más pequeña probablemente estará en su punto en 40 minutos.

Saque las piezas de los moldes. Si la corteza no tiene el color marrón dorado apetecido, vuelva a colocarlas en el horno *sin* los moldes por otros 8 a 10 minutos adicionales.

Paso final

Coloque en una parrilla metálica para enfriar. Cuando estén completamente frías espolvoree con azúcar de pastelería y sirva.

STOLLE DE NOËL
Pan dulce de Navidad

(Tres piezas)

A menudo una ligera capa de nieve cubre la ciudad de Strasbourg y las orillas del Rin cuando Monsieur Scholler empieza su anual horneado del *stolle de Noël*, el pan dulce de Navidad. Almendras, corteza de naranja y de limón, pasas, y aguardiente o coñac, son las cosas buenas que forman parte de este pan especial de Navidad.

Las piezas, que van desde los 200 gramos hasta un peso superior a 1 1/4 kilos, son untadas con mantequilla en el momento en que salen del horno. Esto no sólo intensifica su sabor, dice M. Scholler, sino que el *stolle* puede conservarse durante 3 y 4 semanas. Cuando se ha enfriado, M. Scholler lo espolvorea ligeramente con azúcar de pastelería.

Un deleite de Navidad fuera de lo común... y un regalo que servir a los amigos.

INGREDIENTES

Arranque:

½ taza de leche caliente (40°-46°)
1 sobre de levadura en polvo
1 taza de harina sin blanquear o todo uso, aproximadamente

Masa:

Todo lo del arranque
1½ tazas de leche caliente (40°-46°)
1/3 de taza de azúcar
2 cucharaditas de sal
2½ tazas de harina sin blanquear o todo uso, aproximadamente
120 gramos de mantequilla o margarina
1 cucharada sopera de aguardiente o coñac, opcional
1 taza de almendras trituradas
1/2 taza de corteza de naranja confitada
1/2 taza de corteza de limón confitada
(La naranja y el limón pueden ser sustituidos por 1 taza de frutas mezcladas confitadas)
3/4 de taza de pasas de Málaga
1/4 de taza de pasas de Corinto
1 cucharada sopera de mantequilla derretida, para untar
Azúcar de pastelería, para espolvorear

Moldes de hornear

Los tres *stolle* cabrán en una plancha de hornear grande (23 × 13), engrasada o de teflón.

Preparación. — 5 minutos, 3 horas o toda una noche

Arranque:

En un bol pequeño, mezcle la leche caliente y la levadura hasta que esta última se disuelva. Añada agitando la harina hasta formar una masa suave que pueda ser moldeada sin que se pegue. Amase en la superficie de trabajo durante 3 minutos. Devuelva al bol y cubra con un plástico. Deje a temperatura ambiente (21°-23°) durante al menos 3 horas, o toda la noche si es más conveniente.

12 minutos

Masa:

En un bol grande, coloque el arranque y cúbralo con la leche. Añada removiendo el azúcar, la sal y 2 tazas de harina. Divida la mantequilla en trozos pequeños y échelos en el bol. Añada el aguardiente o el coñac, si lo desea. Con una cuchara de madera grande o una espátula, bata vigorosamente 60 o 70 veces para conseguir integrar la mantequilla en la densa pasta. La masa empezará a poder sacarse del bol en tiras largas. Esto es bueno. Con la cuchara o los dedos trabaje el resto de la harina hasta hacer una masa hirsuta que pueda ser sacada del bol.

Amasado. — 7 minutos

Espolvoree la superficie de trabajo con harina y coloque allí la masa. Amase con un fuerte movimiento. No acune la masa. Golpéela duramente contra la superficie de la mesa para apresurar el desarrollo del gluten. Es una masa suave y elástica de trabajar. Responderá bajo sus manos... ¡casi parecerá viva!

Descanso. — 5 minutos

>Cuando termine el amasado, deje la masa descansar en la superficie de trabajo durante 5 minutos.

Frutos. — 5 minutos

>Mezcle la fruta confitada y la seca en un bol o en la superficie de trabajo. Con los dedos, aplaste la masa hasta formar un óvalo y esparza la mitad de la mezcla de frutos sobre él. Dóblelo, y luego esparza el resto y vuelva a doblar. Amase durante unos 4 minutos para distribuir equitativamente.

Primera subida. — 1 1/4 horas

>Aunque las 3 piezas de masa pueden ser colocadas individualmente en bols pequeños para que suban, M. Scholler las coloca sobre un trozo de lona —45 × 90 centímetros—, que luego levanta en torno a cada bola para proteger la masa del aire.
>Divida la masa y moldéela en bolas. Coloque sobre un trozo de tela o en bols, con las junturas *arriba*. Si utiliza la tela, separe cada bola con un pliegue de ésta. Mantenga levantado el extremo de la tela con un libro, un pote o un molde. Cubra la parte superior de las bolas con papel parafinado. Si las mete en un bol, cubra con un plástico.
>Deje sin tocar a temperatura ambiente (21°-23°) hasta que las bolas tengan un aspecto ligero e hinchado, aproximadamente 1 1/4 horas.

Moldeado. — 10 minutos

>Saque cada bola de su bolsillo de tela y colóquela sobre la superficie de trabajo previamente enharinada. Con un rodillo, aplane una bola hasta formar un óvalo de unos 25 centímetros de largo y 20 de ancho... y algo más de 1 centímetro de grueso. Unte la superficie con la mantequilla fundida. Doble a lo largo casi por la mitad, dejando que la parte inferior se proyecte unos 2½ centímetros. Coloque sobre

la plancha de hornear. Repita con las otras bolas de masa.

SEGUNDA SUBIDA. — 1 hora

Cubra el *stolle* con papel parafinado y deje a temperatura ambiente (21°-23°).

HORNEADO. — 180° - 45 minutos

Precaliente el horno 20 minutos antes de hornear. Retire el papel parafinado y coloque la plancha de hornear a media altura en el horno. Dé la vuelta a la plancha de hornear a los 30 minutos de estar horneando. El pan dulce estará hecho cuando su corteza superior sea de un color marrón profundo y su corteza inferior suene dura y hueca cuando la golpee con el dedo índice.

PASO FINAL

Inmediatamente después de sacar del horno, unte las piezas con la mantequilla fundida y colóquelas sobre una parrilla metálica. Cuando estén completamente frías, espolvoréelas con azúcar de pastelería. Si las piezas deben ser congeladas, no las espolvoree hasta que las haya sacado y descongelado.

PAIN DE SEIGLE STRASBOURG
Pan de centeno de Strasbourg

(Dos piezas)

La influencia de la espléndida panadería germana a través del Rin se refleja en esta adaptación del tradicional pan de centeno francés sin azúcar. Es un lejano pariente del *Old Milwaukee Rye,* pero sin el fuerte sabor a melaza (sin embargo, este *pain de seigle* lleva una pequeña cantidad) o el característico sabor picante del carvi, que puede ser añadido, por supuesto.
Este pan es sólido, húmedo... y excelente para un buffet.

La forma de la pieza de pan de centeno en la *boulangerie* Scholler de Strasbourg —un óvalo con un efecto de enfajado creado mediante cortes en su superficie— es una de las más populares en Francia, especialmente en las ciudades. La gente del campo prefiere la hogaza redonda, la *boule*.

INGREDIENTES

Arranque:

1 sobre de levadura en polvo
1½ tazas de agua caliente (40°-46°)
2 tazas de harina de centeno

Masa:

Todo lo del arranque
1 taza de agua caliente (40°-46°)
1 sobre de levadura en polvo
1 cucharada sopera de sal
1 cucharada sopera de melaza, clara u oscura
1 cucharada sopera de grasa vegetal
2 tazas de harina de centeno
1 taza de harina todo uso, aproximadamente

Glaseado:

1 huevo
1 cucharada sopera de leche

PLANCHA DE HORNEAR

Una plancha de hornear, engrasada o de teflón.

PREPARACIÓN. — 15 minutos, 1-3 días

Arranque:

En un bol grande, remueva juntos la levadura, el agua y la harina de centeno hasta formar un batido parejo. Cubra con un plástico y deje a temperatura ambiente (21º-23º) durante al menos un día. Agite diariamente.

12 minutos

Masa:

Destape el bol, agite el arranque y añada el agua, la levadura, la sal, la melaza y la grasa vegetal. Mezcle con una cuchara de madera o una espátula. Añada 2 tazas de harina de centeno, de ½ en ½ taza, agitando a cada adición para integrarla a la pasta. Añada la harina todo uso, primero ayudándose con un utensilio y luego con las manos mientras la masa absorbe la harina blanca. Cuando pueda ser sacada del bol con las manos, estará lista para ser amasada.

Amasado. — 6 minutos

Coloque la masa sobre la superficie de trabajo previamente enharinada. La masa de centeno es predominantemente pegajosa y tenaz. Embarra. El mejor instrumento para mantener a raya la masa de centeno en sus primeros estadios es un raspador o una espátula. Aplaste-gire-doble con el raspador mientras añade liberalmente harina blanca espolvoreándola sobre la masa para controlar la pegajosidad.

La masa de centeno se volverá suave y aterciopelada, pero no tendrá la elasticidad de la masa de harina blanca.

Primera subida. — 30 minutos

La masa subirá en un sorprendentemente corto espacio de tiempo. Déjela en la superficie de trabajo y cúbrala con el bol puesto boca abajo.

Moldeado. — 15 minutos

Amase brevemente la masa durante 1 o 2 minutos. Divida la bola en 3 porciones de 400 gramos (o dos porciones de 600 gramos).

(Vea instrucciones en *les benoîtons*, pág. 171, si desea dejar aparte una porción de esta masa para panecillos de pasas.)

Moldee cada una de las porciones en una bola redonda, apretando con las manos en forma de copa para mantener tensa la superficie de la masa. Presione con ambas manos para alargar la bola hasta una longitud de al menos dos veces su anchura. Aplaste suavemente una o dos veces para ayudar a dar la forma de una hogaza ovalada.

Segunda subida. — 25 minutos

Cubra las piezas con papel parafinado y deje a temperatura ambiente (21°-23°) por un relativamente corto espacio de tiempo... unos 25 minutos.

Horneado. — 205° - 45 minutos

Precaliente el horno 20 minutos antes de hornear.
Destape las piezas y úntelas con el glaseado de huevo y leche. Con una hoja de afeitar, trace cuidadosamente cortes de 1 centímetro de profundidad a través de la pieza, empezando cerca de un extremo y cortando a intervalos de 2½ centímetros hasta el otro extremo... un total de 6 a 8 cortes en conjunto. Coloque las piezas en la plancha de hornear y métalas en el horno. A mitad del período de horneado dé la vuelta a la plancha para compensar las variaciones de temperatura del horno.

La hogaza ovalada tendrá aproximadamente 25 centímetros de largo y 12 centímetros de ancho. Cuando esté hecha presentará un color amarronado intenso. Dé la vuelta a una de ellas y golpee con el dedo. Si suena dura y hueca, ya está hecha.

Paso final

Retire del horno y coloque sobre una parrilla metálica para enfriar. Se congelan bien.

Recetas de Charleville-Mézières

Charleville-Mézières es una gran ciudad industrial en les Ardennes, no lejos de la frontera con Bélgica y Luxemburgo, donde descubrí una pequeña panadería en la que encontré al mismo tiempo lo que deseaba: paz, quietud y una hogaza de buen pan. Habíamos estado viajando constantemente, un hotel distinto casi cada noche. Nunca me había sentido tan oprimido por el automóvil... el mío y el de los demás. Estaba agotado. Para desentumecermee había pasado una docena de manzanas desde el hotel hasta un pequeño parque que había visto mientras circulábamos por la ciudad. Una vieja iglesia, Saint Lie de Mohon, estaba al otro lado de la calle.

Empujé la gastada hoja de madera de la puerta de la iglesia. Se abrió silenciosamente. No había nadie dentro. La gran nave estaba sorprendentemente iluminada, aunque silenciosa y fría. Muy cerca del cielo para una persona cansada del viaje, pensé. Saint Lie había sido un pastor en los campos que dominaban la ciudad hacía no sé cuánto tiempo, y ahora yo lo bendecía por ofrecerme aquel refugio. Cuando entré en la iglesia estaba agotado y abrumado por el ruido, la congestión y el ininterrumpido olor del tráfico. Durante una hora o más permanecí sentado allí. Un chapuzón en un frío arroyo de montaña no me hubiera refrescado tanto.

Pasó el tiempo, y recordé haber visto una *boulangerie* al otro lado de la iglesia cuando entré. Volví a salir fuera. Hacía frío ahora, y todo estaba tranquilo.

En la *boulangerie,* una jovial dama permanecía de pie tras un mostrador y frente a unas estanterías llenas con una docena o más de hogazas de *pain de ménage,* el pan familiar. Era de la última hornada del día, y aún estaba caliente. Mientras envolvía la hogaza le dije que era un americano que sentía un gran interés en la panificación, y que estaba impresionado por el agradable aspecto de aquellos *pains de ménage.*

Su sonrisa resplandeció mientras llamaba a algunos otros clientes que estaban en la tienda.

—Es un americano y dice que le gusta nuestro pan —dijo, con una sonrisa de complacencia. Se me acercaron para estrechar mi mano y para afirmarme que sí, que *madame* y su marido hacían el mejor pan de toda Francia.

Madame era más modesta. Explicó que el pan era *pain*

ordinaire, pero que el poco habitual dibujo hecho en la masa era lo que permitía formar una hermosa corteza.

Llevé mi hogaza de *pain de ménage* y la coloqué contra la puerta frontal de Saint Lie, y le hice una foto. Parecía que era lo más adecuado.

PAIN DE MÉNAGE
Pan familiar

(Dos hogazas redondas)

No había nada elaborado en el *pain de ménage* que descubrí en la pequeña *boulangerie* cerca de la iglesia, en Charleville-Mézières. Era simplemente un buen pan... agradablemente presentado en una *boule* que el *boulanger* había cortado diestramente con ocho golpes de su afilada *lame* u hoja. En el horno la hogaza se había abierto a lo largo de los cortes como una flor.

INGREDIENTES

Una cochura, aproximadamente 1 kilo y 200 gramos, de masa de *pain ordinaire* (pág. 272). Estas hogazas pueden hacerse también con la masa para el *pain de campagne* (pág. 123) con idénticos buenos resultados.

PLANCHA DE HORNEAR

Una plancha de hornear, engrasada o de teflón.

PASOS PREVIOS

He aquí los pasos y los tiempos para la masa del *pain ordinaire* (pág. 301) antes de que las hogazas sean moldeadas:
Preparar el arranque, 12 minutos.
Fermentación, 6 horas, mínimo.
Preparar la masa, 18 minutos.
Primera subida, 2 horas.

Moldeado. — 5 minutos

Retire el plástico y aplaste la masa. Vuélquela sobre la superficie de trabajo ligeramente espolvoreada y amase por un momento o dos para extraer las burbujas. La masa será ligera y elástica.
Divida la masa en 2 porciones y moldee cada una de ellas en una bola redonda.

Segunda subida. — 1 hora

Coloque en las esquinas diagonales de la plancha de hornear y deje que suban a temperatura ambiente 21°-23°) cubiertas con papel parafinado o un paño.

Horneado. — 230° - 205° - 45-50 minutos

Coloque una parrilla en el fondo del horno. Precaliente el horno 20 minutos antes de hornear. Cinco minutos antes de hornear eche 1 taza de agua caliente sobre la parrilla. Vaya con cuidado con la brusca nube de vapor.
Destape las piezas. Con un cuchillo afilado, una hoja de afeitar o una *lame,* haga 4 cortes en ángulo recto de 6 milímetros de profundidad desde la cima de la pieza hasta la parte inferior del lado. La bola quedará dividida así en cuatro partes. En cada una de ellas, a media distancia entre los cortes ya hechos, y centrado tanto por arriba como por abajo, haga otro corte, de 5 centímetros de largo. Cada hogaza tendrá pues en total 8 cortes. Repita con la segunda hogaza.
Coloque la plancha de hornear en el horno. Inmediatamente reduzca la temperatura a 205°. A la mitad del período de horneado cambie la posición de las hogazas para que se vean expuestas igualmente a las variaciones de temperatura del horno.
Cuando estén cocidas, las hogazas tendrán un color marrón. Gire una de ellas y golpee su parte inferior con el índice. Si está dura y suena a hueco, el pan está hecho.

PASO FINAL

Coloque en una parrilla metálica para enfriar.

LES PISTOLETS
Panecillos hendidos

(Cuatro docenas de panecillos de 50 gramos)

Aunque el *pistolet*, un panecillo hendido, está hecho con una masa distinta en cada *boulangerie*, es la forma en que es montado el panecillo lo que llama la atención. La masa es moldeada en una bola a menudo no más grande que una pelota de golf, espolvoreada con harina de centeno (para preservarla de la pegajosidad), y hendida casi en dos con un golpe de un palo o un taco, ¡o incluso con el canto de la mano! Tras el hendido, el panecillo es colocado boca abajo para que suba... y luego vuelto a colocar boca arriba sobre la plancha de hornear para meterlo en el horno.

El *pistolet* es poco conocido en París, pero está casi en todas partes en las regiones del este de Francia, y es muy apreciado en Bélgica.

El jarabe o extracto de malta, muy usado en la panadería francesa, le proporciona a la masa un encantador color tostado claro.

INGREDIENTES

7 tazas de harina de trigo duro o harina todo uso, aproximadamente
4 cucharaditas de sal
2 sobres de levadura
3 cucharadas soperas de azúcar
½ taza de leche en polvo descremada
3 tazas de agua caliente (40°-46°)
2 cucharaditas de jarabe de malta
120 gramos de mantequilla, a temperatura ambiente
1 taza de harina de centeno, para espolvorear

Plancha de hornear

Cuatro docenas de *pistolets* llenarán dos planchas de hornear, engrasadas o de teflón. Pueden colocarse en el horno a dos alturas distintas siempre que sean cambiadas una o dos veces durante los últimos 10 minutos del período de horneado; de otro modo, reserve la masa sobrante en un bol tapado hasta que la plancha de hornear y el horno estén de nuevo disponibles para la segunda hornada.

Preparación. — 12 minutos

Eche 4 tazas de harina en un bol grande y añada agitando la sal, la levadura, el azúcar y la leche en polvo. Forme un hueco en el centro y vierta allí 3 tazas de agua. Con una espátula o una cuchara de madera grande, empuje la harina de los lados del bol para formar un batido espeso. Añada el jarabe de malta. Parta la mantequilla en trozos pequeños y eche la pasta. Bata con 50 fuertes golpes. Añada el resto de la harina, de ½ en ½ taza, primero agitando con un utensilio y luego con las manos. La masa será áspera e hirsuta.

Amasado. — 7 minutos

Traslade la masa a la superficie de trabajo previamente enharinada y amase con fuerte movimiento de aplaste-gire-doble, añadiendo liberales espolvoreados de harina blanca si la masa sigue siendo pegajosa. La masa se volverá agradable de trabajar... suave, elástica y dócil bajo las manos.

Primera subida. — 3-4 horas

Devuelva la masa al bol, que habrá sido limpiado y engrasado. Cubra apretadamente con un plástico y deje sin tocarlo a temperatura ambiente (21°-23°). La masa superará el *triple* de su volumen durante la larga subida, en cuyo tiempo madurará y desarrollará un excepcional sabor.

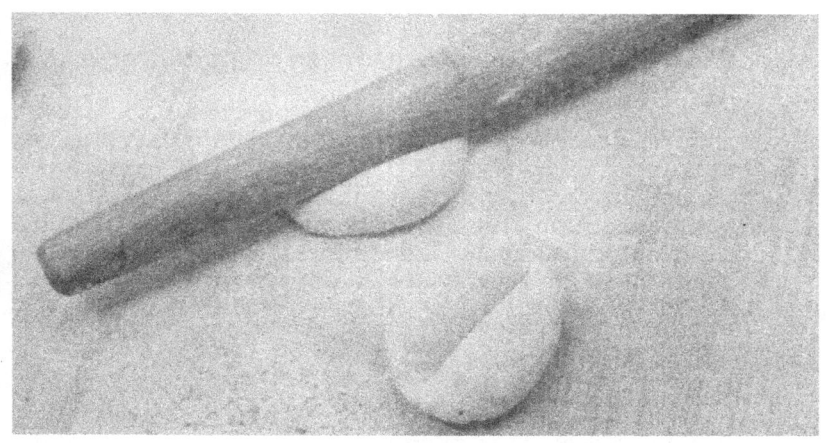

Les pistolets, panecillos hendidos con un palo, suben y se hornean en una forma interesante.

SEGUNDA SUBIDA. — 45 minutos

Retire el plástico y aplaste la masa con los dedos extendidos. Déle la vuelta, vuelva a tapar el bol. Deje que suba de nuevo.

MOLDEADO. — 20 minutos

Divida la masa en 2 porciones. Coloque la mitad en la superficie de trabajo enharinada. Guarde la otra porción tapada en reserva.

Determine el tamaño del *pistolet* que desea. A mí me gusta hacerlos de 50 gramos, aproximadamente del tamaño de un huevo. Otros los prefieren más grandes, casi el doble de este tamaño. Para apetitos jóvenes, sí. Para un té o un buffet especial, el tamaño pequeño.

Un taco de madera de 2 centímetros de grueso, que podrá encontrar en cualquier tienda de bricolage, o un mango de escoba por ejemplo, cortado a una longitud de 30 centímetros, es un hendidor de masa ideal. (Yo lijo la pieza que utilizo y la unto con aceite vegetal.)

Corte la masa en piezas con un cuchillo o espátula. Moldéelas en apretadas bolas bajo las manos en forma de copa... apretando duramente contra la superficie de trabajo para obligar a la masa a convertirse en una bola sin costuras ni ángulos. Coloque las bolas juntas a un lado. Repita con el resto de la masa si puede acomodarla toda de una vez; de otro modo resérvela.

DESCANSO. — 20 minutos

Cubra las bolas con un trozo de papel parafinado y déjelas descansar mientras prepara el instrumental del hendido: el palo aceitado, la harina de centeno y la superficie de trabajo enharinada (tablero o sobre de mesa) donde depositar los *pistolets* para que suban hasta el momento de meterlos en el horno.

MOLDEADO. — 20 minutos

Tome una bola de debajo del papel parafinado y colóquela ante usted en la superficie de trabajo. Espolvoree ligeramente la parte superior con harina de centeno para prevenir que pueda pegarse a sí misma cuando la doble durante la subida final. Coloque el palo aceitado a través del centro de la bola, presione hacia abajo, partiéndola casi en dos, dejando tan sólo una tira de 6 milímetros de masa entre los dos lados. Levante el *pistolet,* coloque los pulgares en la separación y tire suavemente para alargar el panecillo. Retire los pulgares y deje que los lados se junten. No haga presión, de todos modos. Coloque *con la hendidura hacia abajo* sobre la superficie de trabajo preparada. Repita con las otras piezas.

TERCERA SUBIDA. — 30 minutos

Cubra los *pistolets* con papel parafinado y deje durante 30 minutos.

Horneado. — 220° - **25-30** minutos

Los *pistolets* deben ser horneados con vapor, en un horno húmedo. Coloque una bandeja llena con 1½ tazas de agua muy caliente en el horno 20 minutos antes del período de horneado. Precaliente a 220°, un horno muy caliente.

Levante cuidadosamente los *pistolets* y colóquelos en la plancha de hornear... ¡con la hendidura hacia arriba! Sitúe a media altura en el horno si utiliza una sola plancha; de otro modo, utilice la parte media y alta y alterne las planchas durante los 10 minutos finales del horneado.

Los *pistolets* estarán hechos cuando tengan un color marrón dorado y suenen duros y huecos al tacto, no blandos.

Paso final

Coloque los panecillos en una parrilla metálica para que se enfríen. Prepare la masa de reserva para hornear. Se congelan perfectamente.

CHAPELURE ET CROUTONS
Pan rallado y corruscos

Casi todos los horneadores caseros dicen que ellos no tienen errores horneando pan, sólo más pan rallado.

El pan rallado tiene una docena de usos en la cocina, desde rebozar una chuleta hasta compartir con el queso parmesano la misión de cubrir una pechuga de pollo para *suprêmes*. Aunque casi todos los libros de cocina olvidan el pan rallado de centeno y de trigo entero, ambos pueden añadir un nuevo sabor a un plato que hará las delicias si no asombrará al invitado a comer.

El pan rallado puede obtenerse del pan seco o viejo si ha de usarse en un término de pocos días... o tostado y mantenido cerrado hermético para un período indefinido. No utilice panes festivos con frutas confitadas y frutos secos como ingredientes.

La *chapelure* es pan rallado que se ha secado muy poco.

Yo tengo un bol grande en un lugar cálido al alcance de la mano sobre la cocina, donde voy echando los trozos sobrantes de las piezas o rebanadas (pan blanco, de centeno, de trigo entero, para ser clasificado más tarde) que no dan la medida de lo que un buen pan debería ser. A veces sale demasiado denso, demasiado cortezudo, demasiado cocido, demasiado poco cocido, demásiado graso, demasiado pobre, con mal aspecto, etc., etc., etc.

Para pan rallado blanco, recorte y separe las cortezas. Resérvelas para el pan rallado "dorado". Los panes de centeno y de trigo entero en el bol son separados pero sus cortezas puestas a un lado. El color no importa demasiado.

PAN RALLADO BLANCO. — 95° - 1 hora

Sin preocuparse de lo seco que pueda parecer, esparza los trozos en una plancha de hornear y coloque en el horno durante una hora. No lo deje dorarse. Debe mantenerse blanco. Sáquelo del horno y, una vez enfriado, colóquelo en un paño y aplástelo con el rodillo, o páselo por las cuchillas fina o mediana de su trituradora.

PAN RALLADO DORADO. — 120° - 1-2 horas

Este surge de las cortezas del pan blanco. Colóquelas en el horno para que se tuesten ligeramente. No las queme. Observe el horno cuidadosamente. Cuando estén tostadas, desmenúcelas como se indica arriba.

Ambos panes rallados, el blanco y el tostado, pueden ser almacenados en frascos de cristal o plástico herméticamente cerrados o en bolsas... o congelados.

PAN RALLADO DE CENTENO Y TRIGO ENTERO. — 120° - 1-2 horas

Proceda como con el pan rallado indicado más arriba.

PAN SECO PARA SOPAS. — 120° - 1 hora - 175° - 10 minutos

Las piezas desechadas pueden ser cortadas a rebanadas y moldeadas en pequeños óvalos para ser secados en el horno a 120° y servidos más tarde con una sopa. Antes de servir, úntelos con mantequilla derretida o aceite de oliva y, si lo desea, espolvoréelos con queso. Meta en el horno durante 10 minutos. Sírvalos.

Corruscos

Los corruscos para un amplio abanico de aderezos, desde las sopas hasta las ensaladas, pueden obtenerse de delgadas rebanadas de pan, moldeados en las formas que se deseen y freídos en mantequilla, asados en una parrilla o tostados en el horno.

Si la ocasión lo merece, hornee pan especialmente para corruscos; de otro modo, seleccione lo que haya desechado en otra ocasión y, antes de que el pan se haya secado, córtelo en pequeños cubos de menos de 1 centímetro de lado o en otras formas: corazones, espadas, diamantes, estrellas, círculos... de acuerdo con su imaginación.

Una lata de corruscos o de pan rallado puede ser a veces algo muy importante. Una buena cantidad de ellos puede ser un espléndido regalo.

Recetas del S.S. France

El buque de pasajeros S. S. *France* es recordado por mí por muchas razones, pero nada ha quedado tan tenazmente grabado en mi memoria y con tan gran emoción como aquellos tres dorados bocados de su tienda de pastelería y panadería de la Cubierta A: el hojaldrado *croissant*, el encantador *brioche* rico en huevo y mantequilla, y aquella maravillosa miniatura de pieza, el crujiente *petit pain*, de los cuales eran transportados 5.000 diarios, en cestos y bandejas, a los comedores Versailles y Chambord.

El *France*, con unos 1.500 pasajeros a bordo, servidos por casi 1.000 miembros de tripulación, había efectuado su viaje inaugural Le Havre-Nueva York en el año pre-jumbo de 1962, y ahora, doce años más tarde, era su última travesía. Pronto regresaría a Francia para ser retirado del servicio.

El gobierno francés había decidido que no podía seguir manteniendo la nave, con sus pérdidas de millones de dólares, y ya se habían producido algunos recortes en algunas de las diversiones de a bordo. La legendaria lata de caviar de 2 kilos (25 dólares los 100 gramos), encajada en un bloque de hielo y circulando gratuitamente por todo el comedor Versailles, había desaparecido. Un pasajero de primera clase podía encargar una cucharada de él a la cocina, pero este era el límite. Había también una botella de vino rojo y otra de vino blanco en las mesas de primera clase, pero las de segunda clase debían conformarse tan sólo con la de vino rojo. La nave había recibido órdenes de conservar el precioso combustible reduciendo la velocidad. Sus 160.000 caballos habían sido estrangulados de modo que no tragaran más de una tonelada de combustible cada 120 segundos, mientras avanzábamos a 32 nudos. Puesto que viajábamos más despacio, podíamos gozar de todo un día más en el mar. El gasto extra de comida que representaba esto era menor que el del oro negro que se vertía en sus máquinas.

Hacía algunos meses, cuando empezaron a aparecer en la prensa pequeños indicios acerca de la posibilidad de que el *France* fuera retirado del servicio, había decidido que deseaba viajar en él al menos una vez antes de que esto ocurriera. Deseaba anotar algunas de las grandes recetas de su panadería y pastelería antes de que desaparecieran para siempre, y sus panaderos y pasteleros se diseminaran desde Le Havre hasta Cannes.

Afortunadamente, cuando un ejecutivo de las Líneas Francesas en Nueva York supo de mi interés y me escribió que "el pan del *France* es uno de los elementos de las comidas de a bordo que más se comentan y alaban, lo cual es excesivo", supe que tenía el camino libre a la *boulangerie* y *pâtisserie*.

Apenas había subido a bordo y ya estaba ansioso de iniciar un aprendizaje naval en las cocinas cuando descubrí una curiosa separación de tareas entre la *boulangerie*, presidida por Monsieur Yves Sauvignon, y la *pâtisserie*, dominio del Pastelero Jefe Leon Tardy. M. Sauvignon y sus ocho *boulangers*, todos los cuales formaban equipo desde hacía ocho años, trabajaban en turnos las 24 horas todos los días de la semana, horneando solo pan... *petits pains*, las grandes hogazas para la tripulación, y pan para tostadas. Los panaderos llevaban gorros ajustados a sus cabezas y camisetas blancas de algodón de manga corta, mientras que los hombres del Chef Tardy, como contraste, exhibían los tradicionales gorros altos en forma de torre de los cocineros y chaquetas almidonadas, abotonadas hasta el cuello. En la *pâtisserie* el trabajo estaba dividido entre hombres que trabajaban por la noche haciendo brioches y croissants para los desayunos y otros que acudían al trabajo más tarde por la mañana y eran responsables de las piezas más delicadas, pasteles, helados, batidos y las hermosas *"pièces montées"*, amplias cintas de azúcar montado y coloreado formando grandes arcos.

Había esperado que todas tres delicias —los panecillos, los brioches y los croissants— fueran hechas en el mismo sitio. Pero no.

El rasgo dominante de la panadería, aparte los dos grandes hornos eléctricos construidos en un gran mamparo, era una mesa cuadrada de madera de haya de 2 ½ metros de lado (nunca aceitada, tan sólo restregada), a cuyo alrededor trabajaban los nueve panaderos. Sólo el mezclado y el amasado eran hechos a máquina. La masa de pan para los *petits pains* era cortada por un panadero, que trabajaba furiosamente con un cuchillo de panadero en una mano mientras separaba las pequeñas piezas de masa con la otra. Cada pieza cortada aterrizaba infaliblemente frente a otro panadero, que rápidamente la moldeaba en una apretada bolita para la segunda subida. Se me ocurrió pensar que quizás aquella fuera la última panadería de envergadura que quedaba en el mundo —nueve panaderos para 2.500 personas— que confiaba tan tenazmente en la labor manual. (Incluso en las *boulangeries* de pueblo, en Francia, las máquinas se han hecho cargo del cortado y el moldeado.)

Mientras que el pan era producido por nueve panaderos trabajando en turnos de 24 horas, los croissants y brioches eran casi enteramente resultado del esfuerzo de un solo hombre entre medianoche y las 6 de la madrugada.

Se trataba de Monsieur Marcel Gousse, *"pâtissier"*, pequeño, encorvado e infatigable.

—No le gustan el bullicio y los empujones durante el día, así que prefiere trabajar sólo en las primeras horas de la mañana, cuando puede dedicarse a pensar sin ser molestado —explicó el Chef Tardy—. Y lo hace todo tan bien que preferimos dejarle que lo haga a su manera.

M. Gousse tenía un pequeño equipo de tres o cuatro jóvenes asignados para ayudarle, pero no confiaba en nadie excepto en sí mismo cuando se trataba de coger el cuchillo para cortar la masa de los croissants en los triángulos exactos. Y era sólo él quien presidía el cortado de un espectacular rollo de 2 metros de largo de masa de brioche en pequeñas piezas para los acanalados moldes.

Cada hombre, *boulanger* y *pâtissier*, era un dedicado artesano. M. Tardy se despertaba cada mañana excitado por ir a la *pâtisserie*. Decía que había sentido su profesión desde muy joven, cuando había decidido en contra de las demás especialidades que se desarrollaban en la cocina debido a que odiaba el olor del pescado. Optó por la *pâtisserie*.

—Me encantaba el delicado aroma de cosas tales como el azúcar.

El viaje duraba seis días desde Nueva York a Le Havre. Durante esos días y noches en el mar, pasé muchas horas aprendiendo de aquellos amables hombres, todos ellos *boulangers* y *pâtissiers*. Aplaudían una y otra vez mis torpes esfuerzos, y yo les quería por ello.

Era mediada la mañana de nuestro último día completo en el mar cuando sonó el teléfono. Era el Chef Tardy. ¿Podía ir a la *pâtisserie* a las once en punto? Por supuesto, respondí, dando la bienvenida a cualquier excusa que me permitiera acudir a las cocinas. Cuando penetré por la pequeña compuerta a la pastelería, me sorprendí algo al ver a M. Tardy y a ocho de sus *pâtissiers* reunidos en torno a la gran mesa de trabajo en el centro de la estancia. El trabajo había sido parado. Una botella de whisky escocés estaba sobre la mesa y, a su alrededor, varios vasos de agua. El Chef Tardy me tendió un vaso y lo llenó de la botella hasta algo más de la mitad. La botella fue pasando de mano en mano, y cada hombre se echó en su vaso una buena ración.

—A la salud de *Monsieur* Clayton —exclamó el chef, levantando el vaso—. ¡Es usted nuestro amigo!

Aunque medio vaso de escocés, tomado solo antes del mediodía, es medio vaso más de lo que he tomado nunca a esa hora, me sentí infinitamente complacido por aquel honor.

A cambio, no puedo hacer menos que honrarles reproduciendo aquí sus recetas y describiendo sus técnicas lo mejor que pueda.

A mis amigos a bordo del *France*, estén donde estén ahora... *Merci!*

PETITS PAINS S. S. FRANCE
Panecillos S. S. France

(Dos docenas de panecillos, de 13 centímetros de largo, o cuatro piezas de 400 gramos)

La base de la cocina a bordo del S. S. *France* era el pan francés en su forma menos complicada: harina, levadura, sal y agua. Esos cuatro ingredientes básicos se convertían en algo muy especial a manos de sus nueve *boulangers*.

Siempre me gustó saber si es posible que sea la harina francesa la que marque la diferencia. Se lo pregunté a Monsieur Sauvignon. Durante un largo momento se quedó contemplando la masa que estaba moldeando.

—*Non, Monsieur*. La harina de otros países puede ser utilizada por cualquiera que comprenda que tal vez tenga que ser tratada con deferencia. Permítala relajarse. No quiera apresurarla o se le mostrará obstinada. La harina americana, por ejemplo, tiene más gluten, y lucha por encogerse cuando es amasada demasiado agresivamente. Así —y aplastó una gruesa bola de masa duramente contra la superficie de la mesa.

—Ahora tengo que ir a dar un paseo un rato —dijo.

Monsieur Sauvignon tomaba también otra precaución. No le eche agua caliente a la harina porque endurecerá la masa. Utilícela a la temperatura en la que la utilizaría para el biberón de un niño, sugiere, lo cual representa aproximadamente unos 36 grados.

Una sorprendente práctica en la panadería del *France* que puede ser adaptada por el horneador casero es utilizar un trozo de una vieja manta de lana lavada muchas veces para cubrir la masa mientras sube. Los panaderos a bordo del *France* han cortado tiras de 2 × 1 metro de unas maravillosamente blandas mantas que en sus buenos tiempos habían sido utilizadas por los camareros para cubrir las piernas de los pasajeros cuando estos se sentaban en sus hamacas en cubierta. Los nombres del famoso barco de las Líneas Francesas y los años en que las mantas entraron en servicio, poco después de la Segunda Guerra Mundial, estaban tejidas en muchas de ellas. Ahora mantienen caliente la masa, no a los pasajeros.

Si no tiene una manta de lana utilizable, use entonces cualquier tela que permita que algo de aire alcance la masa para formar una ligera costra antes de meterla en el horno. Yo he cortado una vieja manta del ejército para utilizarla en mi cocina, y he descubierto que ni siquiera las masas más suaves se endurecen bajo la lana.

Los panaderos del *France* estaban espolvoreando constantemente ligeras cantidades de harina sobre la superficie de trabajo y la masa ante ellos. La harina estaba contenida sobre la gran mesa en tres o cuatro pequeñas cajas de madera, quizá de unos 13 centímetros de lado por 10 de profundidad, que parecían depósitos de harina sin fondo!

Para permitir que la masa crezca y se desarrolle y se vuelva más sabrosa, la receta del *France* exige que la masa suba tres veces y descanse un intervalo de 15 minutos.

El *petit pain* o panecillo no es más que una barrita alargada de unos 13 centímetros de largo por 4 de grueso. Tiene un color marrón dorado y es crujiente en su exterior, y blanco y blando en su interior. La masa puede moldearse también en piezas de 400 gramos.

A bordo del S. S. *France*, Monsieur Sauvignon muestra al autor cómo moldear los *petits pains*.

INGREDIENTES

    2 sobres de levadura en polvo
    1/4 de taza de agua un poco caliente (36°-38°)
    7 tazas de harina todo uso, aproximadamente
    1 cucharada sopera de sal
    3 tazas de agua un poco caliente (36°-38°)

PLANCHA DE HORNEAR

    Una plancha de hornear, engrasada o de teflón. (Los *petits pains* pueden ser horneados también en el tradicional molde de pan francés. Coloque 3 *petits pains* a lo largo allá donde habitualmente iría la barra larga de pan.)

PREPARACIÓN. — 20 minutos

    Disuelva la levadura en el 1/4 de taza de agua caliente. Ponga 7 tazas de harina en un bol grande y forme un hueco en el centro (un estanque, lo llamó M. Sauvignon). Eche la mezcla de la levadura ya disuelta en el hueco. Con una cuchara, agite una pequeña cantidad de harina para hacer una mezcla clara. Déjela burbujear durante 10 minutos.
    Disuelva la sal en 3 tazas de agua caliente y vaya echándola gradualmente sobre la mezcla de la levadura, agitando lentamente la harina que vaya recogiendo de los lados. Bata la suave pasta mediante 25 o 30 golpes cada vez que recoja una porción de harina. Cuando la masa sea firme y ya no pueda seguir agitándola, utilice las manos para mezclar en 1 taza adicional de harina, si es necesario. La masa será blanda pero no pegajosa a las manos si la espolvorea ligeramente con harina.

AMASADO. — 8 minutos

    Coloque sobre la superficie de trabajo e inicie el amasado... aplaste con fuerza con los talones de las manos, retroceda, de a la masa un cuarto de vuelta, dóblela por la mitad, aplaste con fuerza, retroceda, gire de nuevo la masa y dóblela, y continúe así. Si la masa es pegajosa, espolvoréeles harina tanto a la masa como a la superficie de trabajo. Es una masa magra (no tiene grasa), así que es probable que tenga tendencia a pegarse. Una espátula es útil para girar la masa. Amase durante unos 8 minutos o hasta que la masa sea una bola suave y aterciopelada... elástica al tacto pero no sólida ni demasiado firme. Si es lo último, añádale un poco de agua (2 cucharadas soperas) y trabájela un poco.

Primera subida. — 1½ horas

Lave y enjuague el bol en agua caliente. Unte ligeramente con grasa de pastelero. Eche dentro la bola de masa, dándole vueltas para que toda ella quede cubierta por una película de grasa. Cubra apretadamente el bol con un plástico. Deje a un lado para que doble su volumen a temperatura ambiente (21°-23°)

Descanso. — 15 minutos

Aplaste la masa. Cubra de nuevo y déjela descansar.

Moldeado. — 15 minutos

Vuelva a colocar la masa sobre la superficie de trabajo. Con un cuchillo afilado o un raspador, corte pequeñas porciones de 100 gramos, ligeramente más grandes que un huevo grande. Cuando haya establecido el tamaño, sea consistente. Utilice una escala si es necesario.

Esas porciones serán moldeadas en bolas para ser colocadas en una plancha de hornear, tablero para pan, o dejadas en la superficie de trabajo para que suban. Forme las bolas comprimiendo la pequeña pieza de masa entre el índice y el pulgar mientras redondea la irregular superficie con la otra mano... o hágalas rodar entre las dos palmas.

Los panaderos del *France* forman las piezas sobre

la mesa de trabajo, apretando duramente y haciendo rodar la masa en forma circular bajo la palma formando copa. Utilizan ambas manos a la vez.

SEGUNDA SUBIDA. — 1 hora

Coloque las bolas aproximadamente a 2½ centímetros la una de la otra y cubra con un trozo de manta de lana o tejido. Deje a un lado durante 1 hora.

MOLDEADO. — 10 minutos

Coloque cada bola frente a usted sobre la superficie de trabajo. Aplástela y luego dóblela por la mitad. Con las palmas de ambas manos gire arriba y abajo para formar un *petit pain* de unos 13 centímetros de largo y 2½ centímetros de ancho, en forma de huso. Coloque en la plancha de hornear con la costura hacia abajo.

Si lo desea, algunos pueden ser moldeados como panecillos redondos. Aplaste la masa y vuelva a molderla como una bola. Coloque en la plancha de hornear.

(Los panaderos del *France* utilizan esta misma masa para hacer piezas más grandes que son consumidas por los oficiales y miembros de la tripulación. Divida la masa en 4 porciones, moldéelas formando hogazas, coloque en la plancha de hornear. Tras la tercera subida, corte diagonalmente la parte superior de las hogazas 4 o 5 veces con una hoja de afeitar y hornee durante 35 a 40 minutos.)

TERCERA SUBIDA. — 1 hora

Cubra con un trozo de manta de lana u otro tipo de tela y deje a temperatura ambiente (21°-23°) durante 1 hora.

HORNEADO. — 225° - 20-25 minutos

Veinte minutos antes del período de horneado, coloque una bandeja para el agua y otro recipiente adecuado (para ½ taza de agua caliente) en el fondo del horno. La plancha de hornear la situará a media altura. Precaliente el horno a 225°.

Con una hoja de afeitar, haga un corte de algo más de un centímetro de profundidad a lo largo de cada uno de los *petits pains*, aproximadamente en unos 3/4 de su extensión, o atravesando los panecillos redondos.

Eche cuidadosamente ½ taza de agua en la bandeja del fondo del horno. Meta la plancha de hornear en el horno. Cierre la puerta.

Compruebe los panes a los 20 minutos. Si los *petits pains* en los bordes de la plancha de hornear parecen estar hechos, retírelos y hornee el resto durante otros 5 minutos.

PASO FINAL

Cuando estén horneados, retire del horno y coloque en una parrilla para que se enfríen. Son deliciosos servidos calientes o recalentados. Debido a que son hechos con una pasta magra, se ponen duros pronto. Sin embargo, se congelan bien para una comida posterior.

BRIOCHES S. S. FRANCE
Brioches S. S. France

(Aproximadamente sesenta piezas)

Aunque el brioche puede adoptar muchas formas —*en couronne* (corona), *mousseline* (alto y cilíndrico), y muchas más—, ninguna es tan familiar en la mesa del desayuno como el amarillo y mantecoso *brioche à tête* horneado en una pequeña lata aflautada, y ostentando un dorado copete. Y no he encontrado otra receta más deliciosa, más mantecosa y más ligera que esta del brioche servido a bordo del S. S. *France*.

El brioche era moldeado por Monsieur Gousse, jefe *pâtissier* del *France*, en una forma que permite acortar la tradicional técnica de moldear el cuerpo inferior y perforar la masa de modo que acepte la pieza separada y moldeada aparte de la cabeza.

—Es innecesario perder el tiempo —dijo Monsieur Gousse, mientras preparaba ante él medio centenar de pequeños y aflautados moldes y un número igual de bolas que había moldeado con masa de brioche enfriada hacía unos pocos minutos.

—*Attention!* —dijo, y apoyó suavemente el canto de su mano sobre una de las bolas, no en medio, sino en un lado, de tal modo que una cuarta parte de la masa estuviera en un lado de la mano y las otras tres cuartas partes en el otro lado. Apretó hacia abajo e hizo girar la masa a uno y otro lado (quizá tres veces) hasta que quedó sólo un pequeño cuello (de aproximadamente 2 centímetros de grueso) conectando las dos piezas. Levantó la masa por el pequeño cuello y la depositó en el molde. Luego, con sus dedos aún en posición, obligó a la bola de masa pequeña a penetrar en la pieza más grande, con sus dedos empujando el fondo del molde de hojalata. El resultado final... un perfecto *brioche à tête*.

La primera vez que me atreví a hacerlo temí que había empujado a la masa más allá de toda posible forma, pero milagrosamente la subida de la masa cubrió mis imperfectos esfuerzos.

Esta abundante receta puede ser partida en dos.

Ingredientes

      8 tazas de harina todo uso
      1/4 de taza de leche en polvo descremada
      4 cucharaditas de sal
      1/3 de taza de azúcar
      2 sobres de levadura en polvo
      1/3 de taza de agua caliente (40°-46°)
      12 huevos, a temperatura ambiente
      400 gramos de mantequilla, a temperatura ambiente
      (Agua adicional si es necesario... ver más abajo)

Glaseado:

      1 huevo, batido
      1 cucharada sopera de leche

Moldes de hornear

Pequeños moldes de hojalata para brioche aflautados o de muffin; una plancha de hornear donde poder colocar los moldes para meter en el horno.

Preparación. — 15 minutos

Recuerde que la masa es suave y elástica... nunca firme. Se pegará a sus manos mientras mezcla usted los ingredientes, pero lentamente empezará a despegarse de los lados del bol y de las manos. Cuando le haga el último añadido de harina la masa podrá ser amasada.

Normalmente, en las recetas de panes, es indicado un volumen específico de líquido, con la cantidad de harina aproximada. M. Gousse sugiere que para este brioche se invierta el proceso... una cantidad específica de harina, añadiéndole tan sólo el agua que sea necesaria para mantener la masa "muy suave, consistente y elástica".

Puesto que la masa del brioche debe ser enfriada en la nevera, planee hacer la masa la tarde o noche anterior para hornear a la mañana siguiente.

Mida 4 tazas de la harina, la leche en polvo descremada, la sal y el azúcar en un bol grande, y mézclelo todo junto. Forme un hueco en la harina y eche la levadura y 1/3 de taza de agua. Agite para disolver y deje durante 3 minutos. Vaya batiendo los huevos uno a uno, echando harina de los lados del bol. Cuando haya añadido todos los huevos, bata con 100 fuertes golpes. Gradualmente, añada 2 tazas más de harina. Cuando esté bien mezclada, añada la mantequilla (cortada a trozos de unos 2 centímetros). Una vez absorbida la mantequilla, añada 1 taza de harina. Tendrá una masa densa de agitar con una cuchara de madera, así que utilice las manos para mezclar la mantequilla y la harina. Si la masa es sólida y ha perdido su elasticidad, añada 1 o 2 cucharadas soperas de agua.

AMASADO. — 5 minutos

Coloque la masa sobre la superficie de trabajo y amase con las manos y el raspador. Coloque la última taza de harina cerca de la masa y vaya añadiéndola poco a poco a medida que la necesita. La masa será blanda pero no pegajosa. Se pondrá firme luego, cuando se enfríe.

PRIMERA SUBIDA. — 1 hora

Cubra el bol con un plástico, apretadamente. Coloque en un lugar cálido (26°-29°) durante una hora o hasta que la masa haya doblado su volumen.

SUBIDA REFRIGERADA. — 2 horas

Destape el bol, aplaste la masa con los dedos y puños. Déle la vuelta a la masa. Cubra la masa con un paño húmedo para evitar que se forme una costra. Coloque el bol en la nevera durante 2 horas.

SEGUNDA SUBIDA. — 2 horas

Retire el bol de la nevera, quite el paño húmedo, aplaste la masa enfriada, y deje a temperatura ambiente durante 2 horas.

SEGUNDA SUBIDA REFRIGERADA. — Toda una noche

De nuevo utilice los dedos y puños para aplastar la masa. Cubra con el paño húmedo y vuelva a colocarla en la nevera durante toda la noche.

MOLDEADO. — 30 minutos

Engrase los moldes de hojalata.
Retire la masa de la nevera. Divídala (pesará aproximadamente 2 kilos) en 2 o 3 porciones para hacer más fácil el trabajo. Devuelva todas las porciones menos una a la nevera. Trabaje lentamente 1 porción hasta convertirla en un largo cilindro de 90 centí-

metros de largo y 4 centímetros de diámetro. Utilice una regla y señale marcas a intervalos de 2½ centímetros. Con un cuchillo o una espátula, corte las piezas de 2½ centímetros del largo cilindro. Cada una de ellas pesará aproximadamente 55 gramos.

Forme en copa la palma de la mano y haga rodar cada pieza de forma circular hasta convertirla en una bola de aproximadamente el tamaño de un huevo grande. Intente hacer la misma operación utilizando las dos manos, una porción de masa en cada mano, al mismo tiempo.

Siga la técnica de M. Gousse para moldear el brioche y la cabeza (pág. 411). Coloque cada pieza en un molde de brioche o muffin tal como se describe. Al empezar, realice todo el proceso con la primera bola para asegurarse de que el brioche moldeado tiene el tamaño adecuado para el molde. Ha de llenarlo hasta un poco menos de la mitad, con la cabeza al nivel del borde. Si se le pegan los dedos, espolvoréelos con harina.

Si ha de cocer los brioches en varias veces debido a falta de moldes o de espacio en el horno, tape la masa no utilizada y colóquela en la nevera hasta que disponga de nuevo de moldes o espacio.

SUBIDA FINAL. — 1½ horas

Deje los brioches en sus moldes de hojalata para que suban. No los cubra. Mezcle el huevo y la leche y unte cuidadosamente la masa del brioche, cabeza y cuerpo. Esto mantendrá la masa húmeda durante la subida al tiempo que ayuda a proporcionarles su color dorado más tarde, cuando los hornee.

La masa enfriada necesitará tiempo para calentarse y subir... aproximadamente 1½ horas. Cuando los dedos que hayan quedado marcados en el cuerpo del brioche desaparezcan, el brioche estará listo para una segunda untada con huevo y leche y para ser metido en el horno.

HORNEADO. — 230° - 18-20 minutos

Veinte minutos antes del período de horneado, precaliente el horno. M. Gousse recomienda que la plancha de hornear en la cual coloque los moldes para ser metida en el horno sea precalentada durante 10 minutos. Esta *plaque* o plancha de hornear caliente da a la masa un mayor impulso en el horno, explicó M. Gousse.

Llene la plancha de hornear precalentada con los moldes de hojalata de los brioches y coloque en el horno.

Compruebe los brioches después de 10 minutos. No deje que se pongan demasiado marrones en ese horno caliente y rápido. Los brioches estarán hechos cuando las cabezas hayan subido mucho, y presenten con color marrón oscuro suculento.

PASO FINAL

Sirva los brioches calientes del horno, recaliéntelos luego o congélelos. ¡Son deliciosos servidos en cualquier momento!

CROISSANTS S. S. FRANCE
Croissants S. S. France

(Tres o cuatro docenas de croissants

A bordo del S. S. *France*, a las 3,30 de la madrugada, sólo había hombres trabajando en el puente, en la sala de máquinas y en la *pâtisserie*. Afuera, en el frío aire de septiembre, el océano estaba calmado pero negro bajo un cielo sin luna. En la pastelería, en cambio, las luces brillaban mientras M. Marcel Gousse y sus ayudantes colocaban docenas de bandejas con croissants recién hechos en cualquier lugar libre concebible de la habitación.

Las mesas estaban cubiertas con los bollos en forma de cuarto creciente, mientras que dos bandejas se tambaleaban inseguras en la parte superior, de la máquina de helados. Algunas estaban apiñadas en estantes altos. Croissants por todos lados.

Finalmente, cuando las repletas bandejas empezaban a tocarse incluso en el reducido espacio de trabajo dejado libre para M. Gousse, la cuota matutina fue finalmente cubierta. Dos aprendices, sin embargo, seguían pasando por encima de las planchas no tapadas para untar cada croissant con la primera de las dos capas de huevo y leche que debían recibir durante el tiempo de subida de una hora.

Cuatro horas más tarde, cuando M. Gousse y sus hombres fueron finalmente a sus literas, el primero de los 2.000 calientes, tiernos y hojaldrados croissants eran llevados a los primeros pasajeros recién llegados al comedor.

Dos impresiones han quedado muy vívidas en mi memoria respecto a aquellas horas, temprano en la madrugada, que pasé en la *pâtisserie* con M. Gousse y sus ayudantes. La primera es los miles de croissants subiendo. La otra es el uso de paños húmedos por todos lados en la habitación durante las horas en que la masa era preparada.

—Uno no puede permitir que la piel de la masa se seque y forme una costra que luego haga difícil trabajarla suavemente —explicó M. Gousse mientras penetraba en una nevera enorme con un gran recipiente de masa cubierto con un paño húmedo.

M. Gousse, como otros profesionales que trabajan con este tipo de pasta, advierten al horneador casero que vuelva a meter la masa en la nevera si empieza a rezumar mantequilla mientras es trabajada y aplanada.

—El frío puede corregir muchos errores —dice.

Esta es una receta grande (8 tazas de harina), así que para pocos croissants —o si es la primera vez que se decide a hacerlos y la cantidad le preocupa—, divida la receta y corte todos los ingredientes por la mitad.

Ingredientes

8 tazas de harina todo uso, aproximadamente
4 cucharaditas de sal
1/4 de taza de azúcar
½ taza de leche en polvo descremada
1 sobre de levadura en polvo
3½ tazas de agua caliente (40°-46°)

400 gramos de mantequilla (preferiblemente en pieza), enfriada

Glaseado:

1 huevo, batido
1 cucharada sopera de leche

PLANCHA DE HORNEAR

Una o más planchas de hornear o bandejas. Precaución: no utilice una plancha de hornear sin lados o abierta por las esquinas, a menos que forme una línea de papel de aluminio de 1 ½ centímetros de alto en los lados para retener la mantequilla que de otro modo puede gotear abajo y quemarse.

PREPARACIÓN. — 15 minutos

Esta no es una masa difícil. Es la mecánica de las vueltas de masa y mantequilla lo que la complica. Pero, llevada paso a paso, es relativamente fácil, y altamente recompensadora.

La mantequilla debe estar fría. Es más fácil de trabajar cuando está en un solo bloque.

Mezcle en un bol grande 4 tazas de harina, la sal, el azúcar, la leche en polvo descremada y la levadura. Eche agitando 3½ tazas de agua caliente. Bata con 100 golpes. Eche agitando el resto de la harina, de 1 en 1 taza, para hacer una masa suave que se pondrá firme tan sólo cuando sea enharinada. Aquí no hay amasado, que podría endurecer la de otro modo tierna masa. Sólo un cuidadoso batido de todos los ingredientes.

Si le resulta difícil batir esta gran masa, divídala y bata o trabaje cada porción en la superficie de trabajo con las manos y el raspador durante 2 o 3 minutos. La masa será suave y ligeramente pegajosa. No la amase.

Descanso refrigerado. — 1-1½ horas

Aquí empieza el proceso de refrigerar la masa y al mismo tiempo dejar que suba. Cubra el bol con un plástico y coloque en la nevera para 1 o 1½ horas.

Capas. — 20 minutos

Con un rodillo, aplane el bloque de mantequilla entre dos trozos de papel parafinado hasta convertirlo en una lámina de 15 × 30 centímetros, y aproximadamente 6 milímetros de espesor. Coloque en la nevera mientras se dedica a la masa.

Coloque la masa enfriada sobre la superficie de trabajo previamente enharinada y, con un rodillo pesado, aplánela hasta un rectángulo de unos 20 × 50 centímetros. Saque la mantequilla enfriada de la nevera y colóquela sobre los dos tercios superiores de la masa aplanada. Debe dejar un borde de aproximadamente 2 ½ centímetros de masa en los extremos para permitir que la masa se selle sin interferencia de la mantequilla.

Primera y segunda vueltas

Doble el tercio inferior (y por lo tanto sin mantequilla) sobre el tercio central. Doble el tercio superior sobre el tercio inferior que está sobre el central... como se dobla una carta en tres partes. Tenemos ahora una sucesión de capas de masa-mantequilla-masa-mantequilla-masa. Gire de modo que los lados abiertos señalen las 6 y las 12 del reloj. Aplane suave y firmemente hasta un rectángulo de 30 × 90 centímetros.

No apresure el proceso de aplanado o la mantequilla puede romperse en lugar de expandirse entre las capas de masa. Si la mantequilla brota por entre la masa, cubra la mancha con una pizca de harina. Refrigere durante 10 a 15 minutos si la mantequilla se ablanda y rezuma entre las vueltas.

Doble de nuevo la masa en tres como si fuera una carta. Gire. Aplane. Luego doble de nuevo en tres.

REFRIGERACIÓN. — 2 horas

    Envuelva apretadamente en un paño (un viejo paño de cocina sirve) que habrá sido mojado con agua fría y luego escurrido. Coloque la envuelta masa en la plancha de hornear y meta en la nevera. Si la nevera es "frost-free", es decir que no forma hielo, envuelva un papel parafinado, un plástico o papel de aluminio alrededor del paño húmedo para prevenir que la acción descongeladora extraiga la humedad del paño y la masa. Si la superficie de la masa se seca, se separará en piezas que lo serán todo menos atractivas apenas la masa sea enrollada y estirada.

TERCERA Y CUARTA VUELTAS

    Retire de la nevera y coloque sobre la enharinada superficie de trabajo. Desenvuelva, aplane, y doble en tres como antes. Dele un cuarto de vuelta sobre la superficie de trabajo. Aplane, luego doble en tres de nuevo.

REFRIGERACIÓN. — Toda una noche

    Moje nuevamente el paño y envuélvalo apretadamente en torno a la masa, lo cual frenará también la subida. Proteja de nuevo el paño húmedo contra el secado con un plástico o una hoja de papel de aluminio. Coloque en el refrigerador toda la noche.

AL DÍA SIGUIENTE

    Tenga preparado el glaseado de huevo y leche, un cuchillo o rueda de pastelero, las planchas de hornear y una regla de madera.

MOLDEADO. — 20 minutos

    Retire la masa de la nevera y, aún envuelta en el paño, aplástela suavemente presionando con las dos manos.

Espolvoree con harina la superficie de trabajo. Destape la masa. Aplánela hasta que tenga 25 centímetros de ancho y entre 110 y 120 centímetros de largo... y aproximadamente 6 milímetros de grueso. Si la superficie de trabajo es pequeña, la masa puede ser cortada por la mitad. Una parte puede quedar en la nevera mientras se trabaja con la otra. Recorte las irregularidades para hacer una tira de 25 centímetros de ancho. Corte la tira por la mitad a lo largo para hacer dos piezas de 12½ centímetros. Mantenga la superficie de trabajo enharinada para prevenir la pegajosidad si la mantequilla brota al exterior. Primero, marque las tiras en triángulos de 12 ½ centímetros y luego, utilizando la regla como guía, corte la masa con una rueda de pastelero o de pizza. Separe los triángulos.

Cada vez que la mantequilla se ablande y choree, meta los triángulos en la nevera hasta que estén fríos de nuevo.

Humedezca la plancha de hornear con un paño mojado y deje a un lado.

Coloque el primer triángulo en la superficie de trabajo, con la punta hacia adelante. Aplane con el rodillo desde el lado ancho hasta la punta para estirar y aplanar la masa. El triángulo será largo, ancho y delgado.

Con los dedos, enrolle el triángulo desde el fondo hasta la punta, tirando de la masa a medida que enrolla. Coloque la pieza enrollada en la plancha de hornear. Haga que la punta de la pieza toque la plancha pero no la sitúe debajo del cuerpo del croissant. Doble hasta darle la forma de un creciente de luna. Repita la operación hasta que la plancha esté llena.

Glaseado:

Unte cada croissant con el glaseado de huevo y leche cuando la plancha esté llena. No la tape.

Subida. — 2-2½ horas

Los coissants doblarán su volumen en una habitación a 22º en 2 a 2½ horas aproximadamente. (Algunos de los hechos a bordo del S. S. *France* retrasaban su subida porque estaban muy cerca de los abiertos ojos de buey.)

Horneado. — 230º - 18-22 minutos

Diez minutos antes del período de horneado, precaliente el horno; unte los croissants de nuevo con el glaseado de huevo y leche.

Meta en el horno. Verifique después de 10 minutos, puesto que se trata de un horno caliente que cuece rápido. A los parisinos les gustan sus croissants de un color marrón oscuro. Puede calcular sacarlos un poco antes si planea congelarlos, para luego recalentarlos y acabar de darles su coloración.

Paso final

Coloque inmediatamente en una parrilla para que se enfríen, a fin de de que no absorban nada de la mantequilla que haya podido derramarse en la plancha de hornear.

Glosario

Apprêt: Subida final de la masa después de que las piezas hayan sido moldeadas.
Apprêt sur couche: Colocar las piezas de masa entre dobleces de una pieza de tela para una última subida o *apprêt*.
Acide ascorbique: Acido ascórbico. Debido a su mucha afinidad con la vitamina C, es el único aditivo química aceptado en Francia. Mejora la fuerza y tolerancia de la masa, consiguiendo con ello hacer posible el obtener hogazas grandes. Usado en muy pequeñas cantidades.
Baguette: La clásica barra de pan francesa. Puede pesar entre 300 gramos y 600 gramos, tiene aproximadamente 60 centímetros de largo, y normalmente se lleva sin envolver en la mano, bajo el brazo, o sujeta al sillín de la bicicleta.
Bannetons: Cestos trenzados de mimbre de varios tamaños en los cuales efectúa la masa su subida final.
Bassinage: Dilución de la masa, si es necesario, añadiéndole agua durante el amasado.
Bâtard: Una barra rechoncha, que pesa aproximadamente 600 gramos y mide entre 30 y 35 centímetros de largo.
Blé: Trigo.
Boulanger: Panadero.
Boulangerie: Panadería; la tienda y el obrador donde se fabrica el pan.
Chapelure: Pan rallado.
Chef: Porción de masa tomada de la última cochura del día para ser usada como base para la fermentación del pan del día siguiente.
Clé: La costura en la masa cuando la pieza ha sido moldeada. La llave.
Contre-frase: Adición de harina para darle más cuerpo a la masa, si es necesario, durante el amasado.
Couche: La tela en la cual las piezas son colocadas entre dobleces para la subida final.
Coupe-pâte: Cuchillo para pasta. Una espátula de hoja ancha es un excelente sustituto.
Couper le pâton: Cortar con hoja la masa que ha subido cuando la pieza está preparada para ir al horno. Puede efectuarse con una hoja llamada una *lame* o con una hoja de afeitar, para permitir que la pieza se expanda.
Coups de lame: Los cortes efectuados en la masa ya subida.

Couronne: Una pieza moldeada en forma de corona con ayuda de un cesto o molde que tiene un tubo en el centro.

Epi: Una larga pieza de pan cortada con tijeras, con cada una de las piezas cortadas doblada hacia un lado para parecerse a los granos de trigo (*épis*) en una espiga.

Farine: Harina.

Farine supérieure: Harina de panificar hecha a partir del trigo duro americano.

Fer à cheval: Acabado en forma de herradura efectuado moldeando la masa para una barra larga, y luego curvando ésta para acomodarla a la plancha de hornear.

Ficelle: Una "tira", una larga y delgada barra de pan que pesa un poco menos de 300 gramos y mide de 20 a 30 centímetos de largo.

"Fines lames": Sobrenombre dado a esos ayudantes de panaderos (llamados *brigadiers*) que son conocidos por su destreza en dar los cortes a las piezas.

Fleurage: El fino revestimiento de un material para prevenir que la masa se pegue a la pala cuando ésta es metida dentro del horno para depositarla sobre su suelo. En Francia, esto va desde la harina de maíz hasta el polvo de arroz, ¡pasando por el aserrín!

Flûte: Una barra larga y muy delgada... menos de 400 gramos y de 40 a 50 centímetros de longitud.

Fougasse: En París, un panecillo de leche. En otros lugares, pasta cortada y formada en las más caprichosas formas.

Frasage: La mezcla de ingredientes en la masa.

Galette: Una pieza horneada tradicionalmente para conmemorar la Doceava Noche.

Gâteau: Una especialidad suculenta, rellena, tal como el *gâteau au poivre*, bizcocho de pimienta.

Jet: La hinchazón o pandeo en la superficie de una pieza resultado de un corte practicado antes de hornear.

Lame: Una o varias hojas especiales utilizadas para hacer cortes en la masa.

Languette: La lengüeta o punta de un croissant.

Levain: Un fermento de masa.

Levure: Levadura.

Mie: La miga o *mie* es el pan debajo de la corteza; *pain de mie* es un pan blanco horneado en un molde cerrado para producir una pieza que es casi todo miga con una corteza muy delgada.

Oreille: El lado superior del corte en la corteza cuando se abre al calor del horno. La oreja.

Pain: Una pieza de pan.

Pain complet: Una pieza de pan de trigo entero.

Pain de Beaucaire: Un pan de masa notable por su buen sabor tanto como por la forma inusual en que la masa es colocada en el horno para cocerse.

Pain de campagne: Pan de payés, normalmente una hogaza redonda pesando un kilo o más. Usualmente era horneado por las familias campesinas una vez a la semana para que durara toda ella.

Pain de gruau: Pan blanco hecho con la más fina harina del trigo tipo premium que normalmente es importado de los Estados Unidos y el Canadá.

Pain de ménage: Un pan para toda la familia, como el *pain ordinaire*.

Pain de mie: Conocido también como *pain anglais*, pan inglés. Es un pan blanco, de escasa corteza, que es utilizado principalmente para bocadillos, tostadas y entremeses.

Pain de seigle: Pan de centeno.

Pain italien: Pan italiano.

Pain ordinaire: Pan para cada día.

Pain sans sel: Pan sin sal.

Pain saucisson: Pan salchichón. Llamado así porque se parece a un largo salchichón cuando la masa es cortada a lo ancho en lugar de hacerlo diagonalmente o a lo largo.

Pâte bâtarde: Masa blanca ordinaria para hacer *pain ordinaire*.

Pelle: Pala de madera de mango largo con la cual son metidos y sacadas las piezas de pan en los hornos grandes.

Petites galettes salées: Pequeñas galletitas o bizcochos salados.

Petit pain: Una pieza pequeña de pan, un panecillo.

Pétrissage: Amasado.

Pistolet: Panecillo hendido.

Plaque: Plancha de hornear.

Pogne: Un suculento pan parecido al brioche.

Pointage: La primera subida de la masa después del amasado y antes del moldeado.

Pompe: Un pan servido tradicionalmente durante las vacaciones en Provence.

Poolish: Un arranque parecido a un batido tenue. Es parecido al arranque con masa fermentada que suele emplearse en los Estados Unidos.

Tourte: Una hogaza redonda de pan de payés, subida originalmente en el amplio cesto de mimbre utilizado en las granjas para prensar el aceite de las semillas de girasol.

Viennoiserie: Panes y pasteles traídos a Francia hace generaciones por los trabajadores venidos desde Viena.

www.ingramcontent.com/pod-product-compliance
Lightning Source LLC
Chambersburg PA
CBHW070603170426
43200CB00012B/2579